本著作获得陕西师范大学优秀出版基金资助出版

王 荔◎著

Judicial Democracy of Contemporary China

当代中国司法民主问题研究

中国政法大学出版社

2016·北京

图书在版编目（CIP）数据

当代中国司法民主问题研究/王荔著. —北京:中国政法大学出版社,2016.8
ISBN 978-7-5620-6934-8

Ⅰ.①当… Ⅱ.①王… Ⅲ.①司法—民主—研究—中国 Ⅳ.①D926

中国版本图书馆CIP数据核字(2016)第183775号

出版者　中国政法大学出版社
地　址　北京市海淀区西土城路25号
邮寄地址　北京100088信箱8034分箱　邮编100088
网　址　http://www.cuplpress.com (网络实名：中国政法大学出版社)
电　话　010-58908586(编辑部)　58908334(邮购部)
编辑邮箱　zhengfadch@126.com
承　印　固安华明印业有限公司
开　本　880mm×1230mm　1/32
印　张　8.375
字　数　205千字
版　次　2016年8月第1版
印　次　2016年8月第1次印刷
定　价　36.00元

序 言 Preface

中国的司法民主化改革始终面临司法职业化与司法民主化两种路径取向的对峙。以往的司法民主问题研究将二者做对抗性处理，从而造成了一种将司法民主化与司法大众化等同，将司法的民主性与司法的职业化、专业化等相对立的误解。其实，这场纷争背后暗涵的真正理论挑战在于：当代中国社会的现代性立场的缺失使得民主观被选择性重构，在这种被选择性重构的民主观引导下，形成了错位的司法民主观，因而使我们在司法民主化改革的路径取向上陷入了诸多误区，这就致使一些被视为最具民主性的司法机制（如陪审制、司法的简便化和亲民化、法律援助制度等），在具体运作过程中却往往面临运转不良或实效减损的尴尬境况。

司法的中立性、被动性、专业性等种种与司法公正相关的重要品性，似乎总是在天然地拒斥司法的“民主性”。而本书却尝试跳出这一传统思维惯式，在“协商民主”的理论视域内，既为“司法民主”辩护，捍卫和保障司法民主的实现，又要防止和避免司法民主的蜕变；更为重要的是，试图在“接近正义”的新实践逻辑中，为当代中国的“司法民主化”改革探寻更加可欲且可行的新路径。

中外学者对于司法民主问题研究，大致形成了三种重要的理论进路：主体民主进路、立宪民主进路以及程序民主进路。由于对“民主”这一核心概念的理解存在严重分歧和冲突，这三种进路都无法建构起具有说服力且能真正有效化解纷争的“司法民主”理念，更无法应对多元异质社会对司法的要求，尤其是对司法的民主性要求。经历长期的理论积淀与经验试错，西方的司法民主化改革实践揭示出，基于现代民主理论之协商性转向，“民主”与“司法”之间的内源性关系及理论关联也发生了深刻的转变，现代“司法民主”所应当具有的理论内涵也随之发生了重要的转变。西方社会在面对现实困境与理论挑战时，基于民主理论的协商转向完成了司法民主理念的全面转型。“接近正义”改革理念得以确立，进而在全球兴起一股“接近正义”的司法改革热潮以及相应的制度创新。

基于对中西方社会司法民主化理论与实践的全面考察与分析，现代司法民主理念至少应当包含三个方面的重建，即强化司法的“可接近性”，建立司法的“公共性”品性，以及重建司法的“新程序主义”立场。这既是现代司法民主理念的应有之义，更是衡量司法是否具有民主性以及民主性程度高低的重要指标。而这一经过重构的司法民主理念，由于将视野从理论与概念转向实践和现实，将司法民主化改革的目标从抽象的、宏观的民主转变为真实的、具体的平等，因而更具有真实性和实效性。因此，应当从主体面向与司法立场的转换、实践逻辑的转换以及改革重心的转换三个方面，完成司法民主化改革的路径转换，最终将改革的目标落实为真正消除司法领域中“强势群体”与“弱势群体”之间的不平等，真正实现司法的“接近正义”。

目　录 Contents

第一章

引　论：司法民主化改革的困境与挑战

司法民主问题是当前中国司法体制改革进程中最受关注且最多争议的问题之一。长期以来，中国的司法体制改革无论在理论上还是在实践中，始终面临着司法的职业化与司法的民主化两种路径取向的对峙。然而，在既有的司法民主问题研究中，真正的理论交锋并未形成。例如，对于这场纷争背后的深层根源，学者们的认识存在很大分歧；对于“司法”与“民主”因何而产生关联，学者们从未达成共识；对于司法民主与司法独立、司法职业化以及司法大众化等概念的界定及其相互关系也从未形成有说服力的观点；对司法民主理论与实践模式的系统研究更是远未受到应有的关注。究竟如何定义“司法民主”以及如何实现司法的民主化，这些问题不仅未能在既有研究中得到解决，反而使学者们陷入更深的纷争与迷茫之中。

因此，深入分析当下司法职业化与司法民主化之争所暗涵的更为深层的现实困境与理论挑战，揭示中国司法体制面临的真正问题及其症结就成为必要。在此基础上，以新的研究视角与进路，将“民主”与“司法”这两个自古就歧义丛生的概念加以分析和整合，探寻二者之间深层的内源性关系与理论关联，重建一个系统的司法民主理论架构及其运行机制，最终使中国的司法改革实践走出纷争与摇摆不定的状况，这些构成了本书的理论追求和思考主线。

第一节　选题的背景

以1991年《民事诉讼法》第64条〔1〕的规定为标志，我国的庭审制度揭开了从“纠问制”（interrogation system）（或曰“讯问制”）向“抗辩制”〔2〕(adversary system)（或曰“对抗制”）的改革帷幕。“抗辩制”的推进在一定程度上标志着中国司法改革向“职业化”的迈进。但是，在这一职业化演进的过程中，也引发了各种新的问题和矛盾。针对当时的情况，有学者指出，“从司法体系内部观察，改革的深化也使得旧有制度理论基础的缺陷以及操作者的素质不能适应这一改革的种种方面显露出来，而司法制度内部和外部各种功能衔接及利益与资源的分配与调适未能平稳转换乃至凿枘不投的情形亦时有发生。最明显的例子便是接下来全方位的辩论制改革，大致到1994年下半年逐渐收缩范围，主要只在民事经济案件的审判范围内进行”。〔3〕换言之，这一移植而来的制度在中国的司法环境中能够发挥其功能的领域和范围极其有限。这无疑在一定程度上宣告了此次“司法职业化”改革尝试的挫败。

2005年10月国务院新闻办公室发表了《中国的民主政治建设（白皮书)》，其中第十节以专节论述了“司法民主”问题，

---

〔1〕“当事人对自己提出的主张，有责任提供证据”。

〔2〕法院系统内部在民事与刑事案件中对两者作了区分，民事称“听证式”，刑事称“控辩式”。

〔3〕贺卫方：“对抗制与中国法官”，载《法学研究》1995年第4期。

重新树起了"司法民主化"改革的大旗。从1999年至2009年间，最高人民法院连续颁布了三个《人民法院五年改革纲要》。如果说前两个改革纲要[1]仍是以司法职业化为改革目标，那么，《人民法院第三个五年改革纲要（2009～2013）》的颁布，特别是"三个至上"原则的提出，将"司法民主化"改革推向了高潮。各级地方政府和法院也都纷纷出台相应的司法民主化改革措施[2]。这些无疑表明，"司法民主化"已经成为当前中国司法体制改革的官方主流取向。

然而，上述官方举措更进一步引发了学界关于司法职业化与司法民主化的激烈论争。司法职业化阵营强调以法官职业化为核心，重视法官的职业素养和专业精神，坚持司法独立与价值中立。认为这是凭依成熟法治国家（尤其是西方法治模式）的司法架构而提出，是中国现代司法体制确立和发展的重要成就之一。可是，由于在司法职业化取得进展的同时，其与司法领域所出现的矛盾、冲突和问题在时空上的共生性，人们自然将反思的焦点集中在司法职业化的是非功过之上。于是，司法的民主化重新被提出，强调法律不能偏离一个社会真实的需求和民众普遍认同的常识、常理、常情，司法裁判应顺应和吸纳民意，司法应首先具有人民性、民主性。但是，百余年的变法

---

〔1〕"人民法院五年改革纲要（1999～2003）"，载《中华人民共和国最高人民法院公报》1999年第6期；"人民法院第二个五年改革纲要（2004～2008）"，载《中华人民共和国最高人民法院公报》2005年第12期。

〔2〕例如，陕西陇县法院最先推行并在全国法院系统产生极大影响的"能动主义八四司法模式"；陕西延安法院贯彻司法群众路线的新举措而推出的"一线审判模式"；河南法院开展的"人民陪审团"试点的新尝试。这些新的举措和尝试都是在司法民主化取向引导下，经实践经验的积累而形成的制度创新。参见安东主编：《西部法官论丛（西部法官论坛2009年研讨论文集）》（2010年卷），人民法院出版社2010年版；安东主编：《西部法官论坛2010年研讨论文集》，陕西省高级人民法院2010年（未正式出版）。

实践经验和教训，尤其是新中国成立初期“大众司法运动”[1]对新中国法治建设的负面影响，使学界对于动辄诉诸“人民”的革命性伦理始终保持着高度警惕。因为经常的诉诸很容易使人们扭曲司法的本性，将民主适用到其不能胜任或不能起主要作用的场域，扭曲对待司法的日常心态与司法的日常功能，并偏离中国政治民主化的真正主题与场域。

这场激烈的纷争历时长久，已经逐渐从一场学术争论逐渐演变为一场大众参与的政治论辩。20世纪80、90年代，司法职业化一度赢得了主流地位，代表了中国司法改革的发展方向；而司法的大众化则被视为“旧传统”，应当逐步被“正规化”“程序化”“现代化”，以适应市场经济所要求的“现代法治”。不过，自20世纪90年代中期以来，虽然多数法学论著的倾向还是职业化的，但是在一些具有社会学倾向的法学论著中[2]，已经开始正视乡土化、大众化法律传统的应有价值。

第二节　国内外研究现状述评

一、国内研究现状述评

司法职业化与司法民主化之纷争，其实质就是对司法与民

---

〔1〕新中国成立后的1952～1953年期间，新中国政府发动了一次全面改造和整顿司法机关的运动。主要内容包括四个方面：清除旧司法人员、肃清旧法思想、纠正旧司法作风、发展政法教育。通过这次司法改革运动，全面确立了政法合一、非职业化以及群众路线的传统，即所谓的“大众司法”模式。

〔2〕参见朱苏力先生的相关论著。例如，苏力：《制度是如何形成的》（增订版），北京大学出版社2007年版；苏力：《也许正在发生——转型中国的法学》，法律出版社2004年版；苏力：《道路通向城市——转型中国的法治》，法律出版社2004年版；苏力：《送法下乡：中国基层司法制度研究》，中国政法大学出版社2000年版；苏力：《法治及其本土资源》，中国政法大学出版社2004年版；等等。

主的关系问题的反思，是当代中国司法民主问题研究的核心命题。当代中国司法体制改革面临种种的困境与挑战，而司法的职业化与司法的民主化都是为应对这些困境与挑战而提出的改革方案，只是对于究竟应当选取怎样的方向与路径，学者们之间存在重大的分歧。这些分歧主要集中在以下几个方面：

第一，关于这场纷争背后真正的根源及症结，学者们的认识极为不同。例如，学者贺卫方认为，外来知识与本土资源之间的冲突，使得21世纪以来中国建立的近代型的司法体系缺乏传统资源支持，司法机构自身也缺乏扩张的正当性，因而，系统性的合理体制无法形成，配套观念未能确立，实践上也出现种种缺陷，致使司法制度创新也面临着若干两难选择。〔1〕学者喻中也将这两者间论争的根源归结为："百年来积淀而成的现代中国的法律传统始终未能跳出相互对峙的两翼格局：西方化的法律传统与乡土化的法律传统。……这两种法律传统，既载之于法学理论，也行之于法律实践，长期并行，至今依然"。〔2〕而舒国滢教授则指出："从更为宏大的背景来看，司法的广场化和剧场化问题代表着自由/秩序、民主/独裁、实质主义/程序主义、大众化/精英化、通俗化/职业化、简单化/复杂化、感性创造/理性选择、多样化/单一化等等二元对立的语路。"〔3〕张千帆教授则认为："中国司法改革的症结从来不在于'大众化'与'精英化'之争，而在于司法公正与权力干预之间的较

〔1〕贺卫方："中国司法管理制度的两个问题"，载《中国社会科学》1997年第6期。

〔2〕喻中："吴经熊与马锡五：现代中国两种法律传统的象征"，载《法商研究》2007年第1期。

〔3〕舒国滢："从司法的广场化到司法的剧场化——一个符号学的视角"，载《政法论坛》1999年第3期。

量。”〔1〕

第二，关于司法是否应当民主化这一问题，学者们之间也有很大分歧。例如，学者陈端洪主张，司法与民主必须保持距离，不能用民主的原则、方法、民众情绪来取代司法。〔2〕而学者何兵则指出：“‘文革’以后至今司法建设所走的路线总体来说为司法职业化。由于未配合以司法民主化建设，导致司法职业化尚未成型，司法官僚化严重。克服此弊病的努力方向应当是司法民主化建设。司法建设在强调法官职业化的同时，必须高举司法民主化的旗帜。”〔3〕其他一些学者则在二者之间摇摆不定。

第三，对当代中国的司法民主观的理解和评价，学者们各执一词。学者陈端洪认为，当前中国的司法体制、法官的素质结构和法院的运作方式等，都是在以人民民主专政、民主集中制以及群众路线为原则的社会主义民主观的深刻影响下形成的，这种司法民主观是阻碍法治的建立的。〔4〕学者周永坤也指出，由于长期以来受主体民主理论的影响，造成了一种将司法民主与大众司法等同、将司法民主与司法职业化以及司法独立相对立的误解。这严重误导了中国的司法民主化进程，甚至可能导致司法改革的倒退。〔5〕学者贺卫方认为：“司法民主问题是在一个政治体制尚未实现民主的时期，司法是否能够实现民主的问题。如果立法体制与程序实现了民主，那么，司法民主最重

〔1〕 张千帆：“司法大众化是一个伪命题”，载《经济观察报》2008 年 7 月 26 日。

〔2〕 陈端洪：“司法与民主中国司法民主化及其批判”，载《中外法学》1998 年第 4 期。

〔3〕 何兵：“司法职业化与民主化”，载《法学研究》2005 年第 4 期。

〔4〕 陈端洪：“司法与民主中国司法民主化及其批判”，载《中外法学》1998 年第 4 期。

〔5〕 周永坤：“我们需要什么样的司法民主”，载《法学》2009 年第 2 期。

要的体现就是让法官严格地依照体现国民意志的法律判决案件。任何要求法官在立法之外寻找判案依据的做法都将形成法官的专断。"〔1〕而学者侯猛则认为："今天重提司法民主，强调司法的人民性，其法律意义就在于，法官在裁判涉及特定社区的案件时，要充分考虑社区结构和传统，将情理与法律相结合，从而可以使判决能够首先为当事人以及当事人所在社区的公众所理解和认同，从而最大限度地化解矛盾，减少涉讼上访。"〔2〕

第四，对于当代中国如何实现司法的民主化的问题，学者们更是众说纷纭。学者陈端洪指出："对于当前中国而言，司法的目的取向应该淡化，不管把它的目的规定为民主还是专政；法官的产生方式应忠于司法的自治与独立；司法的民主责任不能有伤于自治；司法民主化不是群众化、运动化；对于司法而言，个体的权利与尊严较之群众意愿更加珍贵。"〔3〕学者周永坤指出："司法职业化和司法独立是司法现代化的产物，它们是司法民主的必要条件。我国的司法民主化建设必须抓住以下几点：坚持司法职业化的方向；实行人民陪审员制度的'人民化'；提高司法规范的民主含量，将宪法规范的民主权利迅速具体化；进行司法独立的制度建设，使司法真正能担当起人权守护神的重任。"〔4〕学者何兵则认为：中国的司法改革应在法官职业化与司法民主化两条道路上同时推进，法官职业化与司法民主化的制度结合点在于陪审制。〔5〕朱苏力教授则指出，为了促进中国的司法改革，推动法官的职业化和专业化非常必要。

---

〔1〕贺卫方："回归司法的本源"，载《南风窗》2009 年第 8 期。

〔2〕侯猛："中国的司法模式：传统与改革"，载《法商研究》2009 年第 6 期。

〔3〕陈端洪："司法与民主中国司法民主化及其批判"，载《中外法学》1998 年第 4 期。

〔4〕周永坤："我们需要什么样的司法民主"，载《法学》2009 年第 2 期。

〔5〕何兵："司法职业化与民主化"，载《法学研究》2005 年第 4 期。

但仅仅做到这一点是不够的，同样会出问题。因为司法不可能完全独立于政治；司法不可能不考虑社会需求；[1]司法当然应当回应民意，但更须有效回应，必须在现行制度下依据制度和程序来有效回应民意。[2]学者侯猛则认为："必须打破'司法独立'的神话，从儒法传统和政法传统出发，以宪法为根本依据，重新解读中国的司法模式。"[3]张文显教授则是从司法制度建设与实践的角度加以概括："司法民主包括两个方面，一是司法为民，二是民主司法。司法为民作为一切司法工作的出发点和落脚点，通过公正高效的司法活动依法保障人权，依法维护人民权益，做到司法惠民、司法护民。同时，还要考虑司法活动如何更快捷、更方便、更有效地实现好、维护好、发展好最广大人民的根本利益，做到司法便民、司法利民。而民主司法是人民当家作主的政治制度在司法领域的体现。"[4]

上述文献分析表明，随着中国司法改革进程的推进，无论是对"司法民主"的批判抑或支持，国内的司法民主问题研究都在不断试错和经验积累中逐步深化。[5]学者们已经不再盲目

---

〔1〕苏力："关于能动司法与大调解"，载《中国法学》2010年第1期。

〔2〕苏力："法条主义、民意与难办案件"，载《中外法学》2009年第1期。

〔3〕侯猛："中国的司法模式：传统与改革"，载《法商研究》2009年第6期。

〔4〕张文显："人民法院司法改革的基本理论与实践进程"，载《法制与社会发展》2009年第3期。

〔5〕对此，吉林大学理论法学研究中心已经逐步建立起了一个具有延续性和进深性的学术研究领域和学术团队。近年来，以司法改革为主题的重要博士论文有：孙发："司法权威研究"，吉林大学2004年博士学位论文；关玫："司法公信力研究"，吉林大学2005年博士学位论文；宋双："我国司法监督制度研究——一种监督模式的构建"，吉林大学2006年博士学位论文；车传波："正当程序论——以中国司法改革为视角"，吉林大学2007年博士学位论文；顾学松："寻求舆论监督与司法公正的平衡"，吉林大学2007年博士学位论文；孙长春："司法权威的制度建构"，吉林大学2008年博士学位论文；吴立志："恢复性司法基本理念研究"，吉林大学2008年博士学位论文；崔军："论司法裁判"，吉林大学2008年博士学位论文；李炳烁：

跟风，追求一种运动式的快感，而是逐渐进入理性反思的阶段。但是，无论在理论上还是实践中，对司法民主概念的内涵与外延的界定仍显得混乱不清，无法达成共识；司法民主与司法独立、司法职业化、司法大众化等概念之间的关系尚待重新界定；司法民主理论与实践模式的系统研究更是远未受到应有的关注。司法与民主之间究竟有怎样的内源性关系，司法为什么要民主，司法为什么会不民主，怎样的司法才是民主的，以及究竟如何实现司法民主等等，这一系列问题都亟待理论上的澄清。

二、域外研究现状述评

国外的司法民主问题研究，同样是针对其在司法领域面临的诸多困境与挑战。而他们所面临的司法困境与挑战与我们具有一定的相似性。对此，意大利学者莫诺·卡佩莱蒂的总结颇具代表性：

司法裁判会带来“享有”请求权、权利和责任的个人与公共权威的“强力”之间的对峙——公民与政府司法部门的一种对峙。它是冲突的利益和价值搏击之场所；司法裁判也会产生司法独立理想与所有行使公共职能机构的民主责任之目标的冲突。实际上，尤其在司法审查的层面上，它甚至暴露了多数原则与抑制多数意愿理念之间的冲撞；……它也涉及所有事实的真实发现过程中最具挑战性之一，也许就是最具挑战性的过程，即寻求“司法真实”（judicial truth）；尽管每一种真实发现过程皆隐含着主观性与客观性的斗争，但这在法律和司法证据规则的约束下运作的程序中显而易见。……总之，个人对国家；事先

（接上页）“司法制度的政治功能”，吉林大学2008年博士学位论文；刘景辉：“论司法民主”，吉林大学2010年博士学位论文等。

确定的“法治”（rule of law）对自由裁量的“人治”（rule of man）；认知性对规范性；主观性对客观性：上述所有对立皆体现于司法程序之中。[1]

针对上述的司法困境与挑战，当代西方学者[2]的研究进路主要是基于一种新自由主义的研究立场，“在承认传统的个人和政治权利、自由之不足基础上，将‘社会’权利补充至公民自由论者的个人权利和自由之中；旨在促使自由与平等富有实效”[3]。首先，他们坚持的是一种程序主义的民主观。以美国民主理论家约瑟夫·熊彼特（Joseph Schumpeter）在其《资本主义、社会主义与民主》一书中明确将民主视为一种为了达成政治目的而做出的政治程序安排为标志，西方的民主观具有鲜明的程序取向。当代西方的一些政治思想家几乎均从程序的角度来界定民主的内涵。在这种程序民主观的影响下，学者们认为“程序分析必须成为‘框架性’的分析，因为规则、制度和程序皆须放置在其社会和政治框架中审视”[4]；其次，他们都反对依托先

---

〔1〕［意］莫诺·卡佩莱蒂：《比较法视野中的司法程序》，徐昕、王奕译，清华大学出版社2005年版，自序，第10页。

〔2〕在笔者的阅读范围内，西方几乎所有的民主理论家对司法与民主的关系问题都有不同程度的关注，但专注于这一题域，并最具代表性的当代学者有意大利学者皮罗·克拉玛德雷（代表作为《程序与民主》，翟小波、刘刚译，高等教育出版社2005年版）和他的学生莫诺·卡佩莱蒂（代表作为《比较法视野中的司法程序》，徐昕、王奕译，清华大学出版社2005年版；《当事人基本程序保障权与未来的民事诉讼》，徐昕译，法制出版社2000年版），以及意大利学者米尔伊安·达玛什卡（代表作为《司法与国家权力的多种面孔》，郑戈译，中国政法大学出版社2004年版）。

〔3〕［意］莫诺·卡佩莱蒂：《比较法视野中的司法程序》，徐昕、王奕译，清华大学出版社2005年版，自序，第13页。

〔4〕［意］莫诺·卡佩莱蒂：《比较法视野中的司法程序》，徐昕、王奕译，清华大学出版社2005年版，自序，第26页。

验、抽象的推测，强调一种基于对实际现象、事实和事件的分析，即坚持社会实证主义的分析方法；而且，他们主张采取一种尽可能广阔的经验视角，即一种比较法的视野，尝试发现跨国界，甚至世界性的发展和趋势。

这一研究进路使得当代西方的司法民主研究在内涵和外延上都超越了传统意义的司法民主理念与实践模式，主要表现为以下几个方面的推进：

第一，受当代西方民主理论发展的新趋向的影响，在司法与民主的关系问题上，学者们认为，司法本身并不是反民主的，相反，它是捍卫和实现民主的有效机制。比如意大利学者皮罗·克拉玛德雷认识到，“威胁民主的危险是抽象理性崇拜，这是启蒙时代的典型特征。……而事实是，……规定于民主宪法条款中抽象理性的命题，本身不足以赋予民主以生机；还必须存在警醒且主动的民主实践，自觉地、稳定地把这些宪法原则转化成有理的（reasoned），合理的（reasonable）且生动的现实”〔1〕，而司法环节正是保障民主实效性地实现的有力支柱。

第二，这一研究进路开辟了一种从程序视角讨论民主以及司法问题的独特路径。例如，意大利学者皮罗·克拉玛德雷认为，民主并非只是政体意义上的治理机制，而是尊重人的权利的这样一种态度和行为，而司法过程只有时刻体现对个人的平等尊重才是民主的。为了确保司法过程的民主与公正，“仅有对立的两方当事人的出席及法官对他们的论点的听取是不够的；当事人还必须出于平等的情境，不仅是法律平等（可能仅存在于抽象的层面），还包括事实平等，也就是说技术和经济的平

〔1〕［意］皮罗·克拉玛德雷：《程序与民主》，翟小波、刘刚译，高等教育出版社2005年版，第12页。

等”[1]。意大利的学者莫诺·卡佩莱蒂认为，司法程序潜含着高度的民主性基础，司法程序模式本身具有高度的“参与性”特质，它具备回应民主实质性要求的潜质。司法的民主价值主要是基于司法程序的形式或模式，所以真正值得警惕的不是司法权力的扩张，而是司法程序的基本模式被扭曲，应该保证程序的技术性规则得到遵守，保障当事人的充分参与，保障法官的中立、独立的地位。[2]

第三，强调了对司法过程中多元主体的地位及其角色功能的深入研究。例如，学者们不仅重视对法官角色及其制度的深入研究，同时更为重视对律师和当事人地位和角色的研究，尤其重视律师在司法活动中的民主功能的发挥。因为“法官从来就不是司法过程的唯一角色。……对立的当事人在司法过程中是必不可少的，……而在民主社会中，司法过程应当成为平等主体间的文明讨论，这就很容易看出律师对民主法律秩序的重要意义。……在司法过程中，律师代表自由；他们也许是现代民主核心原则的生动象征。……律师的在场是在司法过程中尊重个人的最重要的体现；在没有律师的时候，当事人的人格就遭到减损。……”[3]

第四，更为强调司法责任制度的建立与完善。例如，不仅深入分析了司法责任与民主的紧密联系，即“司法责任的全部问题——它与司法独立之间的紧张与平衡——的解决途径，存在于确保为执行司法公正与程序公平中所体现的更为终极的价

---

〔1〕［意］皮罗·克拉玛德雷：《程序与民主》，翟小波、刘刚译，高等教育出版社 2005 年版，第 67 页。

〔2〕［意］莫诺·卡佩莱蒂：《比较法视野中的司法程序》，徐昕、王奕译，清华大学出版社 2005 年版，自序，第 15 ~ 21 页。

〔3〕［意］皮罗·克拉玛德雷：《程序与民主》，翟小波、刘刚译，高等教育出版社 2005 年版，第 55 ~ 61 页。

值提供可能的最佳具体环境，并因此确保司法程序尽可能最充分的参与（民主性）程度”〔1〕；还强调司法责任之目标必须重新定位，即司法“不应看作是为司法人员本身的威望和独立服务的，也不是为任何像国家这样抽象的实体或任何实际的个人或集体的统治者之权力服务的，它应看作是为‘利用者’即公民服务的，只有这样才能实现法官对民众负责”〔2〕；此外，更为重视对司法责任制度的合理形式的深入研究，强调深化对合议制等具体责任制度的运作问题的研究，并重视从程序和具体制度层面来设计司法责任的具体模式。〔3〕

第五，在反思传统的司法民主制度如陪审制度的缺陷和不足的基础上，进一步重视对司法程序模式乃至司法程序模式的生长环境的研究。比如，美国学者米尔伊安·达玛什卡极为重视对司法程序环境的研究，他认为，“政府结构和政府功能这两种政治因素在很大程度上影响着司法程序规则的生长环境，并因此在很大程度上决定着程序制度的基本设计”，因而“程序创新的命运在很大程度上并不取决于那些喜欢欣赏规则之完备性的法律人。改革的成败主要取决于新规则与某一特定国家的司法管理模式所植根于其中的文化和制度背景的兼容性”。〔4〕

上述对西方学者研究进路及其贡献的分析表明，经历长期

〔1〕［意］莫诺·卡佩莱蒂：《比较法视野中的司法程序》，徐昕、王奕译，清华大学出版社2005年版，第96页。

〔2〕［意］皮罗·克拉玛德雷：《程序与民主》，翟小波、刘刚译，高等教育出版社2005年版，第34页。

〔3〕［意］莫诺·卡佩莱蒂：《比较法视野中的司法程序》，徐昕、王奕译，清华大学出版社2005年版，第76～153页。

〔4〕［美］米尔伊安·达玛什卡：《司法与国家权力的多种面孔》，郑戈译，中国政法大学出版社2004年版，第23页。

的历史积淀，西方的司法民主理论与实践不仅已具有自己独立的理论取向和实践特征，更推进了对司法民主运行机制之制度架构的精细化研究。但是，这一发展理路在向我们揭示了“司法民主”这一主题的巨大魅力和强大生命力的同时，又向我们开放出了更具挑战性的问题：

首先，当代西方司法民主理论及实践模式深受西方民主理论之发展演变的影响，民主观的发展演进直接影响司法民主理念与制度模式的转变。由于西方民主理论的演变深深受制于西方自由主义以及新自由主义意识形态的囿限，而无论是自由主义还是新自由主义，这一进路本身有其不可克服的内在矛盾，并以各种不同的方式植根于相互冲突的原则和价值中。那么，自由主义所内涵的诸多对立与冲突，在其司法民主理论中也必然固有且不可克服地存在。因此，如何突破自由主义的藩篱，建构一种超越意识形态的司法民主理论，显然是西方的司法民主问题研究无法独自应对的世界性难题。

其次，由于受到程序主义民主观的深刻影响，西方学者关注的焦点在于对司法程序模式和制度架构的民主性研究。但是，近代以来，民主概念的界定就表现出“程序与价值”分离的特征〔1〕，现代西方民主理论发展演进的历程也是一个价值取向与程序取向相对抗的过程。这两者之间的关系或表现为直接民主与间接民主的对抗，或表现为大众民主对精英民主的批判，而当代西方的主流民主模式，如多元主义民主、参与式民主以及协商民主等，则都试图调和二者间的分歧与矛盾，力争调和程

---

〔1〕 参见［美］罗伯特·达尔：《民主及其批评者》，曹海军等译，吉林人民出版社 2006 年版，中译本导言。亦可参见［英］戴维·赫尔德：《民主的模式》，燕继荣等译，中央编译出版社 2008 年版，以及西方民主理论研究的相关著作。

序民主与实质民主的对抗。换言之，程序民主观自形成之时起就从未能摆脱实质民主观的挑战和质疑。因此，司法民主问题研究如何逾越“程序民主”的障碍，迈向与“实质民主”兼容的境界，这一主题就成为具有跨越时代的前瞻性和世界性的课题。

第三节　本书的相关说明及结构安排

一、本书题域的限定

对国内外既有研究的分析表明，司法民主理论及其实践模式的研究和建构，既需要长期的理论探索和经验积累，更需要对现实的关照与深刻反省，这绝非通过借鉴移植就能够一蹴而就，也根本不存在所谓的普适模式。因此，本书欲将研究的题域限定在如下范围之内：

第一，当代中国的司法民主问题研究必须应对的第一难题就是，深入分析当下中国司法体制所面临的现实困境和矛盾冲突，并透过这些困境与冲突之表象，揭示转型时期中国司法体制改革所面临的真正问题及其症结所在。而这一真问题才是引起司法职业化与司法民主化之纷争的深层根源。如果对当前现实司法困境与冲突之症结认识不清，便无法进入真问题的题域，无法洞悉司法职业化与司法民主化背后所暗涵的利益冲突与价值分歧，也就无法进一步探求化解冲突和应对挑战的真正出路。

第二，既有的司法民主问题研究产生分歧的一个重要根源在于对“民主”以及“司法民主”的本质和内涵的混乱理解。这一认识上的混乱使得职业化论者与民主化论者间并未产生真正的理论交锋，因为，二者论争的核心语词——“司法民主”

可能完全是在不同语境中的两个不同概念。事实上，民主化论者并不否定司法的职业化、专业化建设的必要性，而职业化论者也并非否定司法与民主的内源性关联，并不否定司法与社会需求以及民众普遍道德共识等因素的联系。换言之，真正的理论争点不是司法应当民主化还是职业化的问题，而是司法应当实现怎样的民主的问题。所以，当代中国的司法民主问题研究必须直面的问题就是：司法民主理念的内涵及其核心要素究竟是什么？这一问题才是当代中国司法民主问题研究的突破点。

第三，究竟如何推进中国的司法民主化，是学者间分歧最大共识最少的问题，因而也是当代中国司法民主问题研究的核心难题。学者间分歧最大的原因在于，在既有研究中，学者们或以政治学为研究进路，将政治民主范式强行套用于司法领域；或以文化学进路片面强调文化传统因素对司法的影响；或以社会学进路运用泛化的司法理念来套用同样被泛化的民主概念；或仅从司法学角度引进一种形式化的民主来粉饰司法制度的合法性。然而，“司法”与“民主”究竟因何而产生关联，二者之间又应当建立怎样的理论关联以及制度架构？其运行机制应当如何建构？这些问题不仅未能在上述研究框架中得到解决，反而使得纷争更加激烈。因此，必须选择一种新的理论进路，能够将“民主”与“司法”这两个自古就歧义丛生的概念加以整合，在二者之间建立起恰当的理论关联，并建立起一个系统的司法民主的逻辑架构和运行机制。唯此，才有可能使各种纷争回归统一的语境，形成真正的理论交锋，最终使司法改革实践走出迷茫和摇摆不定的状况。

二、本书研究进路的说明

第一，本书选取的是一种“法律工程研究[1]”的分析进路。中国问题研究有两条基本路径：一种是理论导向的，即从理论出发，寻找一些案例或数据来验证理论的正确性；另一种是问题导向的，即从现实问题出发，整合甚至创新已有的理论来解释、解决问题。这两种路径都有它的适用性。由于司法民主问题本身是一项既要求具有理论面向，同时又要求能够应对现实挑战的重大研究型课题。这一课题并非仅仅依托先验、抽象的理论推演就能够成就，它必须基于对实际现象、事实和事件的问题分析。而“问题”是一切学术研究的逻辑起点，离开问题导向的学术研究，无法摆脱理论与实践脱节的困境：理论总是以一套西方的话语系统自说自话，而实践却有一套自我循环、自生自发的本土规律。因此，只有以问题为导向，才能真正进行自主性批判和反思，从而在外来理论与中国现实之间建立起融通和转化的桥梁，最终提供一种具有原创性价值的理论

〔1〕姚建宗教授指出，从根本性的研究旨趣及其思维方式的不同与差别来看，法学研究在事实上确实可以分为两种类型：法学中的法律理论研究和法学中的法律工程研究。法学中的法律理论研究是以揭示法律这种独特的社会现象与制度架构的“规律”、阐释法律这种独特的社会现象与制度架构的“道理”为旨趣和目的的一种思想活动，规律导向、纯化价值立场、逻辑化、观察式的思维是法学中的法律理论研究在思维方式上所具有的典型特点。而法学中的法律工程研究乃是立足于真实的人的生活，以一定的法律价值、社会价值和政治立场为路径控制根据，以达到理想的法律生活境界为指向，通过运用法学中的法律理论研究的成果即有关法律的“规律”和“道理”，同时综合运用其他各种人文社会科学理论资源、一系列相关的社会因素和条件等所构成的历史与现实材料，以实际的社会效用与法律效果为指标，思考、设计和建构理想的法律制度框架的思想操作活动，问题和需要导向、创造性、主体价值观引领或参与式、非逻辑化、整体性、效果指向的思维是法学中的法律工程研究在思维方式上所具有的典型特点。参见姚建宗：“法学研究及其思维方式的思想变革”，载《中国社会科学》2012 年第 1 期。

贡献。

第二，本书引入了语义分析方法、历史分析方法以及比较法的研究视野。因为，如何能够在“民主”与“司法”这两个自古就歧义丛生的概念之间建立合理的理论关联，是国内外既有的司法民主问题研究范式都未能解决的重大难题。而语义分析方法的运用正是进入这一题域的重要突破点。究竟什么是司法民主，司法为什么要民主，以及司法如何民主等问题，其实质就是要解决在制度层面如何确立和实现转型时期中国司法体系的正当性来源以及现代价值目标的问题。语义分析方法恰恰能够提供一个将司法与民主这两个概念加以整合的分析框架，并提供一个重构现代司法民主理念的逻辑架构。在此基础上，在比较法的视野中审视作为他者镜像的西方司法民主化进程，反思西方司法民主理论研究以及“接近正义”改革实践的相关问题意识与理论对策，在历史的视野中分析中国司法民主化的现实困境与症结。如此，才能做到既有理论与概念的面向，也有历史与现实的关照。

第三，本书运用观念史与制度史相结合的研究方法，在司法民主问题的观念演进中透视其制度变迁，把握不同理论取向下司法民主问题所展现的发展轨迹和实践维度，以厘定本书的基本理论立场；同时，运用规范性研究方法，充分张扬司法哲学与司法社会学的问题意识，既着眼于司法民主理念所面临的重大理论困境和价值冲突，同时集中对中西方基层司法民主实践中的冲突与矛盾加以分析，以展开对策性和建设性的研究。

三、本书的研究意义

“当代中国的司法民主问题”是一个既富有理论魅力又充满现实挑战的论题。一方面，它关涉自古以来就丰富多元的“民主”理论与制度模式的发展动态，同时，“司法制度研究”也始终是法学研究的一个经典论题。在这二者之间找到关联点，既能够使我们在民主理论的发展演变过程中审视司法理念与制度模式的转变——为司法本身提供正当性，使得司法的过程充分体现民主性；同时，又能够使我们从司法制度层面捍卫和实现民主，防止和避免民主的蜕变。因而，该论题无疑具有重大的理论意义。

另一方面，它更关乎当代中国的司法改革实践，关乎中国民众权利的切实保障、实现与救济。尤其是当代中国社会正处于全面转型时期，司法能否顺利完成其现代化与民主化转型，获得自身的民主正当性，能否化解转型时期中国司法体制面临的诸多困境与挑战，直接关乎整个国家和社会的稳定与发展，因而，该论题的研究又具有紧迫而重要的现实意义。

本书的理论创新点在于，将司法民主的理论根基建立在“协商民主”的新理念之上，一方面，为化解长期以来由于错位的司法民主观引发的各种理论纷争提供新的理论支撑；另一方面，也为司法民主化改革走出误区提供新的理论资源和改革思路，既捍卫和实现司法民主，又防止和避免司法民主的蜕变。将“司法民主化”改革目标从宏观而抽象的“政治民主”转变为真实而具体的“接近正义/司法”，将内涵模糊、争议颇多的司法的“民主性”落实为更具有实践性和可操作性的司法的“可接近性”，从而为重新厘定“司法民主化”改革的路径和重心提供了新的对策和思路。

四、本书的结构安排

第一章【引论：司法民主化改革的困境与挑战】以当下中国司法改革面临的司法职业化与司法民主化两种路径取向的纷

争与对峙为切入点，简要介绍了本书的选题背景及国内外研究现状，在对既有研究成果深入分析的基础上，确定本书的题域及研究进路，并简短表述本书的核心观点、最终结论以及结构安排。

第二章【当代中国司法民主问题的出场】 主要通过对当代中国“司法民主”改革实践的现实问题和困境的分析，诊断问题之症结所在。从“司法民主”何以成为问题出发，探究当前中国司法困境产生的深层根源。而当代中国“司法民主”问题的重新出场，正是试图找到的一条能够弥合司法与社会、司法与民众之间断裂的有效路径。唯此，对“司法民主”问题的研究才是可欲的。

第三章【近代西方司法民主理论与实践特征】 首先，概括了近代西方的司法民主理论的三个基本特征：（1）以自由主义的权利本位为其理论内核；（2）以立宪主义的“分权制衡”为其核心框架；（3）以程序主义的司法民主观为其主要表征。其次，近代西方司法民主化的制度架构。（1）以司法独立为核心，确立司法权对立法、行政等权力的监督与制约的制度总体目标；（2）以司法主体制度为主线，确立以法官选任制度和陪审制度等为主要制度模式的司法主体制度，以确保市民社会对司法权力的直接拥有，以及民众对司法权力运作过程的参与和监督；（3）以司法程序制度为主线，奉行当事人主义，形成了以抗辩制度为表征的对抗性司法的制度模式，以确保司法程序设计和运行的民主性。最后，对近代西方的程序主义的司法民主观的危机与挑战进行了分析。

第四章【当代西方的司法民主理念转向与实践路径转换】 这部分以历史分析方法和比较法的视野，揭示出西方司法民主理念与实践模式在协商民主理论影响下，所呈现出的新的发展趋向：首先，是当代西方司法民主理念的“协商性”转向。(1) 司法能动与司法克制之间的平衡；(2) 形式主义司法观与功能主义司法观的调和；(3) 司法模式从对抗式向合作式转向的发展趋势。其次，是其运行机制的“协商性”转向，(1) 司法主体制度的完善与法律职业共同体的建立；(2) “回应型”司法责任模式的发展与完善；(3) 司法附生机制的建立与完善。其三，是“接近正义”：当代西方司法民主化改革路径的新取向。当代西方司法民主化的改革重心已转向以确保社会中的每一个人，尤其是弱势群体对司法资源的平等享有的司法“接近正义”改革实践。具体从三个方面展开分析：(1) “接近正义”的理论发端；(2) “接近正义”理念指导下的制度实践；(3) 当代西方“接近正义”改革遭遇之实践悖论与困境。

第五章【中国的司法民主化历程及其症结分析】 本章以历史的分析方法对近代以来中国司法民主化进程中存在的理论误区和现实问题进行反思和批判，揭示出当代中国尤其是改革开放以来中国的司法民主化改革存在的问题及其症结所在。首先，梳理了中国的司法民主化进程——是一个对西方司法民主理念从“拒斥”到“学习”再到“重构”的艰难过程。(1) 晚清时期；(2) 民国时期；(3) 陕甘宁边区时期；(4) 改革开放以来的转型中国时期；其次，对困境与症结的分析。(1) 当代中国社会的现代性立场的缺失使得民主观被选择性重构，无法应对当代社会中凸显的利益冲突与价值分歧问题；(2) 在这种被选择性重构的民主观引导下，形成了错位的司法民主观；(3) 由于前述两点的共同影响，我们在司法民主化取向上存在诸多误区，致使司法民主机制和架构的建立出现了运转不良等状况。

第六章【“协商民主”理论视域下司法民主的理念重塑】 本章旨在挖掘“协商民主”的理论内涵及其核心要素，并在这一框架下深入分析司法民主理念所应当具有的重要面向。首先，分析了协商民主的理论内涵及其核心要素。(1)“司法民主”问题研究的传统理论进路；(2)现代民主理论的协商转向及其概念重构；(3)现代司法概念的应然之相；(4)协商民主语境中的“司法”与“民主”之理论关联。其次，论述“协商民主”语境中的司法民主：(1)强化司法的“可接近性”。司法必须为所有人提供对司法资源的平等享有和利用的权利，并且必须确保社会弱势群体司法资源享有的实质上（能力）的平等，消除参与司法资源平等分享的制度性障碍，以保证对所有公民需求和利益的系统考虑。(2)建立司法的“公共性”品性。在承认多元社会中利益冲突与价值分歧的前提下，鼓励和支持利益相关者通过公开表达不同的利益诉求形成“公共理性”，以“公共利益”为导向，以“公共性”为前提，最终实现民主价值。(3)重建“新程序主义”的司法立场。协商民主必须以中立、透明、公开的程序机制来保障每个利益相关者都有平等的机会参与决策。

第七章【从“司法民主”到“接近正义”的路径转换】司法民主理念应当从传统的以主体民主、立宪民主或者程序民主为核心的司法民主，转向以“接近正义”为取向的司法资源的平等享有，即确保社会中的每一个人，尤其是弱势群体对司法资源的平等享有。具体而言，至少需从三个方面入手：首先，主体面向与司法立场的转换：(1)主体面向从“个体”转向“群体”；(2)司法立场从“满足需求”转向“实现平等”。其次，实践逻辑的转换：(1)形式主义司法观及其限度；(2)实质主义司法观及其限度；(3)协商性司法观的新实践逻辑。其三，改革重心的转换：(1)影响司法资源分配的实质性因素分析；(2)从对“显性”因素的关注转向对“隐性”因素的关注。基于对影响弱势群体对司法资源平等享有的“实质性因素”的关注，进一步探究“隐性”因素进入司法领域的路径和方式。在此基础上，规范其对司法资源平等分配的影响。最终目标在于真正消除司法领域中“强势群体”与“弱势群体”之间的不平等。

第八章【结 语】 司法民主与接近正义论题本身题域宽广，涵盖面大，因而，仍有一些重要“思想的碎片”，不仅牵引出对于司法民主问题研究的更深度的现实关照，更开放出一些值得深思的领域。对此，本书以一种陈列关键词的方式将其在结语部分加以呈现，以期待学界同仁们的点拨和启发。

第二章

当代中国司法民主问题的出场

当一个社会的公共选择成为需要通过制度安排去解决的问题，民主才成为必要。民主的目的仅仅是使公共选择在操作上成为可能，即打破意见分歧的僵局而使公共决定和公共行动成为可能。

——赵汀阳〔1〕

第一节　纷争之表象：观点分歧

当代中国的司法体制在外部与内部、主观和客观等多重因素的影响下，其所面临的矛盾和冲突不断加剧。对外部力量的介入和影响、司法体制内部环境的限制以及司法自身的限度等因素的不同认识，引发了学界和司法界对于司法职业化与司法民主化的论战。根据论战双方理论争点的主要内容，大致可以

〔1〕赵汀阳："民主如何正当"，载赵汀阳：《坏世界研究——作为第一哲学的政治哲学》，中国人民大学出版社2009年版。

将其归纳为两个方面：一是在对司法外部环境要素的认识上，司法职业化论者坚持司法的独立性和中立性，而司法民主化论者则坚持司法的人民性、民主性；二是在对司法内部环境要素的认识上，职业化论者坚持司法的精英化与专业化，而民主化论者坚持司法的大众化与亲民化。

一、司法独立与司法民主

司法的外部环境对于司法公正的实现十分重要。外部因素是否应当介入司法以及应对司法产生怎样的影响自然成为当前司法体制改革争论的焦点。对此，司法独立论者认为司法权的正当性源于对法律的遵循，司法活动只要在法律的限度内运行，它就自然地获得其正当性，即使司法与外部权力或者民意发生冲突，司法者也应当坚守法律的立场，因为法律本身就是民主的产物，是人民意志的体现，因而，司法必须具有独立、中立的品性。而司法民主论者认为，司法权的正当性源于其人民性，司法活动必须首先符合并遵从人民意志，体察民情，所以，司法民主论者更强调民众对司法活动的参与、介入和监督，强调司法裁判应回应与吸纳民意，“法官在裁判涉及特定社区的案件时，要充分考虑社区结构和传统，将情理与法律相结合，从而可以使判决能够首先为当事人以及当事人所在社区的公众所理解和认同，从而最大限度地化解矛盾，减少涉讼上访”。〔1〕

具体而言，这两者之间的争论主要集中在以下三个方面：一是在司法判决的主体方面，司法独立论者要求司法裁判必须由司法机关和职业法官作出，法官不受政党、行政以及公众民

〔1〕 侯猛：“中国的司法模式：传统与改革”，载《法商研究》2009 年第 6 期。

意等外部因素的干扰，具有独立、自主的权力；而司法民主论者则更关注司法裁判对于政党、行政权、公众民意以及社会效果的回应与吸纳。二是在司法判决的依据方面，司法独立论者强调司法裁判的依据必须是宪法、法律、法规等规范性法律文件；而司法民主论者则指出，司法裁判的作出在特定情况下可以以习惯法、法律传统、民意等为依据。三是在对司法的监督方面，司法独立论者要求对于司法的监督应当在司法体制内通过上诉审、审判监督以及检察监督等机制来实现，而司法民主论者则主张应加强作为民意代表机关的人大、政协以及公众媒体的监督机制来实现对司法权的监督。

可见，司法独立论者与司法民主论者之间的分歧主要是由于二者对于外部因素是否应当介入司法以及对司法会产生怎样的影响的认识不同产生的。司法独立论者认为，如果司法机关或司法人员受到执政党或行政权力的干预，应当履行职权而不予履行或不能履行，这必然造成“司法软弱”。而媒体、民意等非制度因素的不当介入和干扰也必然会妨碍司法的公正。因此，司法裁判应当运用法律逻辑，追求的是形式正义或曰法律之内的正义。而司法民主论者则认为，司法权作为公权力的一种，如果缺乏必要的监督和制约，其对于司法公正的侵害同样是不容忽视的。司法腐败与司法的恣意、专横同样需要遏制。而且，如果司法裁判脱离了社会基本的伦理道德，脱离民众的基本诉求，必然会使得司法丧失其公信力，司法也就失去了生命力。因此，司法裁判必须兼顾法律效果与社会效果的协调统一，在个案正义基础上实现一种实质的正义。

然而，从更深层面上看，司法独立论者与司法民主论者之间的分歧实质上是法律正义观的争执。司法独立论者坚持的是一种形式合理性的法律正义观，而司法民主论者则持实质合理性的法律正义观。近年来发生的辽宁刘涌案、泸州遗赠案、南京彭宇案、湖北邓玉娇案、广州许霆案、西安药家鑫案等诸多“公案”，均鲜明地体现了这两种法律正义观的冲突。一方面，外部力量进入司法程序可以极大地调动其他公权力、媒体及公众对司法的干预和参与热情，在一定程度上有助于个案正义的伸张，纠正司法错误，以及对司法不公进行监督，最大限度地实现司法的正义；然而，如果外部力量或者媒体、民意进入司法裁判领域缺乏相应的合法化与制度化的渠道，又会破坏法律的形式正义，最终危及司法的权威性，因而，其对司法产生影响的正当性也会受到更多的质疑。

二、司法的精英化与司法的大众化

如果说司法独立论与司法民主论之争主要是对于司法的外部环境要素的关注，那么，司法精英化与司法大众化之争，是将关注的焦点集中在司法内部环境的建构问题上。

司法的精英化论者主张以法官职业化为核心建构司法的内部运行机制，重视法官的职业素养和专业精神，强调司法裁判的程序性、规范性与合法性，推崇司法的权威性和专业性。精英化论者指出，法官职业素养不高或缺乏专业精神会直接导致司法自律性和司法判断力的不足，而司法自律性的缺失必然导致司法腐败、司法不公、枉法裁判等；司法判断力不足更会造成司法裁判说服力与司法公信力的缺失，甚至导致司法的专横，如刑讯逼供、不法取证、不审而判、先判后审、限制上诉甚至打击报复等。因此，司法职业群体必须由具有法律专业精神、专业技能以及法律信仰的司法精英来组成，唯此，才能确保司法的公正。对此，学者贺卫方亦曾以形象的比喻质问道：“为什么长期以来总是理所当然地把每年从军队复员转业的许多人员安置到法院中？为什么不要求医院安置他们?”〔1〕这正是要强调司法精英化的重要性。

司法的大众化强调法官的亲民化、司法程序的便民性以及公众对司法过程的参与、对司法人员的监督和对司法权力的分享等，追求的是司法的亲民性、便民性。“马锡五审判方式”便是司法大众化的典型模式。司法大众化论者指出，“法官职业化的努力，容易解决的是法官职业技术问题，难以解决的是法官的道德良知和职业操守问题。”如果过分强调司法的精英化，“未配合以司法民主化建设，导致职业化尚未成型，官僚化已经再现，出现官僚主义和官僚腐败”。〔2〕

可见，司法精英化与司法大众化二者之间的关系并非水火不容，司法精英化并不是完全排斥大众理性与民间智慧进入司法领域，司法的大众化也绝不是要通过民众参与实现对审判权的分割，重视民意并不是倡导民意审判，而是要以个案诉讼为基点，推动法官与民众之间充分有效的互动。司法精英化与司法大众化的根本分歧在于，二者对于司法公正之评判主体与评判标准的认识不同。从司法裁判的内在视角来看，司法的精英化论者是以法律职业群体为评判主体，以司法技术标准为评判标准；而司法的大众化论者则是以社会公正为评判主体，以司法的伦理道德为评判标准。换言之，司法精英化论者是从“供给者”的角度审视司法公正问题，而司法大众化论者则是从“需求者”的角度审视问题。社会转型必然伴随着社会急剧变革，各种利益主体间的矛盾和摩擦日益加剧、社会纠纷不断涌现。在社会的运行当中，司法制度无疑是公民权利意识、权利主张的最好保证。但我国现行司法在机构设置、人员编制、技

---

〔1〕贺卫方：“复转军人进法院”，载《南方周末》1998年1月2日。

〔2〕何兵：“司法职业化与民主化”，载《法学研究》2005年第4期。

术装备以及资源配置上都存在严重的“供给”困境，不足以完全承载这样的重托。面对日益增多的纠纷，法院不堪重负，案件积压严重，办案质量差，执行更是乏力。如果“司法供给”严重不足的情况长期得不到改变，就会出现阿尔蒙德所说的“政治体系不能很快地提高满足要求的能力以适应来势快得多的政治抱负和期望的高涨，这样就使政治体系陷于困难”〔1〕的状况，人们对现实司法的失望和不满，必然会导致司法公信力的下降。

因此，关于司法精英化与司法大众化的争论，其实质就是关于如何在法律思维与伦理思维、个案正义与普遍正义、个人权利与社会利益等相互对立的价值冲突中，搭建一个科学合理的平台的问题。

第二节　纷争之实质：理论挑战

上述对纷争之表象的分析表明，无论是司法职业化论者还是司法民主化论者，均未能就当前中国司法体制面临的困境给出合理、有效且具有说服力的解决方案。换言之，从既有的研究来看，司法职业化与司法民主化之争根本上是个假问题。二者之间之所以纷争激烈，难分伯仲，其原因在于，他们都只是从现象层面出发来分析问题，仅仅关注到问题的表象，未能挖掘或探究当前中国司法困境产生的深层根源。然而，正是这些深层根源的存在和深刻影响，使得在司法职业化与民主化分歧的背后，还暗涵着更为深刻的理论挑战。如果无视这些深层的

〔1〕［美］加布里埃·A. 阿尔蒙德、宾厄姆·鲍威尔等：《比较政治学：体系、过程和政策》，曹沛霖等译，上海译文出版社 1987 年版，第 180 页。

理论挑战，就意味着根本无法跳出相互对立的利益冲突与价值分歧的囿限，进入真问题的题域。学者哈贝马斯在谈到关于法律与民主的话题时就曾指出，“我们始终面临着一个无法通过对话或妥协来解决的价值冲突”。[1]因此，只有揭示这一纷争背后所暗涵的诸多的利益冲突与价值分歧，我们才能真正走出对立与徘徊，实现当代中国司法体制的现代转型。

本书认为，当代中国司法困境所暗涵的冲突与分歧，诸如西方化模式与本土化经验的摩擦、法律思维与道德（伦理）思维的较量、程序合理性与实质合理性的二元对立、个案正义优先和普遍正义优先的争执，最终都可以在个人权利与社会利益的对立与冲突中找到根源。而揭示这些利益冲突和价值分歧，当然是当代中国司法民主问题研究的首要问题。

一、西方模式与本土经验的摩擦

西方模式与本土经验的冲突是中国司法困境生成的最为根本的原因之一，也是司法体制改革进程中的最难克服的文化障碍。这两者之间的对立也是引发其他冲突与分歧之根本。这两者的冲突绝非在司法职业化或者司法民主化之论战中能够得到解决。因此，当代中国司法体制改革要想走出困境，必须在化解西方化模式与本土化经验的对立与冲突中寻找突破点。

近代以来，中国司法体制的建立与改革一直徘徊在法律现代化这条中轴线的上下，法律和司法的现代化是不可阻挡的大势。中国官方的法治理念以及正规的法律教育都是以法律的现

---

〔1〕该句的英文原文为“Therefore, we are faced with a value conflict that cannot be resolved either by discourse or by compromise.”参见：Ota Weinberger, “Harbermas on Democracy and Justice: Limits of a Sound Conception”, *Ratio Juris*, 7 (1994), 239 ~ 253.

代化、专业化为目标。但是，法律传统的“二元结构”在中国司法领域却有着长期且深厚的根基，“既载之于法学理论，也行之于法律实践，长期并行，至今依然。……在西方化的法律传统中，吴经熊〔1〕堪称代表人物；在乡土化的法律传统中，马锡五〔2〕则具有典型意义”。〔3〕因而，这两者之间的冲突在当代司法实践中引发的困境也是最为复杂的。这两者冲突的存在，使得中国当代司法改革始终在现代化与本土化之间摇摆。

综观近30年来先后在全国广泛宣传表彰过的优秀法官，如尚秀云、宋鱼水、金桂兰、陈燕萍等，我们可以发现各媒体所宣传的这些法官的经验和工作方法，不外乎“用群众认同的态度倾听诉求、用群众认可的方式查清事实、用群众接受的语言诠释法理、用群众信服的方法化解纠纷”〔4〕等。换言之，在中国当代的司法实践领域，一个仅仅遵循法律规定依法办案的法官或许并不是一个值得弘扬的榜样，他还必须能够更为贴近社

---

〔1〕吴经熊（1899～1986年），浙江鄞州区人，曾任东吴大学法学院院长、上海特区法院院长、立法院宪法草案起草委员会副委员长等重要职务。青年时期深受西方法学教育的影响，坚决主张法律的西方化、现代化和职业化，有力推动了中国现代法律传统中的一翼——西方化的现代法律传统的生成。其名言“法律是法官的唯一偶像；至于法律之外的政治因素或其他因素，完全可以置之不理”是其法律思想的经典概括。中年时期皈依于耶稣；晚年返回到禅宗。其一生经历从法学家到天主教徒，从天主教徒到中国哲学与中国文化的传承者、守护者，在中国思想史上堪称奇人。

〔2〕马锡五（1898～1962年），陕西省志丹县人，1930年加入中国共产党，抗战时期他在任陇东分区专员兼任陕甘宁边区高等法院陇东分庭庭长期间，经常携案卷下乡，深入群众，调查研究，巡回审理，就地办案；实行审判和调解相结合，反对主观主义的审判作风，坚持法律原则，忠于事实真相。他的审判方式因此被称为“马锡五审判方式”。

〔3〕喻中：“吴经熊与马锡五：现代中国两种法律传统的象征”，载《法商研究》2007年第1期。

〔4〕参见“用心审案，播撒和谐———记江苏靖江市人民法院园区法庭副庭长陈燕萍”，载《人民日报》2010年1月18日。

会和群众的真实需求，并采取群众能够接受的且更为有效的方式化解纠纷。而且，法官化解纠纷的原则也并非仅仅是依法办案，而是要做到“案结事了”。

这就提醒我们必须关注优秀法官及其司法经验方法对于当代中国司法、法治和社会发展可能或必然出现的问题的启示。当代中国司法公信力的提高，要求我们在继续推进法律职业化、专业化建设的同时，必须高度关注法律和司法的实效性，实效性是司法公信力的根本。在个案判决中，我们既需要考虑个案判决的可接受性，又要考虑其确定性，这种双重关注在哈贝马斯的语境中被概括为“司法的合理性问题”〔1〕。而法律和司法的实效性必定产生于司法微观制度的实际过程中，而不是来自“司法独立”或“司法为民”这类理念或其逻辑演绎。事实也证明，司法的实效性也绝非在司法职业化或者司法民主化之论战中得到解决。司法的实效性必须在化解西方化模式与本土化经验的对立与冲突中寻找突破点。

二、法律思维与道德（伦理）思维的较量

法律思维与道德（伦理）思维的冲突与对立也是导致当前中国司法困境的一个重要因素。在司法裁判过程中，究竟是应当坚持法律思维，抑或遵循道德伦理思维，这并非某一个法官可以抉择的问题，也并非一个理论上可以一劳永逸加以阐释的问题。因为，在司法微观制度的实际过程中，法律理性与道德伦理思维之间的界限往往非常模糊，而争议又往往发生在二者

---

〔1〕 在哈贝马斯看来，司法的合理性问题是法律中的事实性和有效性之间的内在张力在司法领域中的必然表现。参见［德］尤根·哈贝马斯：《在事实与规范之间——关于法律和民主法制国的商谈理论》，童世骏译，上海三联书店2003年版，第五章。

之间的模糊地带，如果对二者简单生硬地加以妄断，后果将是既无法捍卫法律理性的权威，又无法满足道德伦理思维的需求。因此，传统的司法职业化与司法民主化之争根本无力回应和化解这一价值冲突。

2002 年发生在四川泸州的“二奶遗产继承案”〔1〕是这两种思维在司法领域的一次真实交战。该案判决引起极大争议，大部分法学界人士都对该案判决提出了质疑，而大部分当地民众则对该案判决表示了支持。学者与民众之间对该案判决的不同反应，正是法律思维与道德伦理思维的对抗，而法院的判决最终屈从了民意，也即法律思维在与道德伦理思维的交锋中全线溃败。然而，发生在 2006 年的“湖南女教师黄静裸死案”〔2〕却是完全不同的结局。由于此案的特殊性——沸沸扬扬历经三年多的审理，无数民众参加了网络等媒体上的讨论，因而此案被称为“2006 中国网络第一大案”。但最终法院却并没有简单顺应“民意的道德审判”，而是在证据不足的情况下，本着疑罪从无的原则，坚持了法律专业主义立场。

如果说前两个案件对于法律理性与道德伦理思维之间的判

---

〔1〕被告蒋伦芳与丈夫黄永彬于 1963 年结婚。1996 年，黄永彬认识了原告张学英，并与张同居。2001 年 4 月 22 日，黄患肝癌去世，在办丧事时，张当众拿出黄生前的遗嘱，称她与黄是朋友，黄对其财产作出了明确的处理，其中一部分指定由蒋继承，另一部分总值约 6 万元的遗产遗赠给她，此遗嘱经公证机关于 4 月 20 日公证。遗嘱生效后，蒋却控制全部遗产。张认为，蒋的行为侵害了她的合法权益，按《继承法》等有关法律规定，请求法院判令蒋给付遗产。一审法院依据《民法通则》第 7 条（公序良俗原则）的规定判决，驳回原告张学英获得遗赠财产的诉讼请求。二审法院驳回上诉，维持原判。

〔2〕2003 年 2 月 24 日，黄静生前男友姜俊武在黄静的宿舍同宿，早晨姜俊武离开后，黄静被发现裸死在床上。经最高人民法院司法鉴定中心法医学鉴定，黄静系在潜在病理改变的基础下，因姜俊武采用较特殊方式进行的性活动促发死亡。2006 年 7 月 10 日，湖南省湘潭市雨湖区人民法院一审判决，被告人姜俊武无罪，但赔偿黄静父母经济损失近 6 万元。

断边界还比较清晰的话，那么，在许霆案〔1〕中，二者之间的界限便不再那么容易下结论。许霆案对于中国司法的标本意义体现在许多重要方面，但此处值得关注的是，在案件审理过程中，法律理性与道德伦理思维之间往往有着非常微妙的关系。根据对民意的调查，在许霆被判无期徒刑的时候，为他鸣冤叫屈的民众是很多的，但是当他被改判为5年有期徒刑之后，民众的看法就有很大的改变。尽管还有82%多的人认为应该判无罪，但是还有16%的人认为5年算是宽大了。当然也有一些网上调查显示，有46.2%的网民认为判的还是太重，但是47.6%的网民认为判的太轻，认为判的合适的只有6.2%，这个时候就出现了分化。这跟当初90%以上的网民认为判的太重的情形形成了鲜明的对比。〔2〕这一微妙的变化暴露出的问题，不仅仅是我们的司法不能由于民意的沸腾就跟着跑的问题，因为这一问题无论学者还是普通民众还是比较容易形成共识的；更为严重的问题则是，民意在面对两个不同判决结果时的这种特殊反应，恰恰揭示了在司法微观制度的实际过程中，法律理性与道德伦理思维之间的界限往往非常模糊，而争议又往往发生在二者之间的模糊地带，那么，如果对二者简单生硬地加以妄断，后果将是既无法捍卫法律理性的权威，也无法满足道德伦理思维的需求。

可见，在司法裁判过程中，究竟是应当坚持法律思维，抑

〔1〕 2006年4月21日晚10时，许霆利用天河区黄埔大道某银行的ATM取款机漏洞，先后非法取款171笔，合计17.5万元。广州市中院一审以盗窃金融机构罪数额巨大为由判处其无期徒刑，因而激发出汹涌的民意。2008年5月22日，广东省高级法院对备受社会关注的“许霆案”进行终审宣判，许霆被以盗窃罪判处5年徒刑，追缴所有赃款，并处2万元罚金。

〔2〕 赵秉志、彭新林：“关于许霆案件的法理问题思考”，载《刑法论丛》2008年第2期。

或遵循道德伦理思维，这并非某一个法官可以抉择的问题，也并非一个理论上可以一劳永逸加以阐释的问题。这是一个全球性的法律难题，在中西方语境中都曾出现过并且至今仍然存在着二者之间的争执。所不同的是，对二者间关系的不同认识，在西方已经大致形成了自然法学派、法律实证主义和社会学法学等较为成熟的理论派系，这些派系虽然观点各异甚至有时意见完全相左，但是，他们都能够对二者之间的关系加以较为系统的论证。有了成熟理论体系的论证，在司法实践过程中法官做出相应的抉择就有了理论上的依据，也就不会轻易地在沸腾民意的影响下摇摆不定。然而，在当代中国不仅未能形成较为成熟的理论派系，即使官方主流立场也并不明确，最高法院在面对分歧和困境时也难以形成统一的立场，这必然会导致司法裁判依据的不确定性。而法律的不确定性是司法公信力的天敌，因此，当代中国司法摆脱困境的出路，必须是在法律思维与道德伦理思维中找到能够进行决断的合理性证明。

三、形式合理性与实质合理性的对立

在形式合理性与实质合理性二者之中究竟如何抉择，这也是当代中国面临的真正的司法困境，也是当代中国司法体制改革过程中必须直面的真问题。而这一问题，也是无法在传统的司法职业化与司法民主化论争的题域中获得解决的。关于什么是形式合理性，什么是实质合理性，国内外的学者已经作了许多有益的研究，其中不乏独到见解，同时也不乏分歧。由于本书的主题并不在此，故不打算陷入此类争执之中，而只对形式合理性和实质合理性在本书中的含义加以简单地说明，以保证思想表达和交流的有效性。本书所指的形式合理性是指，无论处理个案的过程所得出的具体结论是什么，这一过程都应当受

到某些共识性原则以及程序性正义原则的指引和限制。而本书所指的实质合理性则是指，按照某种用以判断实质正义与否或实质合理与否的标准，该个案的处理结论做到了使利害相关者都得到了他们应获之利或者应受之罚。

实质合理性总是指向个案的结果，尽可能使个案处理得出合理的结果，这在任何社会都被视为值得追求的目标；然而，由于判断何为实质合理的标准是多元的，既缺乏统一性，又缺乏可以“预计”的形式化要素，所以，直接追求实质合理性的司法实践也总是难以摆脱人治、专断、反复无常或神秘主义等非理性力量的控制。于是，法律的形式合理性便逐步发展起来，它主要指借助于一套形式化的，因而也是普遍的和可预计的标准去处理案件，因而，法律的形式合理性也就成为合法（律）性的同义语，司法也只能以追求合法（律）性为目标。

但是，在司法微观制度的实践过程中，要想在二者之间作出抉择却往往并没有这么简单。以上海闵行区“钓鱼执法”案〔1〕为例，这一案件之所以受到关注，正是由于在建立法治秩序的过程中，执法者的行为倍受公众关注，也最有可能影响公众的法治观念。执法者严格、公正的执法行为，所树立起的不仅是执法者的权威和形象，更是法律的权威和形象。而当一个执法部门采取引诱他人“违法”的方式执法，不管它的初衷是什么，社会对法律和司法都会产生强烈的质疑，社会的信任危机也自然会加重，司法乃至整个社会的公信力就会遭到严重

〔1〕2009年9月8日，原告张晖驾驶安徽牌照福特轿车在因红灯停车时，遭遇一名男子（其实是便衣执法人员）称腹痛希望搭载一程。9月14日，张晖到区交通执法大队接受调查，该区交通行政执法大队作出了行政处罚决定，认定张晖“非法运营”。张晖遂将上海闵行区交通执法大队告上法庭。上海闵行区法院作出一审判决，法院判决闵行区交通执法大队对原告张晖作出的行政处罚行为违法，并承担50元诉讼费。

破坏。可以说，在“钓鱼执法”案件中，形式合理性与实质合理性之间的冲突还并不算激烈，因为，完全可以找到实现二者兼顾的执法方式，尽管可能需要付出较高的执法成本。二者之间冲突最激烈的，往往是二者无法实现兼顾的时刻。在南京彭宇案〔1〕中便出现了这二者冲突最为激烈的情况。在彭宇案中，无论遵循形式合理性优先，还是遵循实质合理性优先，都不应当是现在的结果。但是法院又的确处在两难的尴尬局面，它揭示出的问题则是，在“事实之真”无法还原的情况下，“法律之善”如何可能的问题。

其实，无论是理论界还是实务部门，谁都明白应当努力追求实质合理性与形式合理性并重，这也就是“法律之善”的最理想状态。但是，二者并重的观念，如果应用在立法领域，也许或多或少地具有某种合理性和参考意义，而在司法制度的微观实际运作过程中，“并重论”除了表达出一种美好愿望和情感之外，在理性选择的层次上毫无真实意义。〔2〕因为，在可以并重的情况下，没有任何一个具有理性的法律制度合作者会故意破坏性地去挑战合理性。问题的关键是，在无法并重的情况下，在必须有所放弃和牺牲的情况下，该如何抉择。如果一味地追求实质的合理性优先，就会形成一种典型的丛林正义；而一味追求形式合理性优先，则又会在实现典型的制度正义的

---

〔1〕 2006年11月20日早晨，一位老太在南京市水西门广场一公交站台等83路车。人来人往中，老太被撞倒摔成了骨折，鉴定后构成8级伤残，医药费花了不少。老太指认撞人者是刚下车的小伙彭宇。而彭宇则申辩，自己是扶起老太并将其送往医院救治。2007年9月4日，鼓楼区法院一审宣判。认为本次事故双方均无过错。按照公平的原则，当事人对受害人的损失应当给予适当补偿。因此，判决彭宇给付受害人损失的40%，共45 876.6元。该判决顿时引起民意沸腾。二审期间达成了和解协议，最后案件以和解撤诉结案。

〔2〕 郑成良：《法律之内的正义——一个关于司法公正的法律实证主义解读》，法律出版社2002年版，第182～191页。

同时，难保不牺牲个人的正义。究竟如何在二者之间做出抉择，以及应当做出怎样的抉择，这是当代中国司法体制改革必须直面的真问题，而不是简单的司法职业化还是司法民主化的问题。

四、个案正义与普遍正义的争执

司法正义究竟应当追求一种个案的正义抑或普遍的正义？这个问题是司法职业化与司法民主化之争背后所暗涵的不容忽视的理论挑战。司法裁判的困境往往是发生在这两者的纠结和冲突之中。在司法过程中，法律规则是抽象的，它代表着普遍的正义，当规则被恰当地适用于个案的时候，当同样行为被同样对待，类似案件被类似处理的时候，普遍正义就实现了。然而，对于具体的法律争讼被如何处理，当事人和旁观者也会用个人伦理中的正义尺度来评价，这时，就产生了与普遍正义相对的个案正义的问题。当代表普遍正义的一般性法律规则被适用于具有特殊性的众多个案时，难免会出现方枘圆凿之类的情况，即普遍正义与个案正义不能完全契合甚至有所抵触的现象。[1]大多数的法学家都主张，在司法的领域中，司法公正的特殊品质只能是普遍正义优先。而且，普遍正义自身的存在理由和目的就是尽可能地促进个案正义的实现，司法公正的内在逻辑是借助于法律之内的正义来实现个案正义，而不是通过背叛、抗拒法律的方式来实现法律之外的正义。[2]然而，在司法的微观操作层面，问题远非如此简单和清晰。

---

〔1〕 郑成良：《法律之内的正义——一个关于司法公正的法律实证主义解读》，法律出版社2002年版，第98～99页。

〔2〕 郑成良：《法律之内的正义——一个关于司法公正的法律实证主义解读》，法律出版社2002年版，第102页。

以药家鑫案[1]为例。对于药案，本书不想再过多重复既有视角的分析，而是主要关注药案中所暗涵的个案正义与普遍正义之间的冲突。药家鑫最终被判处死刑立即执行，无论从法律还是从民意角度，似乎都没有什么大问题。大家反思的焦点往往集中在人性的偏执、教育的失败以及社会的悲剧层面。而对于判决结果，无论药家鑫的父母、被害人家属还是广大网友和民众，似乎并无大的异议。但是，当我们从普遍正义与个案正义的视角重新审视药案中的细节问题时，就会发现新的问题。“激情杀人”和“自首情节”是律师主辩的理由。《刑法》第67条也明确规定了“对于自首的犯罪分子，可以从轻或者减轻处罚”。从普遍正义的立场出发，激情与非激情、自首与不自首的主观恶性、社会危害后果显然不同，表征普遍正义的法律当然要对此加以区别对待。但是，从个案正义的立场出发，如果有自首情节就可以免死，那么，法律又怎能实现其对于那些恶性极大、却试图以自首为由逃避严惩的人的惩罚？发生在云南的李昌奎案[2]显

---

〔1〕 2010年10月20日23时许，被告人药家鑫驾车撞倒被害人张妙后又连捅数刀，致张妙当场死亡。杀人后，被告人药家鑫驾车逃离现场，途中再次将两行人撞伤。2010年10月23日，被告人药家鑫在其父母陪同下到公安机关投案自首。2011年4月22日，西安市中院作出一审判决，认为药家鑫犯罪动机极其卑劣，主观恶性极深，手段特别残忍，虽有自首情节，仍不足以从轻处罚，遂依法以故意杀人罪判处药家鑫死刑，剥夺政治权利终身，并处民事赔偿45498.5元。2011年5月20日，陕西省高级人民法院二审公开开庭审理，依法裁定驳回药家鑫上诉，维持原判。最高人民法院复核后作出核准死刑的裁定。2011年6月7日上午被依法执行死刑。

〔2〕 李昌奎，1982年出生，2009年5月16日将同村的19岁少女王家飞强奸，随后将被害人及其3岁的弟弟王家红残忍杀害。2010年7月15日云南省昭通市中级人民法院经审理查明，以强奸罪、故意杀人罪，数罪并罚判处李昌奎死刑，剥夺政治权利终身。2011年3月4日云南省高级人民法院因犯罪嫌疑人有自首情节作出死刑缓期二年执行的终审判决。两份一字之差的判决书，顿时在家属间和网络上引起轩然大波。2011年8月22日云南省高级人民法院再审后，认为原二审判决量刑不当，改判李昌奎死刑立即执行，剥夺政治权利终身。最高人民法院复核后作出核准死刑的裁定。

然是后一种情形的典型代表。司法裁判的困境正是发生在这两者的纠结之中，而司法公信力危机的背后时刻暗涵着个案正义与普遍正义之间的权衡与较量。因此，当前中国的司法体制改革必须突破二者之间对立冲突的状态，寻找到实现二者共生和兼顾的有效路径。

五、个人权利与社会利益的冲突

作为中国问题的个人权利与社会利益之争，是由西方思想争论所引起的问题，但其复杂性和艰巨性却远胜于西方问题本身。作为以保障个人权利和社会利益为终极目标的司法，决不能回避这一根本的价值冲突问题。只有直面这一冲突，才有可能找到真正能够超越和调和两者矛盾与冲突的有效路径，而不是陷入职业化还是民主化这一表象层面的无效争执之中。

西方法律思想史上，可以大致抽象出两种法律价值观，一种以功利主义为渊源、在社会法学的强烈影响下的坚持以社会利益为本位的法律价值观，另一种则是以自由主义为渊源而坚持以个人权利为本位的法律价值观。[1]坚持社会利益本位，是把利益的最大化当作判断法律正义的标准。在他们看来，社会需要法律制度并不是为了什么别的目的，而只是要借助于法律来实现公共福利的最大化，即社会利益最大化是法律以及司法之正当性的根源所在。例如，卡多佐曾明确提出在作出司法判决的过程中需要进行这样的利益衡量。在卡多佐那里，法官在作出判决的过程中，“对社会利益（social interests）进行衡量和作出与价值相和谐的选择是相当明显的需要”，他认为，“即便初看起来其它程序或方法似乎占据着支配性地位甚或独占地位，

〔1〕 当然，这样的划分未免过于粗糙，但出于论证的需要，本书仅选择了两种处于两极的对立观点，而不试图深究每一种主义之间的细微差别。

这一需要仍然存在，尽管潜伏在表面之下”。[1]而坚持个人权利本位，其判断正义的标准就不是社会公共福利，而是个人的权利和自由，因而，符合正义的法律制度必须公平地对待每一个人的权利和自由，不能为了增进社会公共福利去侵害个人的正当权利，即法律制度以及司法制度存在的正当性根据在于它能够公平地保护每一个人的权利。

这两种源于西方的法律价值观，自清末民初以来对中国的影响相当深厚。甚至可以说，个人权利与社会利益之争之所以成为中国的学术问题，在一定程度上，是西方法律思想争论在中国社会的延续，是中国法学学术界受西方法律思潮裹挟所致。[2]但是，我们需要注意的是，中国和西方对于法律的个人本位抑或社会本位之争，在语境与根本立场上则是完全不同的。

民国时期著名法学家王伯琦[3]曾指出，中国法律中的个人本位与社会本位与西方现代法律在观念上常常发生混淆。国人以为实行社会本位的法律，则个人的权利是否享有，全以社会利益得失为判断。而不知所谓社会本位的法律，实质上是在肯定和保护个人权利的基础上，对有害于社会公益和他人利益的

---

〔1〕 Benjamin N. Cardozo, *The Paradoxes Of Legal Science*, Reprinted in Selected Writings of Benjamin Nathan Cardozo, Margaret E. Hall (ed.), New York: Fallon Law Book Company, 1947, p. 297.

〔2〕 孔庆平：“个人或社会：民国时期法律本位之争”，载《中外法学》2008年第6期。

〔3〕 王伯琦（1907～1966年），江苏宜兴人。1931年毕业于东吴大学法学院，获法学学士学位，是年夏留学法国巴黎大学，获法学博士学位。1956年归国，先后任职浙江省政府视察，军事委员会参事室。1939年应聘为云南大学教授，1940年兼法律系主任，并同时执行律师业务。抗战胜利后返回南京，先任教育部参事，后南迁广州，任教于中山大学。1950年前往台湾，任“司法行政部”参事。1955年辞职，任台湾大学法律系教授，并兼任母校东吴大学教职。著有《民法总则》《民法债篇总论》《民法概要》《民刑法概要》《近代法律思潮与中国固有文化》《权利相对论》（译）等，为近代中国第三代法学家的杰出代表。

个人权利加以限制，这与我国传统的义务本位法律有本质的区别。因而，中国现代法律之采纳西方法律的社会本位，并非在实质意义上与中国传统观念相吻合，所以，我国法律的推行，与西方采用社会本位的法律，应有所不同。因为我国与西方所面临和需解决的问题并不相同。在我国，必须首先使个人观念或权利观念抬头，即必须大力培养国民的独立人格观念，以营造社会本位法律的基础。脱离了个人观念，绝不能有社会观念。而要讲社会主义，决不能脱离个人主义。脱离了个人观念的社会观念是单纯的义务观念，单纯的义务观念近乎奴隶观念。〔1〕可见，我们对于个人本位与社会本位的认识是建立在误解之上的，因为误解，所以没有清楚地认识到，西方的个人权利本位与社会利益本位并没有实质性的差别，绝不是中国人所理解的非此即彼的关系，更不见得有所谓道德上的高下之分。即使在西方社会本身，尽管当时也充满着对自由主义、个人主义的质疑和批评，但是，社会本位也未能成为唯一正确的思想，自由主义仍保有其主流思想之地位。

那么，在中国又为什么会产生个人权利与社会利益的冲突呢？可见，虽与西方的语境不同，但这仍然是个中国问题，而根源恰恰在于中国传统观念之中。中国传统法律思想，无论哪家哪派，都几乎同时肯定了宇宙秩序的整体性和有机性。各个部分均应各守其分，不超出固定的疆界，始能维持整体的秩序，保障宇宙秩序之和谐。秩序形成之出发点在整体，而不在个体。因而，中国法律的目标向来只就整体作关照，而仅对各个部分的不守分之举随时加以抑压即可。显然，这种整体的宇宙观、社会观，与西方的社会本位观念是完全不同的两种思想体系。

〔1〕 王伯琦：《近代法律思潮与中国固有文化》，清华大学出版社 2005 年版，第 51 ~58 页。

在这种社会观的影响下，社会利益与个人权利间的冲突将更为激烈，社会利益往往占据绝对的强势地位，而个人权利则往往会被湮灭于以社会本位为表象的义务本位之中，成为被奴役的对象。

学者吕明已然指出："就当下中国法律实践而言，'权利本位说'正遭遇前所未有的重大挑战。在贫富差距拉大、各种社会矛盾凸显、群体性事件不断发生之中国基本背景下，维护社会安定团结之'维稳'要求变得突出，整个社会的'维稳'与个体之间的'维权'形成巨大张力。而自 20 世纪 90 年代，在'对抗正义观'〔1〕的笼罩和驱动下，作为中国法学研究的主流理论的'权利本位说'，实际促成了法律实践中的刚性维权机制。然而，刚性维权机制无法有效面对'维护社会安定团结'的要求。21 世纪以来，建立在'动态维稳'话语之上的法律实践逐渐替代刚性维权机制，'调解'的复兴与'能动司法'的提出展现了这一趋势。因此，在社会现实面前，'新权利本位说'必须以在维权与维稳之间寻求平衡作为基本目标。"〔2〕

注目当下，法律本位之争似乎已然不再时尚，但是，这两者的冲突也必然成为司法公信力之建立进程中必须面对的根本性问题。因为，它既是法律理论真正的出发点，同时也是司法改革必须明确的根本方向。

---

〔1〕 在自由主义和个体主义看来，法律及其实践实际构成了促成"对抗"的积极性因素，一方面，法律鼓励人们为了维护自己的权利而"斗争"，另一方面，法律又为这种"斗争"创造了形式或程序上的公平环境，自由主义或个人主义的权利话语由此而生。而这种"对抗正义观"同样对阶级斗争范式产生了巨大影响。也正是借助于这样一种"对抗正义观"，中国的法学研究者在一个较短的时间段内实现了从"阶级斗争范式"到"权利本位说"的"知识转换"。

〔2〕 吕明："刚性维权与动态维稳——权利本位说在维稳时代所遭遇的挑战"，载《法律科学》2011 年第 4 期。

第三节 司法民主问题的重新出场

当代中国的司法改革所遭遇的现实困境与理论挑战，实质上是当代中国社会在转型时期无法回避的诸多利益冲突与价值分歧之间的搏击。面对新的历史境遇和政治、经济背景，当代中国的司法理论研究必须在这些冲突与分歧中进行选择与决断，为司法正义提供新的理论支撑和实践对策，才能为司法公信力的提高提供新的基础和源泉。那么，当代中国的司法理论与实践应当如何在利益冲突与价值分歧中做出选择和决断，以及应当做出怎样的选择和决断，对这些问题的思考便引出了司法民主问题的重新出场。

一、司法民主何以可欲

利益冲突与价值分歧问题在司法领域的存在形态，既不能因追求效率和结果而加以独断，将其简单化地处理为传统的司法职业化论者与司法民主化论者之间的争执与较量；也绝不能因拒绝独断、追求公平正义，而令其仅停留于应然层面的理论追求。因此，必须开辟一种新的司法理论研究路径，这一新的研究路径必须能够在这诸多冲突与分歧所形成的张力之中寻求平衡，使得司法判决能够尽可能在最接近司法正义的框架下有效而及时地作出。而在现代性视域中重新建构“司法民主”的理念与运行机制，正是值得尝试的这样一种有效路径。

西方化模式与本土化经验的摩擦、法律思维与道德（伦理）思维的较量、形式合理性与实质合理性的二元对立、个案正义优先和普遍正义优先的争执，最终都可以在个人权利与社会利益的对立与冲突中找到根源。而所有这些对立与冲突从本质而言，就是传统与现代的冲突与分歧。学者周永坤亦曾著文指出："由于我国法律现代性问题面临时空上的双重否定：在时间上对历史传统的否定，在空间上对本土法律的否定，这造成了中国法律现代性的实现面临十大困境：老师打学生的尴尬、普适性原则与地方性知识何去何从、国家主权与法律全球化的消长、平等与身份的对峙、社会至上与保障权利的对抗、单位金字塔与公共交往理性的不谐、政治权威与法律权威的抗衡、法律工具性主张和规范性需求的紧张、刀把子定位和司法独立难协、法律统一与地方利益的冲突。"〔1〕可见，当代中国司法领域所遭遇的困境与挑战，远非传统的"司法职业化与司法民主化之争"这一题域所能够涵盖。它直接关涉当代中国司法的现代化乃至法制现代化进程中的路径选择问题。

在现代社会，无论哪一种哲学流派或者政治理论，迄今都未能找到一劳永逸的对策和恰当方式，以应对从传统向现代社会转型过程中出现的利益冲突与价值分歧。许多最为优秀的政治哲学或者法哲学研究往往致力于在最根本的和普遍的哲学辩护层次上为利益冲突与价值分歧寻求可靠的道德原则。作为一种基本的哲学探究，这是完全恰当的。甚至有学者指出，"未来之事是人类思想极限，无人能够知道未来。事实上，人类所有的科学发展、经济发展以及政治制度都是对未来的冒险选择。对于这个困境，或许真的没有最好的解决，但并不意味着不存在相对合理的解决。既然不能证明何者为绝对真理，那么就应该拒绝独断，使思想处于'无决断'状态"。〔2〕

然而，在司法过程中，对于司法的性质及其特殊使命而言，

〔1〕 周永坤："论中国法的现代性十大困境"，载《法学》2006 年第 6 期。

〔2〕 赵汀阳："民主如何正当"，载赵汀阳：《坏世界研究——作为第一哲学的政治哲学》，中国人民大学出版社 2009 年版。

这却是一种错误的方向。因为，在诸如个人权利本位还是社会利益本位、个案正义还是普遍正义、法律逻辑抑或伦理思维等命题之根本前提未经充分论证的情况下，在人类尚未掌握准确判断功利主义和自由主义等各种“主义”之立论基础是否正确的基本知识的情况下，找到一个能够证明司法判决的正当性的原则或基础是绝对必要而且刻不容缓的。尽管哲学家们可以尽情地争论利益冲突和价值分歧的理论基础，但是，法官却必须就纠纷和争议及时和有效地作出处理和判决。

因此，利益冲突与价值分歧问题在司法领域的存在形态，既不能因追求效率而造成独断，也绝不能因拒绝独断而令其仅停留于应然层面的理论追求，在司法过程中不允许也不可能去无限度地寻求所有的利益冲突与价值分歧的完美统一，即追求一种完美状态下司法的正义。“尽管我们在经验的范围内可以发现，有些个案的处理确实实现了完美的司法公正，然而，我们却找不到能够确保做到这一点的法律制度。在一些个案中，之所以能够实现完美的司法公正，一方面固然有赖于我们人类理性能力的效用，另一方面也得益于许多我们无力控制的偶然性因素的帮助；而一旦这些对我们有利的偶然性因素被另一些对我们不利的偶然性因素代替时，我们追求完美的司法公正的努力就必然归于失败。”〔1〕为避免陷入一种“司法的乌托邦”，司法正义之实现必须转化为如下的问题，即如何有效地在利益冲突与道德分歧中，找到一种恰当的方式，使得判决能够尽可能在最接近司法正义的框架下有效而及时地作出。而在现代社会中，“民主”正是这样一种化解冲突与分歧的解决方式。

“民主”在现代社会中，已经是一种深入政治领域、经济领

---

〔1〕 郑成良：《法律之内的正义——一个关于司法公正的法律实证主义解读》，法律出版社2002年版，第110页。

域以及社会文化生活各个领域的化解利益冲突、实现社会正义的价值目标和有效机制。诺贝尔经济学奖得主阿玛蒂亚·森曾说过，“若要在二十世纪里发生的诸多进步当中选择一项最重要的，那么，我会毫无困难地指出，那就是民主的兴盛”〔1〕。民主已然成为构造现代政治体制的一种核心和基本的价值，不论是对民主持何种态度的人，都必须面对这样一个基本的事实。“几乎全世界的统治者，包括非民主国家的统治者，都在努力研究‘民治’（rule by the people）的思想，以便为他们的统治的合法性提供解释。有史以来，从来没有国家领导者为了他们统治的合法性如此广泛地求之于民主思想的。”〔2〕1949 年，中国也实现了向新型人民民主政治的伟大跨越，从而开启了社会主义民主政治发展的新历程。改革开放以来，党和政府深刻总结了正反两方面的历史经验，在长期的试错和反复的摸索中，取得了社会主义民主政治的巨大进展。在司法领域，对司法民主的理论探讨和实践也越来越受到重视。〔3〕

但是，“司法民主”无论在西方还是中国，无论在理论上还是实践中，都未能形成系统而成熟的理论体系和运行机制。缘于民主本身的多歧义和多面向。因此，为使司法民主成为可欲的，必须首先对民主概念进行限定和论证。这一任务将在本书的第三章中做专门的论述。

概言之，司法民主的重新出场，并不意味着对所有历史上曾经出现过的传统的民主概念的随意引进和适用，这样势必会

---

〔1〕［印］阿玛蒂亚·森：“一种并非奢侈的价值观”，程晓农译，载《书屋》2001 年第 1 期。

〔2〕［美］罗伯特·达尔：《民主及其批评者》，曹海军等译，吉林人民出版社 2006 年版，第 445 页。

〔3〕国务院新闻办公室：《中国的民主政治建设》，2005 年 10 月 19 日。

造成民主功能的泛化以及司法功能的扭曲；司法民主的重新出场，更不意味着是在与司法职业化相对立的狭隘语境中阐释民主和发展民主化，这样不仅无益于司法正义的实现，更会加重利益冲突与价值分歧所造成的混乱。相反，司法领域引入“民主”本身就是有限的和十分审慎的。也就是说，司法民主的重新出场，必须是在现代性的语境中和司法现代化的题域内，在对多歧义和多面向的“民主”概念进行甄别和界定的基础上，找到的一条能够化解司法所遭遇的利益冲突与价值分歧的有效路径。唯此，司法民主才是可欲的。

二、司法民主问题研究的理论追求

“司法民主”问题的重新出场，并非是要使传统的司法民主论在与司法职业化的对抗中占得优势，而是要在下述的语境中实现超越，即试图将一种恰当的民主观念引入司法领域，来应对司法所必须面对的现实困境与理论挑战。在此基础上，根据司法的特殊性及其特殊使命，建立一套系统有效的司法民主运行机制，以此确保司法正义的实现，化解司法之公信力危机。那么，我们接下来需要解决的问题就是，“司法正义”究竟如何界定？然后，我们才有可能判断怎样的司法民主才能够促进司法正义之实现，以及司法民主应当如何促进司法正义的实现等一系列问题。

从司法正义的产生历史来看，司法正义的最初雏形是与分配正义相区分的“矫正正义”。亚里士多德最先明确提出了正义的三种分类，即分配的正义、矫正的正义和交换的正义。〔1〕而“矫正正义是指在人们交往中发生相互侵害的情况下，剥夺不正

〔1〕 I. M. Young, *Justice and the Politics of Difference*, Princeton: Princeton University Press, 1990, p. 23.

当获利者的利益，弥补受损害者的损失，恢复侵害者与受侵害者之间的利益的均等”。[1]这种通过裁判方式去获得的正义，可以被视为现代司法正义理念的最初源头。

哈特也曾明确对司法正义做出解释，认为“司法正义的最简单形式，不过是坚持所有不同的人都必须适用同样的一般化规则，不因偏见、利益或态度而有所偏倚。程序标准，称为自然正义，就是要保障这个公正性。因此，再讨人厌的法律，都必须公正地适用，我们在法律一般化规则的适用观念上，至少看到了正义的幼芽”。[2]

国内学者张恒山教授则是在法律正义的框架内对司法正义进行定义，“法的正义从广义上讲，实际上包括三个方面的正义：第一是法的来源意义上的正义；第二是法的本体正义——外观的正义（形式正义）和法的实质的正义（内容正义）；第三是法的适用的正义。法的适用的正义是指法在其被适用的过程中体现的正义，这主要是指执法、司法的程序正义。这是对执法、司法人员在执法、司法活动中的要求。这种正义旨在保证具有正义性的法能够被公平、公正地适用于具体的情况或案件，但这种正义并不能保证被适用的法本身是正义的”。[3]

综合上述对司法正义的观点，可以发现，中外学者们对司法正义的理解的共识之处在于，都认为司法正义应当至少具有以下特点：首先，司法正义是一种动态的、过程性的，它是通过诉诸司法审判，通过法官的正义裁量去把握和实践的社会正

---

〔1〕［古希腊］亚里士多德：《政治学》，吴寿彭译，商务印书馆1961年版，第15页。

〔2〕［英］哈特：《法律的概念》，张文显等译，中国大百科全书出版社1996年版，第290页。

〔3〕张恒山：“论正义与法律正义”，载《法制与社会发展》2002年第1期。

义，因而是一种后发的启动机制；其次，司法正义是具体的和微观的，即它并非是一种宏观的制度设计或规则层面的抽象正义，而是在制度和规则的微观运行中保障具体正义的实现；第三，司法正义是一种终极性的裁断正义、矫正正义和恢复性正义，它是对权力滥用的监督和对受损人权的救济，是正义实现的终点，是维护社会正义的最后一道屏障。

基于这一对司法正义的理解，我们目前亟待解决的就是要进一步探讨司法正义实现的前提和实现路径问题，即司法正义究竟应当在何种条件之下或者情景之中，以何种原则或者理念去贯彻和实现被制定为法律的正义？简言之，就是如何完成司法正义的理论证成与实现机制。而这一问题必须在对传统“司法民主”的理论进行重构的基础上加以解决。

第四节　本章小结

传统的司法职业化与司法民主化的论战，根据论战双方理论争点的主要内容，大致可以将其归纳为两个方面：一是在对司法外部环境要素的认识上，形成司法独立论者与司法民主论者之争；二是在对司法内部环境要素的认识上，形成了司法精英化论者与司法大众化论者之争。然而，无论是司法职业化论者还是司法民主化论者，均未能就当前中国司法体制面临的困境给出合理、有效且具有说服力的解决方案。换言之，从既有的研究来看，司法职业化与司法民主化之争根本上是个假问题。

二者之间之所以纷争激烈，难分伯仲，其原因在于，他们都未能探究当前中国司法困境产生的深层根源。因而，未能洞察到在司法职业化与司法民主化分歧的背后，还暗涵着更为深刻的理论挑战。而西方化模式与本土化经验的摩擦、法律思维与道德（伦理）思维的较量、程序合理性与实质合理性的二元对立、个案正义优先和普遍正义优先的争执，最终都可以在个人权利与社会利益的对立与冲突中找到根源。所有这些对立与冲突从本质而言，就是传统与现代的冲突与分歧。如果无视这些深层的理论挑战，就意味着根本无法跳出相互对立的利益冲突与价值分歧的囿限，进入真问题的题域。

当代中国“司法民主”问题的重新出场，并不是在与司法职业化相对立的狭隘语境中阐释民主和发展民主化，也并非是要在与司法职业化的对抗中占得优势。这样不仅无益于司法正义的实现，更会加深冲突与分歧，造成概念上的混乱。相反，在司法领域重新引入“民主”，本身就是有限定的和十分审慎的。换言之，司法民主的重新出场，必须是在现代性的语境中和司法现代化的题域内，在对多歧义和多面向的“民主”概念与“司法”概念进行甄别和界定的基础上，进行“司法民主”理念的重构，以期能够找到的一条能够化解司法所遭遇的利益冲突与价值分歧的有效路径。在此基础上，根据司法的特殊性及其特殊使命，建立一套系统有效的司法民主机制，以此确保司法正义的实现。唯此，“司法民主”的重新出场才是可欲的。

第三章

近代西方司法民主理论与实践特征

直到40年代以前，人们一直知道什么是民主，并且喜欢它或反对它，而后来我们虽都声称喜欢民主，却不再知道（理解、一致同意）什么是民主了。于是我们生活在一个以民主观混乱为特色的时代里。

——［美］乔·萨托利[1]

第一节　近代西方司法民主的基本特征

“民主”概念的历史相当悠久，最晚也可溯至古希腊时期。而“司法”概念虽正式形成于近代，是资产阶级革命以后司法权与行政权、立法权相分离的产物，但是，作为一种以国家强制力为后盾的、解决纠纷和争议的最具权威性的手段，司法的历史则也是渊源久远。因而，从一定意义上讲，司法与民主之

〔1〕［美］乔·萨托利：《民主新论》，冯克利、阎克文译，东方出版社1998年版，第7页。

间建立关联的起点也始于古希腊。“苏格拉底审判”〔1〕这一经典公案就是古希腊直接民主适用于司法领域的典型范例。虽然这种司法民主的古典范式与近现代西方的司法民主模式之间的关联度十分微弱，但它所显现的“民主”与“司法”间的关系却成为思想史上的一个重大学术争论。

著名的“苏格拉底审判”所体现的这种全体公民参与的“广场式”的司法民主模式，显然既不能为司法裁判提供可靠的正当性依据，更无法促进司法公正的实现。而在之后的古罗马时期，“民主”几乎销声匿迹，但由于基督教文化的兴起和逐渐壮大，“神权”与“王权”的二元对抗从未停歇，在这长期的权力对抗过程中，同时在基督教文化的平等、博爱精神的滋养下，促生了西方的宪政民主理论和自古以来重视程序正义以及重视对当事人诉权的平等保护等一系列重要的司法传统。这些传统成为法官对抗王权、要求司法独立的重要理论渊源。陪审团制度正是在这样的传统中逐渐形成和发展成熟。〔2〕而陪审制度也被视为在“司法”与“民主”之间建立起联系的制度关联点。

12 世纪以后的西欧，司法逐渐变成由专职人员组成的国家专门机构（即法院）开展的活动。尤其是亨利二世的司法改革

---

〔1〕古希腊哲学家苏格拉底（公元前 469 年～公元前 399 年）因为被诬告为不信神和腐蚀青年，被雅典民众法庭的陪审团（那时的雅典民众法庭有六千人，被分成十个陪审团，每团不少于五百人，每次开庭时不少于二百人，所有 30 岁以上的公民都应该履行当陪审员的义务。）判处死刑，于公元前 399 年饮鸩而死。当时苏格拉底的亲友和弟子们都劝他逃往国外避难，并已经为他疏通了所有关卡，均遭他严正拒绝，最终当着弟子们的面从容服下毒药。详见［古希腊］柏拉图：《裴多篇》，杨绛译，生活·读书·新知三联书店 2011 年版。

〔2〕关于陪审团制度形成的时间争议颇多，但西方学界的主流观点认为，陪审团制度大致发端于 8 世纪的法兰克加洛林王朝、形成于 11 世纪的英格兰。参见李红海：《普通法的历史解读——从梅特兰开始》，清华大学出版社 2003 年版。

以后，职业化的法律家阶层逐渐形成，并逐渐获得相对独立的司法权，甚至能够同国王分庭抗礼。17 世纪著名的普通法法官柯克与詹姆士一世国王之间发生的激烈对抗便是显著一例。而在同时代的欧洲大陆国家，司法也有相近的传统形成。〔1〕可见，在基督教文化所蕴含的对世俗权力的制衡和对权利的平等尊重等理念的支撑下，古希腊式的民主逐渐被司法传统驯服，这就在一定程度上促进了近代司法民主模式的形成和完善。

一、近代西方司法民主的理论背景

近代西方司法民主是由如下的理论背景所决定的。

首先，近代西方的司法民主理论是以自由主义〔2〕为其理论内核和基本立场，而个人主义是自由主义的理论前提和精神基础，个人及其权利是近代自由主义政治哲学的基石。因而，近代西方的司法民主自然也具有鲜明的个人本位和权利本位的立场。

古典自然法理论及其影响下的启蒙运动，为近代西方自由主义的形成与发展提供了强有力的理论资源和实践经验。霍布斯、洛克、卢梭等启蒙思想家为近代自由主义确定了基本的分

---

〔1〕 参见［法］勒内·达维德：《当代世界主要法律体系》，漆竹生译，上海译文出版社 1984 年版。

〔2〕 此处的“自由主义”是与“专制主义”“极权主义”相对而言的广义的自由主义，包含了“共和主义”以及与之相对应的狭义“自由主义”。狭义自由主义与共和主义的最大分歧在于，自由主义主张消极自由，以个人权利为核心，把维护个人自主性视为民主的使命，国家的使命是保障公民个人的自由和权利（比如，从洛克、约翰·密尔到诺齐克以及罗尔斯形成了西方的自由主义传统）；而共和主义则主张积极自由，它以人民主权为核心，把维护共同体利益或者国家利益视为首要的，但其终极目标仍然是实现和保障个人的自由和权利（比如，从卢梭的共和主义发展到桑德尔、泰勒等的社群主义）。因而，在这一意义上的自由主义与共和主义都属于广义的自由主义。

析框架和理论体系，而天赋人权论、社会契约论和个人主义则构成了自由主义学说的理论核心。而自由主义之所以将个人作为出发点和终极价值，正是因为基督教为其提供了理论的前提与文化的深层积淀。基督教二元政治观的流行，在西方形成了一种二元主义的思维定式，直接影响了近代自由主义的政治思维方式。二元思维定式所产生的私域与公域的区分、公民社会与国家的分离以及个人权利与国家权力的对抗，正是近代自由主义的核心理念。〔1〕在此基础上，洛克、孟德斯鸠、约翰·密尔、托克维尔等近代思想家在自由主义的立场上对自由、民主等价值观进行改造与完善，其最重要的目标就是使保障个人的自由和权利成为目的，以权力分立与制衡的方式对抗专制王权以及国家权力，同时强调对天赋人权的平等保护。〔2〕自由主义不仅仅是根植于现代西方的某种政治态度，而是某种世界观、思维模式，它包含人们对伦理、社会、社会科学、自然科学、政治学、形而上乃至法理学的态度。而且，自由主义的世界观、知识论与自由国家的政治制度是相关联的，人们的观念、理论决定着所采取的政治制度，同时所采取的政治制度又强化了此种观念和理论。〔3〕

其次，近代西方司法民主理论是以近代立宪主义的宪政民主观为其逻辑主线。自由主义一方面将个人自由奉为社会治理

〔1〕丛日云：《在上帝与恺撒之间——基督教二元政治观与近代自由主义》，生活·读书·新知三联书店2003年版，第5页。

〔2〕如英国洛克在其《政府论》中认为民主就是人民的统治，而人民的统治是通过人民对于政府组成、政府权力行使的同意来实现的，而人民的同意是根据多数决定规则进行的。约翰·密尔在《代议制政府》中认为民主需要精英治理，以防止多数人的庸俗，因此，必须通过选举产生能够代表人民的精英。孟德斯鸠在《论法的精神》中认为要对多数人权力实行分权和制衡的原则。麦迪逊等人在《联邦党人文集》中认为民主必须是权力分散和多元化的。

〔3〕R. M. Unger, *Knowledge and Politics*, The Free Press, 1975, pp. 3～16.

最高原则；另一方面则将宪政民主奉为实现这些原则的途径。宪政民主所遵循的原则，其实质就是以权力分立与制衡的方式限制国家和政府的权力，防止民主的暴政或无限民主。因而，近代西方的司法民主也是以近代立宪主义的“分权制衡”为其核心框架。

近代立宪主义的思想基础是古希腊、古罗马以及中世纪政治哲学中的个体主义与整体主义的对立与互动，而文艺复兴、宗教改革以及科学方法论所引发的理性主义则促成了政治个体主义的产生，进而形成了以英国、美国、法国为代表的早期立宪主义政治哲学。而到了19世纪，欧洲立宪主义哲学开始走向成熟，贡斯当、托克维尔、密尔等是这一时期的典型代表。〔1〕此时的立宪主义的核心思想是，以宪政民主的方式来实现对“多数暴政”的规制，从而实现对个人自由的保障以及对自由社会的治理。例如，贡斯当看到对人民主权原则的强调有可能引发的多数暴政的风险，因而指出，人民主权原则的正当性不能作为论证其权力绝对性的借口，无论是人民的权力，还是那些自称人民代表的人的权力，都应该受到限制。〔2〕托克维尔认为：“假如把立法机构组织得既能代表多数又一定不受多数的激情所摆布，使行政权拥有自主其事的权利，让司法当局独立于立法权和行政权之外，那就可以建立起一个民主的政府，而又使暴政几乎无机会肆虐。”〔3〕在此基础上他还进一步指出，以权力分立和制衡为特色的美国宪政制度并不足以保证人民兼得民主

〔1〕 刘志刚：“立宪主义的哲学分析”，载《环球法律评论》2007年第4期。

〔2〕［法］邦雅曼·贡斯当：《古代人的自由和现代人的自由》，阎克文等译，商务印书馆1999年版，第61页。

〔3〕［法］托克维尔：《论美国的民主》（上卷），董果良译，商务印书馆1996年版，第291页。

和自由，而“一个由各种独立的、自主的社团组成的多元的、自我管理的社会，可以对权力构成一种‘社会的制衡’。这一点，乃是促成美国民主制度是一种自由民主的重大因素。简言之，一个独立于国家的多元的、自我管理的公民社会，是民主社会必不可少的条件”。[1]在前两者的基础上，约翰·密尔从功利主义的角度全面地阐述了自由主义的宪政民主理论。密尔认为，要想避免社会专制，就必须在个人、国家与社会之间划分明确的权利界限。“任何人的行为，只有涉及他人的部分才须对社会负责。在仅涉及本人的那部分，他的独立性在权利上是绝对的。”[2]

伴随着近代立宪主义的宪政民主理论的发展，司法民主制度的发展也获得了突破。这一时期，司法受到了前所未有的重视，成了捍卫民主的最重要的武器之一；司法权正式与行政权和立法权相分离，成为实现权力制衡的关键。对此，托克维尔在其《论美国的民主》这部经典的民主论著中，专门论述了司法权及其对政治社会的影响以及其制度模式，[3]麦迪逊、汉密尔顿等政治理论家和实践家也更为详尽地阐述和设计了以司法独立以及陪审制度为核心框架的司法民主的制度框架。[4]

再次，近代西方司法民主理论是以程序主义的司法正义观为其主要表征。程序主义的司法正义观是英美普通法的一种法律传统。一句著名的法律格言最能够体现这一传统的精髓：“正义

---

〔1〕［美］乔·萨托利：《民主新论》，冯克利、阎克文译，东方出版社 1993 年版，第 137 页。

〔2〕［英］密尔：《论自由》，程崇华译，商务印书馆 1982 年版，第 10 页。

〔3〕［法］托克维尔：《论美国的民主》（上卷），董果良译，商务印书馆 1996 年版，第一部分，第六章。

〔4〕参见［美］汉密尔顿等：《联邦党人文集》，程逢如等译，商务印书馆 1980 年版。

不仅应得到实现，而且要以人们看得见的方式加以实现。”〔1〕在西方法律思想史中，自亚里士多德以来，关于司法正义的观点纷争繁多。何为正义、何为司法正义，始终是以多面向的学术论争的形态存在。而在普通法传统中，则逐渐形成了对法律程序与司法正义间关系的关注。随着英国衡平法的发展，法官具有了更大的裁量权，更加需要通过法律程序对法官的自由裁量权进行约束，以保证判案结果的公正性。同时，陪审团制度以及抗辩制度的确立，使得判决结果的不确定性越发难以控制，只能通过法律程序的正当性来支持具有争议性结果的正当性与合法性。这样程序主义的司法正义观在英美法系中获得长足发展，并深刻地左右着司法运作。

程序主义的司法正义观一经确立，在英美法律传统中就具有旺盛的生命力，并得到越来越多国家的关注和认可。由于程序正义的根本诉求在于，通过法律程序来约束和限制权力的恣意，并保障权利的实现，即“程序界定各程序参加者的角色分工和角色责任，以此限制各程序参加者的恣意，尤其是国家权力的恣意”。〔2〕也正是由于程序正义对国家公权力恣意行使的约束，才使得权利成为可能。所以，美国联邦最高法院大法官威廉·道格拉斯会说：“权利法案的大多数规定都是程序性条款。这一事实绝不是无意义的。正是程序决定了法治与恣意的人治之间的基本区别。”〔3〕

以程序主义的司法正义观为表征，近代西方的司法民主理

---

〔1〕此句的原文为“Justice must not only be done, but must be seen to be done”，转引自陈瑞华：《看得见的正义》，中国法制出版社2000年版，第2页。

〔2〕季卫东：“法律程序的意义——对中国法制建设的另一种思考”，载《中国社会科学》1993年第1期。

〔3〕季卫东：“法律程序的意义——对中国法制建设的另一种思考”，载《中国社会科学》1993年第1期。

论首先以司法程序的民主化为其理论追求。司法过程是一个没有“唯一正解”的过程，期间表现出的张力在本质上是理论与实践之间的张力。而司法裁判所面临的现实情况千变万化，抽象的法律理论和静态的法律体系无法保证人们对裁判结果形成一个较为稳定的期待。而只有法律程序以及对当事人程序性权利的确定，才能保证每个人都平等地享有对案件的事实问题和法律问题进行辩护和澄清的权利。换言之，通过确定的法律程序，不但可以保证案件结果的可预测性，而且能够使得判决结果满足法律共同体的期待，从而使得司法具有高度的民主性。

二、近代西方司法民主理念的特征

近代西方司法民主理念可以概括为如下几个方面的特征：

首先，权利本位观以及自然正义观赋予了司法裁判以民主的属性，并且充实了司法民主的实质内容。权利本位的观念产生于近代古典自然法思想中对个人权利以及个人自由的至上性之确认，是近代自由主义的核心思想。而自然正义思想则最早源于英国的普通法，按照英国普通法，法庭对任何一项争端或纠纷作出裁判时都应遵循“自然正义原则（natural justice）”，即任何人不得担任自己的诉讼案件的法官；法官在裁判时应听取当事人双方的陈述。前一原则在1852年的“迪姆斯诉大金克森运河所有人案”、后一原则在1723年的“国王诉剑桥大学案”中分别成为明确的法律原则。[1]这是普通法下法官在审判案件时所遵循的最低限度的标准。[2]权利本位和自然正义原则对近代西方的司法观产生了深刻的影响。在近代西方，司法的本质

〔1〕［美］彼得·斯坦、约翰·香德：《西方社会的法律价值》，王献平译，郑成思校，中国法制出版社2004年版，第112～113页。

〔2〕张文显：《法理学》（第2版），高等教育出版社2003年版，第157页。

体现为对个人权利以及自然正义的尊重与遵行，并且以促进和保障个人权利以及自然正义的实现为其理论追求。这与民主的本质是统一的。因此，司法不仅具有了民主的属性，更拥有了在司法领域有效捍卫民主的基本原则。

其次，权力分立与制衡原则构成了近代西方司法权的民主正当性基础。因而近代西方的司法民主与司法独立之间是相伴相生的关系，而非相互对立的关系。一方面，司法权的独立地位捍卫和保障了民主的实现；而另一方面，在司法民主的理念的支撑下，司法独立也具有了正当性。由于“权力导致腐败，绝对的权力导致绝对的腐败”〔1〕，“一切有权力的人都容易腐败，这是万古不易的一条经验，有权力的人使用权力一直到有界限的地方才终止”〔2〕。因此，只有实现权力的内部分化与制衡，即在立法权、行政权与司法权之间形成相互制衡的格局，才能防止因权力的过度膨胀而导致腐败以及造成对权利的侵犯。也就是说，近代西方三权分立原则的确立，使得司法作为独立于立法和行政的“第三部门”，能够有效地限制国家权力以及立法权、行政权等对个人权利的侵害。所以，司法本身是民主的，它不仅具有民主的品性，而且，具有捍卫和保障民主实现的能力。也正因为司法是民主的，司法权本身便具有了独立的正当性理由。

再次，正当程序原则从程序正义的角度保障了近代西方司法民主的现实性。“正当程序”是古典自然正义思想的制度化与现实化。正当程序原则最早体现于英国1215年《自由大宪章》

〔1〕［英］阿克顿：《自由与权力》，候健、范亚峰译，商务印书馆2001年版，第342页。

〔2〕［法］孟德斯鸠《论法的精神》（上），张雁深译，商务印书馆1997年版，第156页。

中，正式提出于1354年英王爱德华三世第28号法令："不依正当程序，不得对任何人（无论其财产或社会地位如何）加以驱逐出国境或住宅，不得逮捕、监禁、流放或处以死刑。"这一法令此后又在英国著名的《权利法案》（1689年）中得以加强，并最终历史性地确立于《美国宪法》1791年的第五修正案中的"正当程序"条款："非经正当法律程序，不得剥夺任何人的生命、自由或财产。"[1]美国前联邦大法官威廉·道格拉斯评价道："《权利法案》的大多数规定都是程序性条款。这一事实绝不是无意义的。正是程序决定了法治与恣意的人治之间的基本区别。"[2]正当程序的确立在一定程度上解决了司法运行中的司法民主的实现问题，相对于实质的司法民主与司法公正模式而言，程序的民主与公正更具有现实性和可操作性。

三、近代西方司法民主的制度架构与运行机制

近代西方司法民主的制度体系虽然仍处于形成和确立阶段，但已经具有了较为系统的逻辑架构，其内容也逐渐丰富和全面。总体而言，近代西方司法民主制度体系的根本目标是，通过司法来切实保障个人的权利和自由，并通过司法过程取得公民对政治统治以及国家权力的认同与信任。因此，近代西方司法民主的制度建构主要关注的是如下几个方面：一是要确保司法权对立法、行政权力的监督与制约；二是要确保市民社会对司法权力的直接拥有，以及市民社会主体对司法权力运作过程的参与和监督；三是要确保司法程序的设计和运行的民主性。就其制度架构而言，形成了以司法独立为核心，分别以司法主体制

---

〔1〕张文显：《法理学》（第2版），高等教育出版社2003年版，第157页。

〔2〕季卫东："法律程序的意义——对中国法制建设的另一种思考"，载《中国社会科学》1993年第1期。

度和司法程序制度为主线的司法民主制度体系。

首先，近代西方司法民主的制度体系是以司法独立制度为核心，以确立司法权对立法、行政等权力的监督和制约的制度总体目标。司法独立的理念和制度模式是在自由主义宪政民主观的影响下形成与确立的，是近代西方司法民主化进程的重要里程碑，构成了司法民主制度的核心。近代以前，西方的司法体系并不具有独立的属性和地位，司法权通常是一种依附于王权或混同于行政权的权力范畴，只是实现王权统治和封建专制的工具。因而，民主并非传统司法体系的属性，更不是其制度追求的目标。自由主义的宪政民主观的形成和确立，促使分权制衡的政治模式深入司法领域，从而为司法独立理念的形成埋下了伏笔。法国的孟德斯鸠曾以圆满的结构和理论形态论证了“三权分立”，并且明确提出了司法独立学说：“如果司法权不同立法权和行政权分立，自由也就不存在了。如果司法权同立法权合而为一，则将对公民的生命和自由施行专断的权力，因为法官就是立法者。如果司法权同行政权合而为一，法官便将握有压迫者的力量。”〔1〕可见，司法独立的确立是近代西方司法体系与传统的司法模式的关键性差别，它也使得司法权成为有效限制专制王权、行政权和立法权，从而有效捍卫民主和人权的有力武器。因此，近代西方司法民主制度体系的制度架构之核心就是司法独立。

近代西方司法独立的制度架构主要是由司法审查制度〔2〕、

---

〔1〕［法］孟德斯鸠：《论法的精神》（上册），张雁深译，商务印书馆 1959 年版，第 185～186 页。

〔2〕司法审查之所以是司法民主之制度架构的重要环节，是基于自由主义的理念。自由主义以保护个人和团体的基本权利为其核心理念，宪法正是保护个人和团体基本权利的最高法。为了保障经由代议制民主方式而产生的宪法得以有效和正确实施，必须由有权进行违宪审查的国家机构基于宪法对某项立法以及有关国家机

法院独立[1]以及法官独立[2]等重要制度环节共同组成，这些制度的形成并非一蹴而就，而是在近代西方各国的宪政实践历程中逐步确立和完善的。1612年发生的英国大法官爱德华·柯克与英国国王之间关于王权授权司法与司法遵从法律的著名辩论便标志着司法独立逐步从理念层面向实践领域挺进。此后，随着"法律至上原则"在普通法中的逐渐确立，司法这个本来并不起眼的权力角色作为制约立法和行政权力的一种力量被推向了国家权力剧场的前台。司法独立作为近代法律发展过程中的

（接上页）构、社会组织、团体所实施的行为是否合宪进行具有一定法律效力的审查。然而，有效的违宪审查权不可能授予选举机构，或依赖于严格向多数人意愿负责的人和组织，因为这无法避免多数人对少数人权利的侵害。只有被称作"第三部门（third branch）"的司法机关才有可能对立法机关和行政机关权力形成有效制约。因为，从历史来看，司法权被普遍认为是在立法、行政、司法三权中是最弱的一种权力，因而司法机关已被证明为"最少危险"的部门。因此，由司法部门掌握违宪审查权，最有利于保障宪法的实施和三权分立的宪政民主体制的巩固。

〔1〕　法院独立是司法独立的重要内容。法院独立是指法院作为一个整体独立行使司法权，不受立法、行政机关以及其他国家机关的干涉。法院的审判活动只服从宪法和法律，不受其他机关的任何指导、指示和影响。尽管从司法独立理论在近代西方各国被普遍接受和确立以来，独立的法院系统始终面临着各种政治权力的挑战和诱惑，但法院独立的观念仍然得到了制度性的落实和发展，其主要内容包括如下几个方面：首先，司法权行使的专属性。国家的司法权只能由法院行使，其他机关，特别是行政机关和立法机关不得行使司法权；二是司法权行使的自主性。法院行使司法权不受外界任何单位和任何个人的干涉、影响和控制；三是司法权行使的合法性。法院行使司法权不仅必须服从宪法和法律，而且只能服从宪法和法律。

〔2〕　法官独立是指法官在审理案件时，只服从法律和自己的良心。其内容主要包括：第一，法官独立于法院，包括上级法院和其所属法院；第二，法官独立于其他法官，尤其是不受其行政上司的影响；第三，法官独立于双方当事人的利益；第四，法官独立于经济、行政压力。包括法官的职位、任期、升迁、薪俸等应得到充分保障。对法官的奖惩、任免应由专职审判人员依照法定程序进行；第五，法官独立于社会压力。包括法官独立于新闻舆论压力和社会公众时尚与意见的压力；第六，法官在审判活动中所发表的言论和所做的一切行为不被追究法律责任，也就是司法人员有不受民事起诉的豁免权；第七，法官免受自己偏见的影响；等等。

一个重要制度实践开始逐步运作。司法独立的内涵及其制度架构也逐渐丰富和完善，并且成为近代西方司法民主的标志性制度特征。

其次，近代西方司法民主制度体系的建构分别以司法主体和司法程序为切入点和主线。一方面，确立以法官选任制度和陪审制度等为主要制度模式的司法主体制度，以确保市民社会对司法权力的直接拥有，以及民众对司法权力运作过程的参与和监督。司法主体制度体系的确立，是近代西方代议制民主理念在司法领域的落实和运用。近代西方代议制民主制度的理论起点是个人权利和自由，而其核心制度模式就是人民通过民主选举代表来实现其政治参与。在司法领域中，代议制民主就体现为司法主体的产生方式的民主化以及人民代表对司法过程的平等参与。另一方面，则是奉行当事人主义，形成了以抗辩制度为表征的对抗性司法的制度模式，以确保司法程序设计和运行的民主性。具体而言，就是通过司法程序的透明和公开确保对当事人诉讼权利的平等保护与尊重，通过合理性举证和对抗式的辩论过程确保判决结果的公正和可接受性。

第二节　近代西方司法民主的困境与挑战

近代西方司法民主理论以自由主义为基本立场和理论内核，在权利本位观以及自然正义观的支撑下，确立了以分权制衡原则和正当程序原则为保障的近代西方司法民主的实践模式，最终形成了以司法独立制度为核心，分别以司法主体制度和司法程序制度为主线的司法民主制度体系。这种司法民主理论与实践模式是近代西方代议制民主模式在司法领域的全面落实和实现。虽然这种自由主义的司法民主理论不乏缺点，但是却建立了一个自成体系的司法民主制度模式，并且在几个世纪的司法实践中成绩斐然。

一方面，它的形成和确立本身是近代西方新兴资产阶级与封建王权、贵族等特权阶级在政治实践斗争的过程中赢得的卓越战果，因而在一定程度上顺应了近代以来西方社会的基本现实，确实为缓解社会基本矛盾和化解社会利益冲突提供了有效的理论支撑和制度保障。另一方面，它的确立和运行本身也必然具有其时代的局限性，一旦社会基本矛盾和利益冲突的现实情况发生变化，其弊端就会日渐暴露。这些弊端不仅表现为“司法”在实践中遭遇多重的现实困境与信任危机，还表现为近代司法民主观所面临的严峻的理论挑战。

一、近代西方司法民主的现实困境与危机

随着社会政治经济的发展，新的社会矛盾和利益冲突日益凸显，自由主义的民主政治遭遇困境，司法领域也面临重重危机。司法民主的真实性受到质疑，使司法自身面临信任危机。近代西方司法之正当性，是建基于其民主品性之上的，司法之根本目的在于限制权力的恣意和腐败，保障每个公民的权利与自由受到平等的尊重、保护和救济。然而，正如西方学者所言：“这种（即古典自由主义所许诺的）想象中的平等和民主参与，尽管因其意味着废除旧制度的社会地位差别（制度）而极其重要，但对于那些在接近该制度时遭遇事实上障碍的个人和团体而言，结果只是维持一种仅为形式的、很大程度上无实效且故弄玄虚之平等。”〔1〕换言之，近代西方之司法民主化改造为人们描绘出的是一幅平等、自由、民主、公正的美好图景，然而，

〔1〕［意］莫诺·卡佩莱蒂：《比较法视野中的司法程序》，徐昕、王奕译，清华大学出版社2005年版，自序，第12页。

这种美好的图景在现实的运作过程中，并未能兑现其承诺。它既无法有效限制权力的恣意和腐败，更没能真正实现对个人权利和自由的平等保护。它只是用“在民主前加漂亮修饰词的方法来阉割民主、驯服民主”〔1〕，将身份和等级的不平等转化成为一种财产、能力等方面的不平等，这种新的不平等使法律和司法成了一种只有富人才能享用的“奢侈品”，这必然会加剧处于社会底层群体的不满，激化社会矛盾和利益冲突，从而引发整个社会的动荡和危机。随着司法的民主被异化，司法自身就会面临信任危机，司法之公信力和司法权威就必须重新寻找其合法性根源。

具体而言，近代西方司法领域的现实困境突出表现在以下几个方面：

（一）传统的司法独立制度面临质疑和挑战

在理论上，司法独立的理论基础受到后现代法学、批判法学和现实主义法学、法社会学等的挑战。这些法学流派的兴起，在一定程度上破除了法律的客观性和法律确定性这一“基本法律神话”，这同时意味着摧毁了司法独立的理论预设。事实上，正因为司法独立的理论预设被颠覆，西方学者提出了从“自治型法”迈向“回应型法”的理论，而所谓“回应型法”正是指法律“更多地回应社会的需要”。〔2〕

在实践中，司法独立更是难以避免地受到社会、政治和情感的制约。法律的社会性决定了司法不可能独立于社会，司法只有满足社会的需要才能赢得其合法性（legitimacy）。同时，社会是以秩序为表征的，为维护一定的社会秩序，司法必须在政

〔1〕 王绍光：《民主四讲》，上海三联书店2008年版，第31～33页。

〔2〕［美］诺内特、塞尔兹尼克：《转变中的法律与社会：迈向回应型法》，张志铭译，中国政法大学出版社2004年版，第81页。

治的干预下担当社会秩序“减压阀”和“调节器”，因而司法也不可能摆脱政治的影响。此外，司法也无法摆脱情感的制约。例如，美国现实主义法学的重要代表人物弗兰克曾以一组公式分析了多种因素对于司法的制约。他指出，“D（decision，判决）=R（rule，法律规则）×F（fact，事实）”的判决公式只是一个“神话”；现实中，判决公式是“D（decision，判决）=R（rule，法律规则）×SF（subjective fact，主观事实）”，甚至是“D（decision，判决）=S（stimulus，刺激）×P（personality，个性）”。[1]此外，媒体作为在现代社会中的“第四种权力”，也越来越多地担当着监督司法、捍卫司法公正的重要角色。因而，司法行为更无法回避媒体的监督和影响。更为重要的是，司法独立之理想经常与公共职能机构的民主责任目标发生冲突。尤其在司法审查的层面上，多数原则与抑制多数意愿理念之间经常发生冲撞。

（二）传统的司法主体制度体系的局限逐渐显现

代议制民主是自由主义民主的运行方式，其在司法领域的落实构成了司法主体制度的逻辑主线，而法官选任制度便是司法民主制度体系的运行起点。然而，法官选任制度在近代西方司法实践中有着强烈的法官精英化倾向，这就必然会产生司法与民主之间的疏离。而且，还往往使得陪审团制度形同虚设。而所有这些问题背后所暗含的，是在司法裁判过程中的公民个人与公共权威的“强力”之间的对峙，即公民与政府以及司法部门之间的对峙。司法平台往往成了利益权衡和价值搏击的场所。因而，个人的正义与社会的正义之间的矛盾在社会不断发展的过程中逐渐加剧。

---

〔1〕转引自沈宗灵：《现代西方法理学》，北京大学出版社1992年版，第340页。

（三）传统的司法程序制度体系所捍卫和保障的程序正义越来越不能应对社会对正义的新要求

一方面，随着社会的不断发展，利益的冲突与价值的分歧以新的形态显现出来，仅仅凭借司法程序制度的运行越来越不能应对新的争议和纠纷。另一方面，司法自身的局限也在新的背景下显露。例如，对“司法真实”（judicial truth）的发现过程皆隐含着主观性与客观性的斗争，而这在法律和司法证据规则的约束下运作的程序中显而易见。在司法程序这面折射镜中，不仅映射出政府权力与个人自由间的冲突问题，还体现出社会的分配正义和平等接近“司法”的问题，换言之，就是由经济和政治贫困问题所引发的“法律贫困”问题。而且，在全球化的视野中，它更反映了建构跨越民族国家界限、代表沟通桥梁的法律制度的社会需求，以此来最终防止国家间的冲突和战争。〔1〕

二、近代西方的司法民主面临的理论挑战

由资产阶级革命和工业革命引发的社会巨变，逐渐打破了西方思想中的永恒意识，启蒙运动中涌动的进步观念滋养了社会进化与变革的思想，源自于古希腊的普遍主义原则和理想，在近代西方向其他国家传播的过程中，受到了民族主义的顽强抵抗，而随着对其他民族国家的文化、历史与传统了解的深入，多样性、差异性、多元性以及变动性意识在逐渐增强，最终使得近代西方司法民主的理论根基——自由主义民主理论发生了动摇。

---

〔1〕［意］莫诺·卡佩莱蒂：《比较法视野中的司法程序》，徐昕、王奕译，清华大学出版社2005年版，自序第10页、第26页。

（一）自由主义受到其他学术思潮和流派的质疑与挑战

首先，历史主义对自由主义的批判。18 世纪末 19 世纪初在西方思想界形成的历史主义思潮的蔓延，强烈地冲击了自由主义的普遍主义意识，并迫使自由主义开始对自己的原则进行历史性的解释和改造。如果说，原先的自由主义精神强调的是用某种普遍的法治秩序为个人的基本权利提供保障，那么，经历史主义，尤其是功利主义改造后的自由主义的精神则开始转向公共的福利。自由主义以人性普遍主义代替了基督教的神性普遍主义，用人权普遍主义代替了神权普遍主义，以规范普遍主义代替了价值普遍主义，从而摆脱了基督教和封建专制统治，成为人的普遍性和人类普遍联系发展中的一个重要阶段。〔1〕然而，它所奉行的这种普遍主义和理性主义却成为自身的致命弱点。由于缺乏一种历史主义的视野，自由主义根本无法应对历史的变化，也无法正视自身的历史局限与历史意义，也就无法引导未来的发展趋向。历史主义对自由主义的批判主要针对的就是其普遍主义原则和理性主义特征。德国历史法学派之旗手萨维尼认为，“一切法律本来是从风俗与舆论而不是从法理学形成的；也就是说，从不知不觉的活动力量而不是从立法者的武断意志形成的”。〔2〕在他看来，法律像语言一样，是从民族的经验与需要之中，经过自然的过程而成长起来的。萨维尼的这一法律观直接构成了对自然法学说的冲击。他的思想受到了自由主义大师哈耶克的推崇，在一个半世纪以后，哈氏明确指出，法律是从进化过程中发现出来的，而不是人类理性发明出

〔1〕马德普：《普遍主义的贫困——自由主义政治哲学批判》，人民出版社 2005 年版，第 110 ~ 111 页。

〔2〕［美］乔治·皮博迪·古奇：《十九世纪历史学与历史学家》（上册），耿淡如译，商务印书馆 1989 年版，第 139 页。

来的。[1]历史主义的这种研究社会现象的新视角和新方法，不仅对自由主义的普遍主义和理性主义造成了强烈冲击，更迫使自由主义理论形式发生重大转变，即从普遍主义色彩较浓的自然法学说向功利主义的转变。也就是说，原先的自由主义注重的是维护个人权利与自由的底线，而经功利主义改造后的自由主义则注重的是增进公共的福利。这既为自由主义摆脱普遍主义的教条倾向提供了可能，又为自由主义因时而变提供了契机。[2]

其次，社群主义对自由主义的批判。如果说自由主义是西方政治哲学的主流，那么社群主义则是自由主义最重要和最有力的挑战者。其主要代表人物有罗伯特·贝拉、查尔斯·泰勒、迈克尔·桑德尔、迈克尔·瓦尔泽、阿米太·爱特热尼、菲利浦·塞尔尼克、威廉·加尔森以及麦金泰尔等。社群主义者对自由主义的批判主要集中在三个方面：个人主义、社会原子论和普遍主义。自由主义不仅将个人与国家的关系看作是对立的，而且总是把个人放在优先的地位；它对社会的认识是原子论的，缺乏一种正确的共同体观念，甚至否认国家作为社会实体的存在；而且，自由主义认为自己的基本观念和价值（自由、权利和正义等）具有普适性，可以适用于所有文化和所有社会。这种普遍主义的自由主义垄断了当代社会的政治话语，并通过自由主义内部的虚假争论来维持自由主义的霸权，从而剥夺了其他政治思想在政治舞台上亮相的机会。因此，社群主义用公共性的“共同体”来对抗自由主义的“个人主义”，用历史的“特殊主义”来对抗自由主义的“普遍主义”，用“公共的善”

---

〔1〕［英］哈耶克：《法律、立法与自由》（第1卷），邓正来等译，中国大百科全书出版社2000年版，第113、189页。

〔2〕马德普：“历史主义的兴起及其对自由主义普遍主义的冲击”，载《政治学研究》2003年第4期。

来对抗自由主义的“个体的正义”。因此，社群主义强调个人权利必须与社会公益相结合，国家应该承担起维护公平正义的责任，主张只有能够维护公共利益的社会才是一个好的社会；好的国家能够促进公共利益的实现，当然，个人也应当维护国家，甚至为了国家和社群的利益可以牺牲个人的利益。尽管社群主义自身也存在其理论局限——因而它主要是一种批判性的思想，而不是一种建设性的理论，[1]但是，社群主义对自由主义的批判对自由主义的霸权地位构成了严峻挑战，并且迫使自由主义以更为合理的方式为自己的观点和原则进行辩护和改造。

再次，科学社会主义对自由主义的批判。自由主义的核心价值是以权利本位为特征的个人主义，这在一定程度上引领了西方自由资本主义时期的大繁荣和大发展。然而，随着新的社会矛盾的出现和激化，自由主义理论所暗含的悖论逐渐凸显：自由主义以个人至上为其理论宗旨，却最终以个人与社会的分裂、国家与个人的背离为结果。20 世纪初期的西方经济危机正是这一悖论的现实表现。托克维尔早已意识到，个人主义往往会导致利己主义走向极端[2]，而马克思和恩格斯真正揭示了其根源，科学社会主义正是对自由主义秩序中被分裂的个人与社会的关系问题的反思和批判。科学社会主义者突破了自由主义者建立在原子论基础上的个人正义观，以建立在系统论基础上的个人与社会关系理论揭示了个人正义观的困境。它指出，自由主义的正义观以二元对立思维割裂了个人与社会之间的有机联系，将社会整体视为个人要素的简单数学和，忽视了作为整

---

〔1〕 姚大志：“社群主义的自由主义批判”，载《厦门大学学报（哲学社会科学版）》2011 年第 3 期。

〔2〕［法］托克维尔：《论美国的民主》（下卷），董果良译，商务印书馆 1996 年版，第 625 页。

体的社会所具有的个体所不具有的特征。而且，系统的个人与社会关系观是发展的和动态的，并非静态整体建构的关系。这些揭示了社会系统中个人与个人、个人与社会以及个人与国家之间的对立统一关系。个人始终是有差别的个人，社会作为个人发展的必要条件对个人起着促进或阻碍作用，单方面的个人发展不会自动导致社会的发展，相反，对个人利益的过度追求却可能导致社会发展的停滞甚至衰退，并最终妨碍个人发展。科学社会主义系统的个人与社会关系理论深刻揭示了人的个性与社会性的对立统一关系。

（二）传统的宪政民主理论面临严峻挑战

西方的民主文明发展历程是复杂的，始终是既有对民主的推崇，亦有对民主的批判；既认可民主的有效性，亦提防其消极面。这种对民主的理性思考是一种长期演化的历史智慧，既有助于破除对民主的迷信，同时也更利于促进民主政治完善。尽管近代以来自由主义民主作为西方主流的民主理论，始终享有在政治舞台上的话语霸权，但它也时刻面临着不同民主观的质疑和挑战。这其中既有自由主义者对民主的反思和修正，也有其他流派从不同角度对民主进行的批判和构建，使得这一时期的民主理论呈现出令人眼花缭乱的局面。因此，美国的民主理论家罗伯特·达尔感叹道：我们面对的困难是，“对于民主论来说，存在着如此之多不同的思路”，“而且在涉及民主的问题时，对于几乎所有的可能性，人们都可以找到一个良好的例证来加以证明。人们试图借以发展一种民主理论的可替代思路如此之多，以致开列出这些思路的清单是一件相当令人恐怖的事情”〔1〕。

其一，自由主义式的宪政民主建立在个人本位与权利本位、

〔1〕［美］罗伯特·达尔：《民主理论的前言》（扩充版），顾昕译，东方出版社 2009 年版，第 1 页。

自由竞争的市场经济以及国家与市民社会的分离等理论基石之上，以政治平等、法治、分权制衡等为基本原则，以代议制民主为主导模式，旨在为国家权力设定恰当的范围与限度。“自由主义民主的核心优点就在于：它既使得有益于其公民的高效和强大的现代国家的建构得以可能，又能够约束国家的权力并避免滥用这种权力而对公民形成伤害。”〔1〕然而，正如萨托利所言，“自由主义以个人为枢纽，民主则以社会为中心”〔2〕，自由主义与民主之间始终存在着内在的张力。因此，自由主义者便在民主之前冠以“自由主义”之限定语，意味着这种被限定的“民主”不再是“人民主权”意义上的“民主”，而只是自由主义为实现个人自由而建构的一种程序规则和制度保障。自由主义者认为，作为一种现代国家的政治运行机制，民主“是一个糟糕的标准，但别的标准更坏”。〔3〕所以，自由主义民主理论普遍主张宪政原则，认为普选是政治权威合法性的唯一来源；强调有限政府原则，重视加强权力之间的相互制衡，通过法治来限制政府权力；主张政治价值多元主义，允许不同的政治价值、政治党派和政治团体的存在。尽管如此，随着社会矛盾的转换和激化，这种加了限定语的自由主义民主仍然受到了严峻挑战和质疑。

其二，“精英民主”理论对宪政民主理论的修正。其最重要的代表人物是美籍奥地利经济学家兼政治理论家约瑟夫·熊彼特和德国政治理论家马克斯·韦伯。熊彼特在1942年出版的

---

〔1〕［美］威尔·金里卡：《当代政治哲学》，刘莘译，上海三联书店2004年版，中译本序，第5页。

〔2〕［美］萨托利：《民主新论》，冯克利、阎克文译，东方出版社1993年版，第392页。

〔3〕［美］萨托利：《民主新论》，冯克利、阎克文译，东方出版社1993年版，第392页。第144页。

《资本主义，社会主义和民主》是当代西方民主理论研究的一个里程碑。他批判了所谓“古典自由主义民主观”，认为古典民主的困境是其价值目标的虚幻。他把民主定义为“一些个人通过竞争人民选票来获得（公共）决策权的制度安排”。“民主政治并不意味也不能意味人民真正在统治——就‘人民’和‘统治’两词的任何明显意义而言，民主政治的意思只能是：人民有接受或拒绝将要来统治他们的人的机会。但是，因为人民也能用全然不民主的方式来决定接受或拒绝，我们不得不增加另一个识别民主方法的标准，来缩小我们的定义，那就是由未来领导人自由竞争选民的选票。”〔1〕于是，在熊彼特那里，“民主”完成了从“人民统治”向“人民选择统治者”的转型。马克思·韦伯的“精英民主论”同样否定古典民主理论的“人民主权”学说。韦伯认为，“不论在哪里，少数人原则——即精悍的领导集团的高度政治机动性———都在政治活动中发生作用”，“这个原则不论在何种形式的政府都是民主的真谛”〔2〕。公民的民主权利主要表现在竞选过程中，即通过投票选出大众最信赖、最有能力的领袖。因此，民主的本质就应当是，为现代官僚政治社会提供一个最大限度选择领袖的公民选举机制，以保证“精英”的出现并维持政治权力的高效化。精英民主论对民主的定义显然是片面的，但他们对民主改造的方向是值得肯定的，那就是，民主不仅仅是对权力的制衡，它自身也必须受到规范与限制，而这种限制应当体现在民主产生的程序之中。

其三，新自由主义者对传统的宪政民主观的改造。由于看

---

〔1〕［美］约瑟夫·熊彼特：《资本主义，社会主义和民主》，顾准译，商务印书馆1980年版，第415页。

〔2〕［英］戴维·比瑟姆：《马克思·韦伯与现代政治理论》，徐鸿斌等译，浙江人民出版社1989年版，第110页。

到了传统自由主义鼓吹“个人至上”的“消极自由”倾向，而这一倾向使得个人自由与社会福祉之间产生了不可避免的冲突。因此，以英国的托马斯·希尔·格林提出的“积极自由”为哲学基础，新自由主义理论家开始对自由主义民主进行修正，认为个人的自由应该有利于社会福祉；维护社会的公平正义是国家必须履行的责任；政府应该以积极的态度，合理介入社会和经济生活；而且，自由应当为所有社会成员平等地分享。正是从这种积极的自由观出发，新自由主义提出建设“福利国家”，以减少社会的不平等，扩大公民的民主权利，让更多的人能够享受政治权利。通过新自由主义进行自身调整，资本主义一度呈现出经济相对繁荣和政治相对稳定的局面，为资本主义的长足发展奠定了基础。然而，20 世纪 60 年代以后，波及整个西方的经济滞胀、美国的反越战示威、法国风起云涌的学生运动、流行于欧美的性革命思潮、女权运动、种族问题、消费主义等，都使得新自由主义难以应对，而新自由主义引以为豪的“福利国家”也面临不堪重负的局面。

其四，“多元民主论”对自由主义民主的批判。多元民主论的主要代表人物是罗伯特·达尔。其核心内容是：民主只有在由不同政治党派和政治团体存在的竞选制度中才有可能实现；有组织的多元利益集团结构是民主制度正常运转的基本条件。对于多元主义者来说，不同的竞争性利益的存在是民主的均衡和公共政策顺利发展的基础。多元主义的发展轨迹也很好地说明，有关民主的特点和理想性质的理论在不断变化。在多元主义的框架内，关于民主的基本原则，主要特征和一般条件的许多核心问题，比以前更具有公开讨论的余地。〔1〕“多元民主论”

---

〔1〕［英］戴维·赫尔德：《民主的模式》，燕继荣等译，中央编译出版社 1998 年版，第 212 ~ 213 页。

是在美国等西方国家的社会利益和阶级结构日趋分化的背景下形成的，因而对当时西方社会产生了深刻影响。但是达尔自己也承认，多元民主论仍然存在潜在缺陷，例如，多元组织的横行和权力的膨胀，会使得政治不平等稳定化；而多元利益集团结构则会扭曲公民意识，歪曲公共过程，并最终造成控制权的异化。就此而言，多元民主论标志着自由主义民主理论和实践的一种有趣但也有限的发展，其中所包含的“合作主义”理念，无疑是“使对于社会、经济和政治事务的真正控制进一步偏离普通公民的另一种力量”〔1〕。

其五，社会主义者对自由主义民主的批判成为现代民主理论方面的一个重要主题。社会主义者并不是在原则上否定民主、自由等原则，更不是抽象地反对自由主义的民主形式，而是对其所忽视或掩盖的问题进行了反思，并为民主理论的发展做出一定的探索。社会主义者认为，自由主义对民主的以个人权利为基础的理解存在一个根本问题，即它几乎没有什么机制能够防止个人对于共同体的异化。虽然权利被视为一个公正社会的最重要的标志，但如果它们总是在私人的意义上被使用，则必然会导致个人和共同体的双重异化。而建立在生产资料私有制基础之上的市场经济在生产、分配、交换等环节中产生了财富和等级关系的不平等，而这些不平等将造成严重的权力不均，从而限制了公民选择的范围和对民主的监控。例如，“马克思坚持认为，自由主义关于私有和公有、市民社会和政治领域之间存在明显区别的主张是值得怀疑的。现代权力的主要根源——生产资料私有制——显然被非政治化了，这就是说，它被专断

---

〔1〕［英］戴维·赫尔德：《民主的模式》，燕继荣等译，中央编译出版社1998年版，第185～201页。

地视为似乎完全不是一个政治问题”。[1]

其六，协商民主理论对传统自由主义民主的反思。“协商民主”理论是20世纪末期西方政治学界兴起的一种民主理论，最为重要的代表人物是美国学者罗尔斯和德国学者哈贝马斯。协商民主理论指出，西方的竞争式（或对抗式）民主并不能为社会公众提供广泛参与公共决策的真正机会，只有公共协商才是一个社会实现公民广泛参与公共决策的有效民主形式。而所谓公共协商，简言之，就是一个政治共同体成员普遍参与公共讨论并形成具有集体约束力的公共政策的过程。享有自由平等的讨论权的协商主体，通过公共协商形成公共理性，并通过其过程的公开、透明，以及最大限度的公众的普遍参与等，使公共政策的形成具有极强的合法性和实效性。协商民主不但能够最大限度地激发公众政治参与的积极性，为公众政治诉求提供广阔空间和渠道，而且为公众参与提供了机会，训练了公民的政治能力，符合民主的本质要求，是一种试图弥合程序民主与实质民主之间鸿沟的新型的现代民主理论模式。

总之，正如著名学者克罗齐等人在20世纪70年代时指出，当代西方民主政治面临着世界范围的经济、政治和军事关系变化和国内社会结构变化的挑战，但是，民主政体固有的机能问题造成了决策系统超载、公民无责任感、政府公信力下降、利益分散、社会共同目标难以形成和政党的衰弱，这使西方式自由民主政府的统治能力锐减，难以应对挑战，面临严重危机。[2]这表明，即便是在西方世界，自由主义的民主距离其所描述的理

〔1〕［英］戴维·赫尔德：《民主的模式》，燕继荣等译，中央编译出版社1998年版，第167页。

〔2〕［意］克罗齐、［美］亨廷顿、［日］绵贯让治：《民主的危机》，马殿军等译，求实出版社1989年版，第8、409页。

想境界仍然十分遥远。

（三）程序主义的司法正义观逐渐显露局限性

自由主义将民主视为一系列的程序性机制，通过一套民主程序来实现统治者的选举及对其的控制，通过行政、立法与司法的分立与制衡来实现体制内权力的有效配置和相互牵制。〔1〕而现代司法之合法性建基于其民主性之上，因而，自由主义的司法正义观必然也是程序主义的。这种程序主义的司法正义观最为重要的贡献在于，它使司法得以在法律与政治之博弈关系的夹缝中生存下来，并通过司法过程的相对自治而实现司法的独立，最终促进司法民主的实现。然而，一方面，正如前文述及，程序正义本身早已无力应对司法领域中出现的新矛盾和新诉求；另一方面，正如美国学者诺内特和塞尔兹尼克指出的："法律机构以实体服从以换得程序自治。虽然政治共同体赋予法官一种免受政治干预而行使的有限权威，但是这种豁免的条件是法官使自己脱离公共政策的形成过程。这就是司法赢得其'独立'的代价。"〔2〕这就是说，程序主义在一定程度上为司法的独立与自治提供了有效的平台，但是，它也使得司法因脱离实质性参与以及缺失实体性责任的承担而丧失了其对于实质正义之追求。这就难免使司法的民主性大打折扣。

究其根源，这是由自由主义民主范围的有限性决定的。自由主义的传统国家观认为，国家是为了满足个人自由和权利之需而建立的一种政治组织形式，因而，抵制国家越界侵犯个人权利与自由是自由主义政治理论的一个核心主题。在这一政治

〔1〕［美］罗伯特·达尔：《多元主义民主的困境》，周军华译，吉林人民出版社 2006 年版，第 9 页。

〔2〕［美］诺内特、塞尔兹尼克：《转变中的法律与社会：迈向回应型法》，张志铭译，中国政法大学出版社 2004 年版，第 64 页。

逻辑之中，民主被限定在一个与“公民社会”相分离的狭隘领域，即自由主义民主理论仅承认在政治领域合理地运行民主程序，而在经济与社会等其他领域中，民主并不具有实质意义。例如，美国学者哈耶克认为，“民主至少在下述两个方面几乎始终存在着扩展的可能性：一是有权投票的人的范围；二是由民主程序决定的问题的范围。但是，恰恰是在这两个方面，我们不能简单地认为对民主所做的任何可能的扩展都会对人类有益，也不能认定民主原则本身就要求其范围应得到无限的扩展”。〔1〕可见，大多数自由主义者都明确反对把民主问题扩大到政治领域之外。然而，这种狭隘的政治民主显然是无法应对人类解放的新局面的。

第三节　本章小结

近代西方的司法民主理论是以自由主义为其理论内核，以立宪主义的“分权制衡”为其核心框架，以程序主义的司法民主观为其主要表征。因此，近代西方司法民主理念具体表现为如下几个方面的特征：一是权利本位观以及自然正义观赋予了司法裁判以民主的属性，并且充实了司法民主的实质内容；二是权力分立与制衡的原则构成了近代西方司法权的民主正当性基础；三是正当程序原则从程序正义的角度保障了近代西方司法民主的现实性。

近代西方司法民主的制度建构主要关注的是如下几个方面：一是要确保司法权对立法、行政权力的监督与制约；二是要确

〔1〕［英］弗里德利希·冯·哈耶克：《自由秩序原理》，邓正来等译，生活·读书·新知三联书店1997年版，第127页。

保市民社会对司法权力的直接拥有，以及市民社会主体对司法权力运作过程的参与和监督；三是要确保司法程序的设计和运行的民主性。因此，就其制度架构而言，就形成了以司法独立为核心，以确立司法权对立法、行政等权力的监督与制约为制度总体目标。同时，分别以司法主体制度和司法程序制度为主线，一方面，确立以法官选任制度和陪审制度等为主要制度模式的司法主体制度，以确保市民社会对司法权力的直接拥有，以及民众对司法权力运作过程的参与和监督；另一方面，则是奉行当事人主义，形成了以抗辩制度为表征的对抗性司法的制度模式，以确保司法程序设计和运行的民主性。

然而，随着社会政治经济的发展，新的社会矛盾和利益冲突日益凸显，自由主义的民主政治理念在现实中遭遇多重困境，司法领域也面临信任危机。一方面，随着社会的不断发展，利益的冲突与价值的分歧以新的形态显现出来，仅仅凭借司法程序制度的运行越来越不能应对新的争议和纠纷；另一方面，司法自身的局限也在新的背景下显露无遗。随着司法民主的真实性不断受到质疑，司法自身也面临信任危机，重建司法公信力和司法权威，就必须重建其合法性根源。

近代西方的程序主义的司法民主观最为重要的贡献在于，它使司法得以在法律与政治之博弈关系的夹缝中生存下来，并通过司法过程的相对自治而实现司法的独立，最终促进司法民主的实现。然而，程序主义在一定程度上为司法的独立与自治提供了有效的平台，但同时，它也使得司法因脱离实质性参与以及缺失实体性责任的承担而丧失了其对于实质正义之追求。这就难免使司法的民主性大打折扣。于是，各种新的理论进路纷纷出场，开始扮演近代司法民主理论的纠错者。其中，协商民主理论进路尤其受到关注。

协商民主理论旨在超越传统自由主义民主自身无法克服的种种弊端，在汲取各种民主理论发展成就的基础上，试图使民主理论向其原始意义——“人民统治或者人民治理”回归，因而，这一转向也被某些学者视为一种向“社会主义”的靠拢；同时也试图弥合程序民主与实质民主之间的鸿沟，开辟一条新的民主理论进路。总之，协商民主理论的发展为司法民主理论及实践的现代转型和制度推进提供了丰富的理论资源。正是在这一新的民主理论进路的影响下，当代西方司法民主理论与实践均展现出了一系列新的发展趋向和特征。

第四章 当代西方司法民主的理念转向与实践路径转换

民主应被优先视为政治的善的概念，因为它至少在理论上提供一种以公平和正义的方式调解价值和价值争议的政治和生活的方式。……民主的思想是重要的，因为它不仅体现了自由、平等和公正等诸多价值中的一种价值，而且它是可以联系和协调相互竞争的既有问题的一种价值。

——［英］戴维·赫尔德[1]

第一节 当代西方司法民主理论发展的协商趋向

民主理论作为一种政治哲学的系统理论，其发展演变必然会深刻影响司法理念的发展与转变。而协商民主理论模式的形成与发展不仅为现代司法民主理念的确立与形成提供丰富的理论资源，更从根本上决定和影响着司法民主观的基本立场与价

〔1〕［英］戴维·赫尔德：《民主的模式》，燕继荣等译，中央编译出版社2008年版，第297页。

值取向。因此，已经有越来越多的学者开始关注协商民主理论模式对司法之价值取向的影响，同时也极为关注司法在协商民主理论与实践模式的发展中的功能和作用。由此，当代西方的司法民主化进程进入了一个以“协商”为特征的新阶段。不仅司法民主理论的发展展现出协商性趋向，在此影响下，司法民主之运行机制也做出了相应的制度创新与发展。

一、司法能动主义与司法克制主义之间的平衡

在协商民主理论的影响下，当代西方的司法民主理论开始尝试在司法能动主义（judicial activism）与司法克制主义（judicial restraint）之间寻求平衡。

“司法克制主义”是基于西方近代以来自由主义传统中确立的权力制衡原则和程序正义取向而形成的司法哲学。它在西方语境中的本原意义主要是指司法在社会事务，尤其是政治事务上应严格恪守自己的界域，尤其不主动关切或参与这些事务；在案件的处理中也应保持适当消极和中立，与案件所涉及的社会及政治因素保持适当距离。《韦伯斯特法律辞典》（Webster's New World® Law Dictionary）对司法克制所作的定义是：“是指案件应当尽可能以最狭窄的依据来裁判，而毋需解决不必要的问题，尤其是政治性或社会性争执的学说。”[1]《奥兰法律辞典》[Oran's Dictionary of the Law（3rd Edition）]的相关解释则更为狭义：“与司法能动主义相对立，排斥法官个人观点，严格

---

〔1〕该词条的原文为：“Judicial restraint n. The doctrine that cases should be decided on the narrowest possible grounds, without resolving unnecessary issues, especially political or social controversies.” *Webster's New World ® Law Dictionary*, by Susan Ellis Wild, Legal Editor, Copyright® 2006, by Wiley, Hoboken, NJ; Published simultaneously in Canada.

依循适用先例的司法裁判以及作出裁判的过程。"[1]总之，司法的克制主要是指法院或法官在司法裁判过程中所采取的"被动""消极"或"中立"的司法原则。

"司法能动主义"是在当代西方协商民主理论模式发展的新动向影响下，西方司法民主理念展现出的一个重要特征。是在对传统法治理论的反省与深化的基础上，为了克服法律自身的滞后性、不确定性等固有属性所附随的缺陷，同时也为了平衡司法与政治的融合以及实现司法对社会现实变迁的回应。司法能动主义的实践最早发端于美国的司法审查制度（首创于马伯里 VS. 麦迪逊案[2]）。美国学者克里斯托弗·沃尔夫（Christopher Wolfe）认为，"司法能动主义的基本宗旨就是，法官应该审判案件而不是回避案件，并且要广泛地利用他们的权力，尤其是通过扩大平等和个人自由的手段去促进公平——即保护人的尊严"。[3]他还进一步指出，"在当今这个时代，要想描绘司法能动主义，最重要的因素可能就是法官对多数规则以及'政治部门'（即立法和行政）所持的基本态度。……如果一个法官对多数规则以及政治部门的代表性持怀疑态度，那么就可能采取司法能动主义，而能动的程度则可能取决于对司法能与不能

---

〔1〕 该词条原文为："Judicial restraint A judge's decision and decision - making that excludes the judge's personal views and relies strictly on precedent." *Oran's Dictionary of the Law*（*3rd Edition*），Daniel Oran，J. D. Mark Tosti，J. D. Contributing Author，Africa，Copyright® 2000.

〔2〕 "马伯里诉麦迪逊案"（Marbury v. Madison）是美国宪法中最著名的案例之一，于1803年由首席大法官马歇尔主笔，检索码是5 U. S. 137（1803）。此案例确定了美国宪法中的司法审查先例。

〔3〕［美］克里斯托弗·沃尔夫：《司法能动主义：自由的保障还是安全的威胁》，黄金荣译，中国政法大学出版社2004年版，第3页。

问题的怀疑程度”。[1]美国学者科密克（Keenan · D · Kmiect）进一步将司法能动主义概括为五个具体方面：“第一，其他权力机构有争议的宪法行为的无效；第二，不遵守先例；第三，司法性‘立法’；第四，与公认的解释学方法论的背离；第五，结果导向的裁判。”[2]《布莱克法律词典》的界定则是：“司法能动是指司法机构在审理案件的具体过程中，不因循先例和遵从成文法的字面含义进行司法解释的一种司法理念以及基于此理念的行动。当司法机构发挥其司法能动性时，它对法律进行解释的结果更倾向于回应当下的社会现实和社会演变的新趋势，而不是拘泥于旧有成文立法或先例以防止产生不合理的社会后果。因此，司法能动性即意味着法院通过法律解释对法律的创造和补充。”[3]在司法的目的上，司法能动主义要求把社会目标的实现作为司法的根本追求；在司法裁判的依据上，主张不以法条或先例为司法判决唯一的规范性依据，而是努力在案件所关涉的多种价值、规则及利益之间寻求平衡与妥协；在司法的方法上，不是机械地拘泥于某些形式要件，被动、消极地面对纷争，而是灵活适用各种解纷机制，从有效处理案件出发，自为地实施相关裁判行为。这使得司法能动在当代西方社会具有着实现个案正义、促进实质正义、提高法律效率、追求法律效果与社会效果的统一以及推动立法发展等重要功能。

在当代西方社会，司法能动主义与司法克制主义存在着紧密的对应性关系，但两者之间实质上又并非完全对立的关系。

---

〔1〕［美］克里斯托弗·沃尔夫：《司法能动主义：自由的保障还是安全的威胁》，黄金荣译，中国政法大学出版社2004年版，第7页。

〔2〕 Keenan D. Kmiect, “The Origin and Current Meanings of ‘Judicial Activism’”, Cal. L. Rev., 92 (2004), 1444 ~ 1450.

〔3〕 Black Henry Campbell, *Black Law Dictionary* (6 *thed*), West Publish Co. 1990, p. 847.

因为，司法克制主义的核心内涵并不能反向覆盖司法能动主义的丰富内涵，反之亦然。它们二者所关注的题域并不相同。司法能动关注的是法官在行使“自由裁量权”时“享有多大自由的问题”。[1]换言之，司法能动主义所主张的是司法的一种积极的、具有开放性的主观状态，而司法克制主义所强调的则是司法的一种保守性的外部行为准则；司法能动主义在技术层面的重要功能是克服司法的法条主义[2]之根本缺陷，而司法克制主义则直接针对司法权的恣意和滥用。基于司法本身的特性和要求，二者都是司法必须关注的两个重要面向。司法能动主义必须在司法克制主义的约束下运行，才能既做到弥补法条主义的局限与不足，同时又能够防止司法的能动可能引发的司法权的膨胀和滥用。因此，当代西方司法民主理念的一个重要特征就是，在司法能动与司法克制之间寻求平衡。

二、形式主义司法观与功能主义司法观的调和

协商民主进路的司法民主理论试图调和过程导向的形式主义司法观与目的导向的功能主义司法观。所谓过程导向的形式主义司法观，是指近代以来在自由主义民主观的深刻影响下而形成的一种西方主流的司法观。它以形式正义为其价值取向，主张法律与政治、伦理道德的分离，尤其主张司法具有独立于

---

〔1〕［美］克里斯托弗·沃尔夫：《司法能动主义：自由的保障还是安全的威胁》，黄金荣译，中国政法大学出版社2004年版，第2页。

〔2〕法条主义把法官恪守法条规定（包括严格遵循先例）以维护法律的确定性作为司法的重要追求和评价司法行为的主要依据；同时，把司法活动确定为封闭、自洽的逻辑推理过程，“理想的法条主义决定是一个三段论的产品”。（参见［美］波斯纳：《法官如何思考》，苏力译，法律出版社2009年版，第38页。）与此相应，法条主义否定司法过程对社会现实关及的正当性，拒绝对法条（或先例）合理性的审视，也排斥司法活动中对特殊情境以及个别性、差异性的考虑。

政治的自治性。具体表现为法律由专门的司法机构（法院）、独特的法律职业共同体（法官、律师）运用一种区别于政治或伦理的法律思维或法律原则来加以适用。这种司法观致力于保证法官按照既有的法律原则、法律规则而非他们自己的意志来进行司法裁判，法官是并且只能是法律的喉舌〔1〕，以此确保法律的适用结果以及裁判的一致性、可预期性以及法律的确定性等。这种形式主义的司法观要求法官只能对法律文本采取文义解释，并运用“三段论”的涵摄模式将法律规则适用于具体个案中。于是，整个法律适用所关注的核心就自然集中在了司法过程之上，只要司法过程严格遵守法律的形式正义的要件〔2〕，司法裁判的一致性、可预期性以及法律的确定性就能够得到落实与保障。而做到了这些，就不仅能够防止司法权的恣意行使，更能够证明司法裁判区别于各种政治力量、利益集团竞相角逐的立法过程，进而证明司法自身的正当性。

这种过程导向的形式主义司法观不仅保护着司法免受政治干预，也保障了法律规则得到严格恪守，维持了司法的权威性、客观性和中立性；但另一方面，它却使法官对法律适用所导致

〔1〕［法］孟德斯鸠：《论法的精神》（上），张雁深译，商务印书馆1961年版，第157页以下。

〔2〕如富勒在《法律的道德性》一书中所提出的“法律的内在道德”，即法律的一般性，法律的公开性，法律非溯及既往，法律的明晰性，法律不相互矛盾，法律的可行性，法律的稳定性，官员行为与已宣布的规则相符合等。［Lon. L. Fuller, *The Morality of Law* (revised edition), Yale University Press, 1964, pp. 33 ~ 94.］或如拉兹所言的“法治的八项原则”：法律必须是可预期的、公开的和明确的；法律必须是相对稳定的；特别法应当在公开的、稳定的、明确的而又一般的规则的指导下制定；司法独立应予以保障；自然正义的原则必须遵守；法院应对各项原则的实施享有审查权；法院之门应当容易进入；刑事执法机构不能利用自由裁量权歪曲法律等。（Joseph Raz, *The Authority of Law: Essays on Law and Morality*, Oxford University Press, 1979, pp. 214 ~ 218.）

的社会效果以及对社会的实际需求漠不关心，对现实社会中存在的不同利益、价值之间的冲突冷眼相对，使自己置身于政治、道德和社会的利益纷争之外。随着西方国家进入垄断资本主义时期，经济危机、贫富悬殊等现象的不断加剧引发了社会矛盾和利益冲突问题。这些问题已经不再是个人权利和自由的问题，而是社会整体性、结构性的矛盾。这些矛盾很难再通过对个人自由和权利的彰显和维护来加以解决，而是需要增加对公共利益与公共领域关照，并通过国家的积极介入才能得到化解。于是，一方面，“福利国家”理念在西方各国日益兴起并得到努力推行；另一方面，当今的社会已经变为一个多元异质的社会，这使得任何基本的社会决定，无论是由法院还是立法机关作出，都不会获得一致支持。〔1〕因此，没有了价值共识，法律便丧失了其保持中立的资本。那么，法律自身的合法性、司法裁判的正当性和权威性就日渐依赖于其所导致的结果的合理性，取决于其能否实现某种实质意义上的公正。这样一来，司法的关注点就又从形式正义转向了实质正义。司法的价值目标也从过程导向的形式主义司法观转向一种目的导向的功能主义司法观。

然而，目的导向的功能主义司法观却仍然具有诸多致命的缺陷，并不能完全消解“法律的不法”〔2〕。法治要求所有人平等地受到规则的约束，而这种“约束”意味着规则必须以公众所能理解的方式得到解释、适用和运用。〔3〕那么，对于法律规

〔1〕［美］朱迪丝·施克莱：《守法主义——法、道德和政治审判》，彭亚楠译，中国政法大学出版社2005年版，第11页。

〔2〕［德］古斯塔夫·拉德布鲁赫：“法律的不法与超法律的法”，载［德］拉德布鲁赫：《法律智慧警句集》，舒国滢译，中国法制出版社2001年版，第170～171页。

〔3〕R. M. Unger, *What should legal analysis become*? London, New York: Verso Books, 1996, p. 64.

则的解释和适用就应当是连贯的和确定的，司法裁判也应当是一致的和可预期的，否则就无法有效地约束权力的享有者。但是，如果法官采取一种目的导向的功能主义司法观来对法律规则进行解释和适用，就有可能改变法律的字面意义，从法律文本中解读出立法者根本未作规定的内容。即使法官以非人格化的“公共福利”或“社会利益”作为解释的依据，也仍然无法防止司法的恣意和专断。

究竟如何化解这两种司法观之间所暗涵的形式正义与实质正义之间的冲突呢？这一问题成为当代西方思想界的经典课题，至今也未有终极的解决方案。依据美国圣约翰大学法学院塔马纳哈（Brian Z. Tamanaha）教授的分析，西方社会的法治理论由弱到强包括了三种类型：依法而治（rule by law）理论、形式合法性（formal legality）理论〔1〕、民主与形式合法性（democracy and for - mal legality）理论。〔2〕他的分析指出，第三种形式法治理论在形式合法性理论之上增加了“民主”的因素以期弥补前两种法治观的不足。然而，这里的“民主”是不包含任何实质性内涵的程序意义上的民主。它并不设定法律的内容应当如何，而仅仅是设定了法律内容如何决定的程序。例如，哈贝

〔1〕依法而治理论认为，法律是政府治理国家的必要手段，政府的行动必须受制于法律。无论政府采取何种行动，必须有法律的授权，必须依法实施。这种形式法治观主要强调政府必须依法行事，而未对法律或法律体系提出任何要求，因而被认为是一种浅度的、弱式的形式法治观。二战以后，这种理论不仅为实质法治论者所不齿，亦为大多数形式法治论者所不容。很少有学者再坚持这种形式法治理论。形式合法性不是我们通常所讲的形式上是否合乎法律的问题，而是指法律之为法律在形式上所应达到的标准。富勒是这种形式合法性理论的经典解说者。参见黄文艺：“为形式法治理论辩护——兼评《法治：理念与制度》”，载《政法论坛》2008 年第 1 期。

〔2〕Brian Z. Tamanaha, *On the Rule of Law*: *History*, *Politics*, *Theory*, Cambridge University Press, 2004, p. 91.

马斯认为，在道德多元主义的现代社会，法律的正当性只能依靠法律得以产生的程序来保障。而理性的民主程序无疑是保障法律之正当性的最佳程序，它保证受法律影响的每个人获得平等的参与机会，从而使法律的产生获得每个人的同意。〔1〕罗尔斯提出的“民主的平等”也是形式平等与实质平等的统一体，他的“程序正义”则是形式正义和实质正义的统一体。〔2〕罗尔斯认为，对于程序正义来讲，在一种公平程序的作用下，其结果也就自然体现了正义的性质。以差别原则体现出来的民主的平等，本身就是程序的结果。因此，民主的平等既保证了平等的实质正义观念，也保证了平等的形式正义观念。

可见，在一个多元异质的社会中，化解形式正义与实质正义之间的分歧无疑是一项极为艰巨的理论任务。然而，就目前而言，当代西方的司法民主观是以协商民主为其核心理念，试图弥合形式主义司法观和功能主义司法观之间的断裂，寻求二者之间统一的道路。

三、从“对抗式”司法模式向“合作式”司法模式的发展

以“合作式”为特征的协商性司法模式的形成与发展印证了当代西方司法民主理论的新的发展轨迹，并在一定程度上扬弃了传统的对抗式司法模式的缺陷。所谓“对抗式司法模式”是指，在立宪民主理念的影响下，由于西方传统的司法模式是

---

〔1〕 Brian Z. Tamanaha, *On the Rule of Law: History, Politics, Theory*, Cambridge University Press, 2004, p. 99.

〔2〕 按照丹尼尔斯的说法，罗尔斯的“民主的平等实际上是第一个正义原则和第二个正义原则的连接，并且它符合了作为公民身份的需要”。Norman Daniels, “Democratic Equality: Rawls's Complex Egalitarianism”, in Samuel Freeman (edited), *The Cambridge Companion to Rawls*, Cambridge, UK: Cambridge University Press, 2003, p. 245.

以防止司法权的滥用为出发点，围绕如何保障当事人的正当权利而展开，因而当事人双方以及司法机关之间往往是通过相互制衡、对抗以及利益对峙的方式来解决争端，这种模式被称之为“对抗式司法”（confronted justice），其最为典型的体现就是刑事诉讼程序中的抗辩制度。这种对抗式的司法治理模式体现的是一种形而上学的或者理性主义的程序观，它追求的司法目标是一种“虚拟的正义”。这种正义由于崇尚普适性与形式合法性，而且要求完全受制于法律规定的架构，只考虑司法裁判过程的正当性，很少关注案件所产生的现实社会原因，更不会关照案件处理结果的可接受性及社会满意度等其他因素。因此，其运行模式也必然围绕如何充分地保障司法裁决权的运作而设计。

然而，这种基于理性主义和程序正义理念之上的传统司法模式在其现实运行中并未获得其所期待的解释力和实效。务实的司法实践总是拥有一套自发形成的独特逻辑。这种独特的逻辑体系并不以权力的简单对抗为前提，也不以追求合乎法律规范的司法裁决为目的，而是以互利、合作为出发点，以意思自治为核心和主线，以协商与对话为处理争端的方式，以案件的妥善处理为目标而展开。合作式（协商性）司法模式（co - operative justice）〔1〕就是这种实践逻辑发展的产物。合作式的司法理论模式主张，司法正义的实现与否，关键要看司法主体之间是否能够平等对话；对话方式是否正当与理性；利害关系主体是否明知自我权利；他们的意志是否自由等。虽然这种司法治理模式最初只是作为一种例外和补充，但由于它更加注重的是一种“互惠性的正义”或“妥协的正义”，而不是一种纯粹

〔1〕关于协商模式的系统介评，可参见马明亮：“协商性司法——一种新司法模式”，载《刑事法评论》2005 年第 17 辑。

理想状态的“规则下的正义”或“虚拟的正义”，更加追求案件的妥善解决而不是僵化的规则之治，并积极吸纳新的社会公正的标准，从而使司法裁决具有较高的社会价值兼容力。因此，依这种司法模式处理的案件数量在整个司法实践中所占的比重逐渐增多，并且大有“例外成为原则”的趋势。尽管这种合作式（协商性）司法模式因在一定程度上背离了传统程序正义理论的框架而备受诟病，[1]但是，却因其高效、便捷的解纷机制而备受司法实践部门和当事人的偏好。

合作式司法模式产生的根源，一方面，是由于在西方民主理论演进过程中形成的协商民主理论深刻影响了当代西方司法观念的内核，协商、对话、参与等元素逐渐渗透进入了司法裁判领域，形成了一种对传统司法观的改造，使司法突破了传统的权利与权力之间的对抗模式以及利益对峙模式，走向一种合作、互利、互惠的利益衡量的发展模式；另一方面，是由于实用主义冲击了程序正义的理论基础。程序正义虽然拥有坚实的理论基础，但事实上，从纠纷解决和权利救济的角度来讲，现代社会纠纷解决所追求的目标不再是传统意义上的程序的公正，而是对个人利益与社会利益以及个案正义与社会正义之平衡的双重关照。如果只是将司法视作一种追求事实清楚、适用法律正确基础上的裁判，那么诸如中立、对等、司法理性、裁判的及时性、终结性等这些程序正义的要素就尤为重要。然而，在

---

〔1〕 在这种新型的司法模式中，大量案件突破了司法程序的刚性规定，甚至未经审判而通过其他庭外程序被处理，这就使得正当程序不复存在。参见 George F. Cole, *The American System of Criminal Justice* (third edition), Wadsworth, Inc., 1983, p. 116. 还有学者认为，（作为协商模式重要组成部分的）辩诉交易则规避了正当程序的刚性标准。参见 Roland Acevedo, *Is a Ban on Plea Bargaining an Ethical Abuse of Discretion*? A Bronx County, New York Case Study, in Criminal Courts in the 21th Century, compiled by Lisa Stolzenberg, etc. Prectice Hall, 1998, p. 88.

以纠纷的妥善解决为宗旨的合作式司法模式中，这些传统的程序正义的要素就会遇到解释上和执行上的困难〔1〕。因为，程序正义理论本身有其功能边界〔2〕，既定法律程序所产生的结果未必符合社会意义的评价标准。尤其是当面对不断涌现的社会差异与社会冲突，规则与事实之间的矛盾进一步升级，法律程序的正当性与社会的可接纳性之间的冲突也就愈加明显。〔3〕昂格尔就曾指出，"公平愈是屈从于规则的逻辑，官方法律与老百姓的正义感之间的差距也就愈大。从而，在老百姓的眼中，法律就会渐渐地失去自身的可理解性和合法性。他们认为，法律或是权贵们运用的魔术箱，或是随意地落在正人君子和邪恶小人身上的一系列霹雷而已"。〔4〕久而久之，公众对严格遵循法律程序之下的司法裁决就会产生抵触情绪与不信任感。

---

〔1〕比如在德国，当司法实务部门面临案件数量增加与案件复杂程度增大时，在法律程序没有改变的情况下，自发地发展出来了一种当事人协商处理案件的做法。虽然这种做法并不符合程序正义的要求。参见陈卫东、刘计划、程雷："德国刑事司法制度的现在与未来"，载《人民检察》2004 年第 11 期。

〔2〕已有很多学者论述了程序正义理论的适用边界问题，贝勒斯就是其中的一个代表性人物，他提出了一系列影响程序正义适用的要素，具有可替代的保护措施就是其一。具体而言，在那些契约性的协商、自愿放弃某一行为的场合，当事者如果选择其他程序便可以保护自己的利益，程序正义的原则就不必在程序设计中加以体现。参见陈瑞华："走向综合性程序价值理论——贝勒斯程序正义理论述评"，载《中国社会科学》1999 年第 6 期。贝勒斯所指出的这一点也印证了传统的程序正义理论在具有契约性的合作式司法中并不适合的论断。

〔3〕在民事司法领域，有学者建议通过赋予法官诉讼指挥权来弥补该冲突。此观点可参见黄松有："诉讼指挥权：正当性基础与制度建构"，载《中国社会科学》2003 年第 6 期。

〔4〕［美］M. 昂格尔：《现代社会中的法律》，吴玉章、周汉华译，译林出版社 2001 年版，第 198 页。

第二节 当代西方司法民主运行机制的协商趋向

当代西方的司法运作中始终存在一种真实的危险：尽管司法的终极目标在于保障每个公民的合法权益，但事实是，穷人很容易在司法中处于不利地位——这似乎是命中注定，无论在什么地方，民主制度保护的仅仅是他的政治和公民自由，但对于那些缺少使这些自由变为现实的必要经济手段的人来说，它们通常毫无意义，仅仅是无法实现的承诺。为了使司法具有高度民主，使其真正贴近和感受民众的社会需求和愿望，司法必须保证所有人拥有平等的进入法院的机会，这就是“法律/司法”的平等可接近性（accessibility）的问题〔1〕，也是当代西方司法民主制度体系之目标的核心取向——“接近正义”或“接近司法”〔2〕。虽然，策划并实施真正有效的接近正义的改革并非易事，但西方社会为此进行了全方位的改革和尝试。

然而，福利国家中的正义无法真正消除“接近正义”的危机。所谓福利国家，从本质上讲，就是指由政府出面干预私有制经济，改善贫困者、少数民族等社会弱势群体的经济状况，

---

〔1〕［意］莫诺·卡佩莱蒂：《比较法视野中的司法程序》，徐昕、王奕译，清华大学出版社2005年版，第46~63页。

〔2〕所谓“接近正义”共分为三“波”：最初所说的“波”是经济机会局（OEO）于1965年根据附近一个法律事务所的计划制定的，旨在改革现行制度为贫困者提供法律服务。第二“波”旨在让消费者或者环境保护主义者有机会要求获得“扩散利益”的机会，在美国这是1970年由财团资助的“公益法律事务所”出现后兴起的。第三“波”是21世纪70年代随着人们不但主张法律权利，而且对处理纠纷的一系列制度都普遍关注而兴起的。出现一些大胆的形式，如作为一种新的改革动向，就是以非正式的制度代替法院和司法程序。参见［美］诺内特、塞尔兹尼克：《转变中的法律与社会：迈向回应型法》，张志铭译，中国政法大学出版社1994年版，社会变革的法律模式（代译序），第4~5页。

并保护代表消费者利益的扩散性利益的社会。而为保护弱者的利益而制定出数量众多的法律和法规是福利国家最为显著的特色。但是，由于福利国家只意味着一系列的新法案的出台，如果不实际实施这些法律或无法兑现这些法律的承诺，这必然引发与“接近正义”的问题相关联的“福利国家中的正义”的危机。因为，在福利国家中，权利的扩展无论是来自法律法规，还是来自司法判决，它背后都有一股新兴社会力量的存在。然而，这股势力能否在实际问题上拥有实现这些权利的力量还并不明确。这时，法官现实的或潜在的力量是不可小视的。然而，与接近正义运动相适应的司法制度改革，在许多情况下，可能是司法制度的细微的技术性改良，也可能是单纯地节约开支和缓和案件的混乱。而且，为争取正义权利，费用的增加是不可避免的。也许福利化国家的作用范围会进一步扩大，更多的法规将被实行，更多的官僚将会产生，私营企业也将在众多复杂的法律条款中手足无措。最终的后果，很可能会威胁“接近正义”的运动。〔1〕

当代西方学者们始终坚信，司法程序潜含着高度的民主性基础，司法程序模式本身具有高度的“参与性”特质，它具备回应民主实质性要求的潜质。〔2〕但是，仅仅保证司法程序的技术性规则得到遵守，显然并不能真正满足民众与社会对于实质性民主权利的需求。尽管传统的合议制度、陪审制度等在技术上增强了各个司法主体间平等、参与等权利，但它们对民主价值目标的实现也仅仅具有形式上的意义，不仅无力消解公民由

〔1〕［美］诺内特、塞尔兹尼克：《转变中的法律与社会：迈向回应型法》，张志铭译，中国政法大学出版社 1994 年版，绪论，第 19 ~ 22 页。

〔2〕［意］莫诺·卡佩莱蒂：《比较法视野中的司法程序》，徐昕、王奕译，清华大学出版社 2005 年版，自序，第 21 页。

于政治、经济、文化以及生理等方面的原因造成的实质的不平等，更会使民主本身蒙受一些负面的影响。因而，这些制度已在司法实践中备受诟病。例如，意大利学者皮罗·克拉玛德雷曾尖锐指出：“正像司法三段论可以作为托辞，使法官让议会为其判决承担责任一样，合议制也可以为每位成员提供一道便捷的屏障，掩盖他们的良知，使他免受不公正判决的重负；而某种程度的匿名做法，还可掩盖他对不愿承担全部责任的判决的赞同。”〔1〕而陪审制度也同样存在诸多的不良状况。“在传统的陪审团制度中，陪审员被要求作出裁决而无需提供裁决理由，这似乎已成为盛行的方式——正像经验已经表明——它鼓动陪审员随意裁决：他们的裁决不是社会良知的真诚表达，看来它们经常是纯粹非理性的胜利。就其不受上诉之质疑而言，这种非理性更加危险。”〔2〕

于是，在协商民主理论进路与制度创新的现实需求的双重作用下，当代西方司法制度的民主化有以下几个方面的重要转变和制度创新：

一、司法主体制度的完善及法律职业共同体的建立

当代西方在司法主体制度建构方面的举措具体表现为以下几个方面：

第一，律师在司法过程中的角色、地位与功能日益重要。在民主社会中，司法过程的民主性体现为平等主体间的文明讨论，而律师对民主司法秩序的良性运转具有重要意义。人们越

---

〔1〕［意］皮罗·克拉玛德雷：《程序与民主》，翟小波、刘刚译，高等教育出版社2005年版，第34页。

〔2〕［意］皮罗·克拉玛德雷：《程序与民主》，翟小波、刘刚译，高等教育出版社2005年版，第42~43页。

来越认识到，“仅有对立的两方当事人的出席及法官对他们的论点的听取是不够的；当事人还必须出于平等的情境，不仅是法律平等（可能仅存在于抽象的层面），还包括事实平等，也就是说技术和经济的平等”〔1〕。然而，在现代社会中，司法过程是复杂的技术机制，它只为那些知晓其运作秘密的人提供正义。为确保实际司法过程中当事人的自由和平等，在程序的每个阶段，双方都必须由精通法律运作技术的律师为其辩护和提供必要的法律服务。律师凭借其智力和司法运作方面的专业知识，才能够在当事人之间确立真正的平等。因此，当代西方司法民主化建设不再以法官角色、地位及其功能为核心进行制度建构，而是更为重视对律师以及当事人等其他多元的司法主体的角色、地位和功能的制度建构，尤其重视律师在司法活动中的民主功能的发挥。“在司法过程中，律师代表自由；他们也许是现代民主核心原则的生动象征。”〔2〕

第二，重视法律援助制度的建立、发展。在特定条件下，穷人有权获得为其指定的律师的帮助，且这种代理必须免费提供，除非案件胜诉并从对方当事人处获取收入。这种制度真正体现了对人的平等关怀。法律援助的发展，主要有英、法、德等欧洲流派的“朱迪凯尔”制度和美国的“带薪律师团”制度。在英国，正在出现这种混合形式，如作为朱迪凯尔制度补充的“近邻法律中心”得到普及。今后法律援助制度在其构架上无疑需要更大的发展与完善。其中，显然会向混合型发展，

〔1〕［意］皮罗·克拉玛德雷：《程序与民主》，翟小波、刘刚译，高等教育出版社2005年版，第67页。

〔2〕［意］皮罗·克拉玛德雷：《程序与民主》，翟小波、刘刚译，高等教育出版社2005年版，第55～61页。

而且这也是可行的。[1]但是，这种制度有优点也存在缺陷。一方面，它依赖对被压迫者的牺牲和同情精神，许多情况下，这种精神足以确保穷人获得热心律师的帮助。但不可避免的是，被任命的律师经常是年轻律师，他们刚刚出道，经验不足；而出色且经验丰富的律师则往往以高昂的薪酬为富人提供优质的法律服务。这样一来，仅有律师制度也无法消除贫富的差异。因此，免费的法律援助不应该意味着任命二流或三流的律师为穷人提供法律帮助，而应当赋予他可以自由地选择自己的律师的权利。只要富人有这种选择，穷人就应该也拥有这种选择，以保证司法过程中的当事人之间实现事实的平等。因此，为穷人提供法律援助以使他们摆脱不利地位的理想方式就是允许他们选择自己的律师，后者的报酬不由委托人支付，而由国家承担，或者由律师协会承担，资金来源于为此目的而设立的专项基金。

第三，更加重视法官的选任以及法律职业共同体的建立。从理论上而言，司法选任应当向所有的社会阶层开放，尽管一定的教育条件是不可缺少的。然而，“司法过程的结果和司法的命运，取决于司法过程中各方讨论的友好且公平推进。而司法的正常运作更多仰仗法官和律师的善良关系”。[2]这就是说，律师和法官之间相互信任的良好关系，是司法过程中的根本问题。而就重建律师和法官的信任而言，选择法官的方法则具有决定意义。因为，如果是那些具有多年法律实践经验的人才能被任命为法官，那么，这些过去的经验可能有望帮助他们理解在保护委托人的过程中发生的一些问题，使他们更能容忍双方

---

〔1〕［美］诺内特、塞尔兹尼克：《转变中的法律与社会：迈向回应型法》，张志铭译，中国政法大学出版社 1994 年版，绪论，第 7 ~ 9 页。

〔2〕［意］皮罗·克拉玛德雷：《程序与民主》，翟小波、刘刚译，高等教育出版社 2005 年版，第 60 页。

律师可能表现出的放纵行为和固执表演；反之亦然，如果律师在执业之前拥有一些法庭经历，他们将更深刻地体悟到审判行为中的困难与道德张力。这样，法官才能理解并且体认：律师的在场减轻了他的负担，律师承担起繁重的工作，把原始的生活事实转化为可理解的法律语言；而律师也能够理解到，法官的任务比自己更加棘手且富有挑战性，因为，尽管律师像战壕中的士兵，能事先知晓敌人将攻击的部位和自身必须射击的方向，但法官必须作出选择，而且要单独为这种选择承担可怕的责任。总之，在司法过程中，法官和律师像两面镜子：在面对彼方时，每人都认可且尊重他自己正直的映象。因此，法官的选任需要法律职业共同体。只有法律职业共同体才能为司法过程中多元司法主体间的良性关系的建立提供有力的支撑。

二、"回应型"司法责任模式的发展与完善

司法责任与民主之间的紧密联系根源在于其与司法独立之间的紧张关系。在许多现代西方国家中司法权前所未有地扩张，使得司法责任的相关问题在现代社会变得特别敏感和尖锐。人们逐渐认识到，司法独立本身绝非一种终极性的价值，独立只不过是一种工具性价值，其目的旨在维护司法的公正性。因而，"司法责任的全部问题——它与司法独立之间的紧张与平衡——的解决途径，存在于确保为执行司法公正与程序公平中所体现的更为终极的价值提供可能的最佳具体环境，并因此确保司法程序尽可能最充分的参与（民主性）程度"〔1〕。

然而，究竟怎样的司法责任体系才是有效的和合理的，这是一个必须深入研究的问题。对此，学者莫诺·卡佩莱蒂在学

---

〔1〕［意］莫诺·卡佩莱蒂：《比较法视野中的司法程序》，徐昕、王奕译，清华大学出版社2005年版，第96页。

者诺内特和塞尔兹尼克所提出关于法律的三种类型〔1〕的基础上，提出了三种典型的司法责任模式：即压制型（或依赖型）、社团自治型（或隔离型）和回应型（或利用者本位型）〔2〕。

压制型模式以司法机构或法官处于一种依赖的或者从属的地位为特征，法官所承担的是以“政治责任”“纪律责任”为主要形式的责任。这种责任模式由于其对司法独立和公正裁判具有潜在的和现实的威胁与压制，因而在西方极少适用甚至无法运作；但是，“一定合理程度的政治责任可能对法官具有一种合理的劝诫效用，并且，它亦可作为一种有价值的保障，以防范在许多国家中司法机构过分地自我隔离于政府其他体制的倾向，司法机构本身就是政府体制的一部分”。〔3〕

社团自治型模式与压制型模式截然相反。它代表了另一个极端，即独立的绝对化，将司法机构视为一个隔离的团体，完全与政府和社会相隔绝。这种模式导致的一个直接后果就是“法律职业的精英阶层”的重现以及司法职业内部的“个人无政府状态”。这不仅使司法机构在很大程度上成为与社会隔离的团体，甚至每个法官个人也几乎成为一个单细胞体——自身孤立地存在，在相当程度上远离内部以及外部监控。〔4〕

于是，一种“回应型”的司法责任模式开始受到关注和推

---

〔1〕 学者诺内特和塞尔兹尼克提出关于法律的三种类型，即法律分为压制型、社团自治型（或隔离型）和回应型（或利用者本位型）三种。参见 P. Nonet, P. Selznick, *Law and Society in Transition*: *Toward Responsive Law*. New York: Harper and Row, 1978, pp. 29 ~ 113.

〔2〕［意］莫诺·卡佩莱蒂：《比较法视野中的司法程序》，徐昕、王奕译，清华大学出版社 2005 年版，第 143 页。

〔3〕［意］莫诺·卡佩莱蒂：《比较法视野中的司法程序》，徐昕、王奕译，清华大学出版社 2005 年版，第 144 页。

〔4〕［意］莫诺·卡佩莱蒂：《比较法视野中的司法程序》，徐昕、王奕译，清华大学出版社 2005 年版，第 151 页。

崇。这种司法责任模式之目标强调，司法“不应看作是为司法人员本身的威望和独立服务的，也不是为像国家这样任何抽象的实体或任何实际的个人或集体的统治者之权力服务的，它应看作是为‘利用者’即公民服务的，只有这样才能实现法官对民众负责”[1]。而其实现的途径是，“将合理程度的政治和社会责任与合理程度的法律（民事、纪律和刑事）责任结合起来，但又不使法官从属于政治部门、政党或其他社会组织，或者不使他们陷于不满的诉讼当事人提起的骚扰性诉讼之中”。[2]这种司法责任模式是一种最佳地平衡了独立与责任两种冲突的价值的模式，它充分体现了现代司法学对社会需求予以的强烈回应，反映了司法职能不可避免的“政治化”和“社会化”程度；另一方面，也反映了政府民主制度中心理念，即权力决不能不受制约，甚至制约性权力本身也应受到制约；此外，这种模式是在一个更民主的观念下，即法律和政府的利用者的框架下来看待法律和司法的趋势。

三、司法附生机制的建立与发展

权利是有成本的，因为对权利的救济和保护是昂贵的，任何权利的实现都离不开公共财政资源的投入。“几乎每一项权利都蕴含着相应的政府义务，而只有当公共权力调用公共资金对玩忽职守施以惩罚时，义务才能被认真地对待。……所有权利都要求政府积极回应。”[3]然而，“权利的实施通常不单依赖于法院。为了补救过去、阻止未来对权利的侵犯，法院必须依赖

---

〔1〕［意］皮罗·克拉玛德雷：《程序与民主》，翟小波、刘刚译，高等教育出版社2005年版，第153页。

〔2〕［意］莫诺·卡佩莱蒂：《比较法视野中的司法程序》，徐昕、王奕译，清华大学出版社2005年版，第152页。

〔3〕［美］霍尔姆斯、桑斯坦：《权利的成本——为什么自由依赖于税》，毕竞悦译，北京大学出版社2004年版，第26页。

政府机构自愿的合作；反过来，它也必然在资金短缺的财政和其他约束之下运作。……这是可悲可叹的，但是在一个资源有限的不完美世界里，这也是不可避免的。认真对待权利就意味着认真对待稀缺”。因而，对公共资源稀缺性的认识必然唤醒人们对权利成本问题研究的重视。因为“无视成本的权利理论增加了人们对权利的社会功能与目的的广泛误解。对权利成本的关注揭示了权利可实施的程度……”〔1〕

权利的成本分析作为一个独特的视角，提醒人们要正确认识司法的有限性，不仅司法的资源是有限的，而且司法的解纷能力也是有限的。司法永远不可能清除社会的所有污点。很多时候，拿起昂贵而笨重的法律武器来保护自己的合法权益并非总是明智之举，而为了节省公共资源的投入，国家就要被迫限定法律控制的范围。这就为司法救济之外的其他非司法性（或准司法性）的权利救济机制提供了发展空间，多元化的替代性纠纷解决机制（ADR）成为必要。但是不同的权利救济方式由于公共成本投入不同，必然决定其对权利的救济效果的不同，决定了权利实现的程度不同。因而，“关于何种权利应当以何种方式得到何种保护，以及多少社会财富应该投资于不同的救济方式以保护这些权利”〔2〕，就成为当代西方司法民主化改革必须关注的一个重要问题和方向。

近年来，西方社会已经开始关注这个问题，让法院转变方向，寻求代替法庭程序的对单个纠纷的解决方法。例如，法国的“调停人制度”，它是指由法院任命的个人指导地区纠纷以友

〔1〕［美］霍尔姆斯、桑斯坦：《权利的成本——为什么自由依赖于税》，毕竟悦译，北京大学出版社2004年版，第69页。

〔2〕［美］霍尔姆斯、桑斯坦：《权利的成本——为什么自由依赖于税》，毕竟悦译，北京大学出版社2004年版，第170页。

好方式解决。而对非司法性替代制度最为关注的要数美国。在美国，由联邦司法部出资设立的三个试验性“近邻法律中心”引起人们极大关注。但是，也有学者指出，替代现有法院而创制“易于接受”的非正式制度的倾向也可能使社会信任度降低，造成很严重的不平等。但是，非正式制度不一定都难以预料或丧失社会影响力。实际上，地域性社会参与的做法会提高透明度，而且，它是无形的，能不局限于单个案例而“扩充社会利益”。但我们必须充分考虑到不能让非正式的形式掩盖了社会问题，使其不能得以正确的解决。非正式的形式还存在其他问题。非正式的形式对不同社会阶层会以不同的方式发生作用。对文化素质、社会地位低的阶层的当事人可能导致不讲理、粗野、不公平的结果。如果要使替代制度的讨论带有现实性，那么还必须考虑社会的“阶层问题”以及法律人员的阶层问题。不仅对法院人员，而且对执行非正式“法律替代制度”的人都应进行适当的必要的训练和选任制度。[1]

第三节　“接近正义”：当代西方司法民主化改革路径的新取向

一、“接近正义”的理论发端及其制度实践

20世纪60年代，西方世界进入了诉讼爆炸的时代。为了应对诉讼成本高昂、诉讼迟延、当事人诉讼能力的不平衡、诉讼制度的烦琐和难于理解以及诉讼结果的不确定性等[2]重重困

〔1〕［美］诺内特、塞尔兹尼克：《转变中的法律与社会：迈向回应型法》，张志铭译，中国政法大学出版社1994年版，绪论，第14~19页。

〔2〕齐树洁：《英国民事司法改革》，北京大学出版社2004年版，第2页。

境，意大利著名法学家莫诺·卡佩莱蒂（Mauro Cappelletti）首先提出了“接近正义”（Access to Justice）这一司法改革的新理念，并在全球范围内推动了一场影响深远的“接近正义”司法改革运动。〔1〕这场改革的核心目标就是为了使司法具有高度民主性，使其真正贴近和感受民众的社会需求和愿望，保证所有人拥有平等的进入法院的机会。〔2〕这一理念迅速成为一种全球性司法改革目标。

“接近正义”制度改革实践被学者们概括为三“波”（wave）〔3〕。“第一波”以法律援助制度为核心，旨在通过改革现行制度，为贫困者提供法律服务；“第二波”以“公益诉讼”“集团诉讼”等为核心，旨在让消费者或者环境保护主义者有机会要求获得“扩散利益”的机会；〔4〕“第三波”则以非正式的替代性纠纷解决机制的出现为标志，旨在以新的解纷方式拓宽权利救济渠道，以满足更广范围的社会弱势群体的诉求。与此同时，一系列官方或非官方的网络平台相继建立，〔5〕以更加广

---

〔1〕卡佩莱蒂教授推进的这一司法改革项目，先是由福特基金会、意大利研究委员会（DIE）、意大利教育部等机构发起和出资，由佛罗伦萨的比较司法研究中心、欧洲大学研究院等研究机构执行，最终形成了著名的四卷本的巨著《接近正义》，成为全球性接近正义改革的百科全书，进而在欧洲乃至全球掀起了一股“接近正义”的司法改革热潮。

〔2〕［意］莫诺·卡佩莱蒂：《比较法视野中的司法程序》，徐昕、王奕译，清华大学出版社2005年版，第46～63页。

〔3〕［意］莫诺·卡佩莱蒂：《福利国家与接近正义》，刘俊祥等译，法律出版社2000年版，英文版序言。

〔4〕［美］诺内特、塞尔兹尼克：《转变中的法律与社会：迈向回应型法》，张志铭译，中国政法大学出版社1994年版，第4～5页。

〔5〕例如，由英国司法部、律师协会以及社会法律志愿者联合会共同组建的“接近正义基金会”（The Access to Justice Foundation），http：//www.atjf.org.uk/；澳大利亚新南威尔士州政府建立的“接近正义”网络服务平台，http://www.lawaccess.nsw.gov.au/等，访问时间：2016年6月9日。

泛和便利的方式推进“接近正义”实践活动的展开。

随着制度移植与制度建构的初具规模，制度功能与制度实效之间的“张力”开始不断显现。例如，国家在法律援助中投入了大量资源，可是，在实践中，参与法律援助的法律职业者在数量上仍远远不能满足现实需求，尤其是在最需要获得帮助的贫困、偏远地区，法律援助的覆盖面远远不够；不仅如此，法律援助在质量上也无法满足现实需求。因为，提供免费法律服务的往往是刚刚出道或经验不足的年轻律师，而且，法律援助的服务质量往往依赖于法律职业者对弱者的同情，依赖于律师的良心和对职业的奉献精神。诸如此类状况的存在使得“接近正义”的理论前提开始受到学者们的反思和批判。美国学者诺内特和赛尔兹尼克指出，福利国家中的“分配正义”无法真正消除司法“接近正义”的危机。因为，福利国家只意味着出台一系列的新法案，将改善贫困者、少数民族等社会弱势群体和边缘化群体的经济状况的任务确立为政府的义务。可是，如果政府无法实施或者无法兑现这些法律的承诺，就会引发“福利国家”自身的危机以及政府公信力的危机。〔1〕美国学者 Deborah L. Rhode 进一步指出，在新的时代背景下，司法应接近“谁”之正义、何种“正义”等一些根本性问题，必须在理论上重新加以澄清，方能弥合“原则（Principle）”与“实践（Practice）”之间的鸿沟。〔2〕

简言之，西方社会“接近正义”的改革实践表明，通过不断增加司法资源的供给、降低司法的成本以及拓宽权利救济渠

---

〔1〕［美］诺内特、塞尔兹尼克：《转变中的法律与社会：迈向回应型法》，张志铭译，中国政法大学出版社 1994 年版，第 19～22 页。

〔2〕 Deborah · L · Rhode, *Access to Justice*, New York: Oxford University Press, 2004, p. 3.

道等举措，并不能真正提高司法的可接近性（accessibility），提升司法的民主性和公信力。事实上，这种实践逻辑忽视了一个非常关键的问题，即司法的限度问题。美国学者尼尔·K. 考默萨曾指出，法院在处理边界清晰、相对简单的社会问题时，即争议本身并不复杂且涉及人数较少的时候，其功能发挥最好，法官们的表现往往也是最令人满意的。可是，一般而言，在这种情况下，当事人往往并非最需要司法的保护。因为，法院能处理的这些简单而清晰的问题，其他的制度同样也能够妥当解决，而最需要司法做出决断的情形，恰恰是其他制度不能或很难发挥作用的情形。〔1〕这意味着，要使司法真正贴近和感受民众的社会需求和愿望，保证所有人拥有平等的进入法院的机会，首先应当明确司法所能发挥作用的范围和限度，即司法究竟能够在何种范围以及何种程度上满足社会和民众对司法的需求。否则，就会陷入一种对司法的“乌托邦”式的苛求，这不仅会无形中拔高人们对司法功能的期望值，刺激社会对司法的过度依赖，从而使司法不堪重负，更为严重的后果是，一旦个体诉求不能通过司法得到充分满足，司法就会成为社会矛盾的集聚点和矛盾各方泄愤的“火山口”，司法的权威性和公信力就会陷入危机。

二、“接近正义”改革的现实困境及其症结

司法的限度一方面是由司法资源的稀缺性所决定的；另一方面，则是由于司法权能的有限性决定的。正是由于忽视了这两个方面的因素所致的司法的有限性，当下中国“接近正义”改革才陷入了困境。

---

〔1〕［美］尼尔·K. 考默萨：《法律的限度：法治、权利的供给与需求》，申卫星、王琦译，商务印书馆2007年版，第53~54页。

（一）司法资源稀缺性所致的司法的限度

首先，司法的运作是有成本的，因而司法所能提供的正义的范围和程度是有限的。忽视这一点，就会导致为司法设置远远超出其能力的目标，使其不堪重负。因为，权利的实现和救济通常不仅仅依赖于当事人和法院，更是一个政府和社会共同协力的系统工程。“为了补救过去、阻止未来对权利的侵犯，法院必须依赖政府机构自愿的合作；反过来，它也必然在资金短缺的财政和其他约束之下运作。……这是可悲可叹的，但是在一个资源有限的不完美世界里，这也是不可避免的。”〔1〕这意味着，一国司法所能提供的正义的范围和程度，是由国家和社会所能投入和供给的公共资源总量决定的。

正是由于忽视了这一点，被视为最具革命性的“接近正义”改革举措的法律援助制度，在增加司法资源供给的同时，并未对司法资源的有限性给予足够的重视，也没有对司法功能的限度给予清晰地界定。这就导致法律援助制度发展至今，办理法律援助案件的律师资源与案件数量之间仍存在严重供给不足的问题——贫困人口最集中、法律援助需求量最大的乡村，恰恰是法律援助工作覆盖面最小的地方；即使是在法律援助资源较为充足的大中城市，也并未使正义更多，司法形象更佳。因为，法律援助制度的宗旨是以提供免费法律服务来满足弱势群体的正当司法需求，这虽然大大降低了个案处理中当事人的私人成本，但其所耗费的公共成本却没有减少，就整体而言，国家用于纠纷解决的代价和风险反被大大提高。那么，一旦由于司法不堪重负而无法兑现其法律承诺，就必然会进一步引发社会和民众对司法乃至政府的信任危机。

---

〔1〕［美］霍尔姆斯、桑斯坦：《权利的成本——为什么自由依赖于税》，毕竞悦译，北京大学出版社2004年版，第69页。

其次，不同的权利救济方式，由于公共成本投入多少的不同，对于权利实现和救济的效果和程度就会不同。忽视了这一点，不仅无法提升司法的可接近性，反而会加剧司法的不平等。这是由于，司法资源的稀缺性意味着司法永远不可能清除社会的所有矛盾和冲突，所以，为了节约公共资源，国家就必须合理限定法律控制与调整的范围。换言之，在公共资源有限的情况下，国家不得不将一部分纠纷解决和权利救济的权力让渡给社会，即由诸如协商、调解、和解、仲裁等替代性的解纷与权利救济机制来分担司法的部分功能，以解决“案多人少”“诉讼爆炸”等权利救济渠道壅塞的问题。

然而，不同的权利救济方式由于公共成本投入的不同，其对权利救济的方式和效果是不同的，纠纷解决的程度也是不同的。因而，“关于何种权利应当以何种方式得到何种保护，以及多少社会财富应该投资于不同的救济方式以保护这些权利”[1]，应当加以科学合理的界定和分配。否则，一方面，包括司法在内的多种解纷机制之间难免会产生对公共资源的竞争和占用。当信访、调解、协商、仲裁等替代性解纷机制过多占用国家公共资源时，司法所能利用的公共资源就相应减少，司法的解纷能力和实效就会大打折扣。这样一来，就不仅不能缓解司法压力，解决权利救济渠道壅塞问题，反而在一定程度上削弱了民众对法治的信心，消解了司法的权威性和公信力；另一方面，不同群体、不同案件之间对公共资源的利用也会存在竞争，这就难以避免强势群体因其社会优势地位而享有更为优质的法律服务。这意味着，这些替代性的解纷机制的存在，虽然在一定程度上增加了纠纷解决的渠道，赋予了权利人对纠纷解决方式和渠道的选

〔1〕［美］霍尔姆斯、桑斯坦：《权利的成本——为什么自由依赖于税》，毕竞悦译，北京大学出版社 2004 年版，第 170 页。

择和决定权，但实质上，这种选择和决定仍是当事人基于所处的社会阶层不同而做出的无奈之举，其后果则是更加剧了不同社会阶层对司法资源利用的不平等。

概言之，司法是一种最常态的纠纷解决和权利救济机制。可是，纠纷的解决以及权利的救济都是有成本的，而任何国家的司法资源都是有限的，因此，司法所能提供的正义的范围和程度必然是有限的。不仅如此，司法资源作为一种稀缺的“公共产品”，必然存在社会中不同部门、不同群体、不同案件之间对这种优质公共资源的竞争，这就导致社会弱势群体在司法资源享有上的不平等。长期以来的“接近正义”改革恰恰忽视了这些，因而不仅无法真正改善弱势群体对司法资源的利用境况，更加深了人们对司法社会功能及其限度的误解，甚至危及司法的权威性和公信力。

（二）司法权能的有限性

司法所面对的难题，其背后往往暗涵着更深层次的利益冲突与价值分歧。司法纷争往往发生在并没有相对清晰的正义评判准则的模糊地带。尤其是当下转型时期的中国司法，除了经常遭遇法律思维与道德（伦理）思维的较量，时常要在程序正义与实质正义的二元对立中寻求平衡，在个案正义优先和普遍正义优先的争执中寻找出路之外，还不得不面对西方化模式与本土化经验的摩擦与碰撞，这些都已远远超出了司法自身所能承载的范围。尽管众多学者都主张，司法正义的内在逻辑是借助于法律之内的正义来实现个案正义，而不是通过背叛、抗拒法律的方式来实现法律之外的正义。〔1〕然而，这一逻辑在司法的微观运作中，始终面临严峻的挑战。

---

〔1〕郑成良：《法律之内的正义：一个关于司法公正的法律实证主义解读》，法律出版社2002年版，第102页。

首先，司法所能解决的纠纷的范围是有限的。因而，何种争议和纠纷需要以司法途径加以解决，即“案件的可裁判性”（Justiciability），必须加以明确界定。以南京彭宇案为例，此案之所以成为一桩“公案”，正是由于它在多方面挑战了司法权能的边界和限度。彭宇案备受诟病之处是，在无法确证侵权人时，将“怀疑对象”彭宇列为被告，并以公平责任原则为由要求其对被害人的损失进行补偿。这时，司法面临的困境是，当“事实之真”已无法还原时，司法能否实现“法律之善”？美国学者爱德华兹曾对“可裁判性案件”的特征加以概括，即适合法院作出裁判的案件或争议应当是明确的、具体的、真实的和实质性的；当事人必须具备“诉讼资格”；案件必须是成熟的且非既往的；案件不属于纯粹的政治问题等。[1]姑且不论这一概括是否全面，但至少表明，能够由司法裁决的案件的范围和特征是有限的，当纠纷和争议明显超出这个限度时，司法所能发挥的作用就必然是有限的。就彭宇案而言，无论是案件的明确性、真实性，还是彭宇作为“被告”的“诉讼资格”，都具有一定的争议性。此时，强行以司法的方式解决此类问题，其结果必然是使司法陷入纷争和质疑的漩涡。

其次，司法解决纠纷所能达到的程度是有限的。因而，如何对司法功能加以合理定位，使其与政治、立法、行政、道德以及社会保持适度的距离，这也是司法权界的一个重要维度。彭宇案中法官做出裁决的另一顾虑在于，担心自己的裁决会成为其他类似案件的“一般性参照”，从而引发不良的社会效果。那么，法官在个案裁判中是否应当兼顾“社会效果”，以及它对于“社会效果”的兼顾能够达到何种程度，这又是彭宇案所揭

---

〔1〕 吴英姿：“司法的限度：在司法能动与司法克制之间”，载《法学研究》2009 年第 5 期。

示出的一个司法困境。作为具体案件的主审法官，除了应当以裁判者的角色完成其在法律之内对具体的个案正义的裁决，是否还应当肩负立法者的使命，进一步承担宣告“普遍正义”和兼顾社会效果的职责？而法官对于“普遍正义”以及社会效果究竟应当承担多大责任？显然，司法的解纷能力是有限的，它能够发挥作用的程度是有限的，如果为司法设定过高的要求，就不得不担负一个风险，即将法律之外的因素（道德、政治等因素）引入司法，用道德逻辑、政治逻辑等而非法律逻辑作为司法裁判的标准。这意味着，我们将本应由政治、道德乃至社会承担的职能强加于司法之上，要么会造成司法权的过度膨胀和僭越，构成司法对其他权力的侵犯；要么会导致“司法软弱”，使司法轻易受到法外因素的干扰。而无论是哪一种后果，都会从根本上动摇司法的权威性和公信力。2002 年发生在四川泸州的“二奶遗产继承案”便是司法在与道德较量的过程中，道德逻辑替代了法律逻辑，法官站在道德的高度论证其裁判理由，看似追求的是法律效果与社会效果的统一，却不但因此备受诟病，而且在一定程度上削弱了判决的权威性。

再次，在任何社会，法律适用的统一性和确定性都只能是一种理论“神话”，因而司法的自由裁量是不可避免的。因而，建立一种对司法功能的限度的理性认识和适度宽容，才是一种正确的法律心理。“法律的不确定性”是一个全球性的司法难题。迄今任何社会都未能提供一劳永逸的对策以应对这一困境。作为一种基本的哲学探究，“既然不能证明何者为绝对真理，那么就应该拒绝独断，使思想处于‘无决断’状态。”〔1〕但是，“司法的自由裁量是不可避免的，因为社会实践不可能提供能解

〔1〕 赵汀阳：《坏世界研究——作为第一哲学的政治哲学》，中国人民大学出版社 2009 年版，第 311 页。

决所有可想象到的问题的标准”。[1]这意味着，在司法领域，不允许也不可能去无限度地追逐一种普适的正义。及时有效地寻找到一个能够证明司法判决之正当性的判准标准，是绝对必要而且刻不容缓的。对此，西方社会不但有深厚的法治传统作为根基，而且已经大致形成了较为成熟的理论流派或思潮，这些派系虽然观点各异甚至相左，但至少能够为司法裁判提供充分的理论支撑。有了成熟的理论体系和根深蒂固的法治理念的支撑，在司法实践过程中，法官在做出裁断的时候就有了坚实的理论依据，也就不会轻易地在沸腾民意的影响下摇摆不定；更为重要的是，基于不同的学派或思潮对司法纷争的理论论战，民众对于司法功能和限度也能够形成一种理性的认识和适度的宽容，对司法裁决的认同度就会大大提升。然而，处在转型期的中国社会，理论体系的建构刚刚起步，这就使得在微观的司法制度运作过程中，尤其是在面对分歧和冲突时，法官们常常难以形成统一的立场，司法裁判理由和依据就会显得缺乏合理性和确定性。在这一语境中，仅有法律援助制度的推进，仅有对司法亲民、司法便民的过度宣扬，而缺少对司法的限度的理性认识，缺乏对司法权运作边界的限定，就会在一定程度上刺激社会对司法的过度需求，加剧民众对司法的过度依赖，无形中拔高民众对司法的期望值，从而使司法更加不堪重负，更难以摆脱公信力危机。

---

〔1〕 Scott J. Shapiro. The “Hart – Dworkin” Debate: A Short Guide for the Perplexed. *University of Michigan Public Law*, February 2, 2007. Working Paper No. 77. Available at SSRN: http://ssrn.com/abstract=968657.

第四节　本章小结

西方协商民主理论作为一种系统的政治哲学理论架构，其发展演变深刻影响司法理念的转变。协商民主理论模式的发展不仅为司法理念的确立与形成提供丰富的理论资源，更从根本上决定和影响着司法观的基本立场与价值取向。由此，当代西方进入了司法民主理论与实践发展的新阶段。

概言之，当代西方司法民主理念的发展展现出三个方面的新趋向。首先，在司法能动与司法克制之间寻求平衡。这二者都是司法必须关注的两个重要面向。司法能动主义必须在司法克制主义的约束下运行，才能既做到弥补法条主义的局限与不足，同时又能够防止司法的能动可能引发的司法权的膨胀和滥用。其次，以协商民主为其核心理念，试图弥合形式主义司法观和功能主义司法观之间的断裂，寻求二者之间统一的道路。因为，在一个多元异质的社会中，只有协商民主进路的司法民主观是化解形式正义与实质正义之间的分歧的有效路径。再次，以“合作式”为特征的协商性司法模式的形成与发展印证了当代西方司法民主理论的新的发展轨迹，并在一定程度上扬弃了传统的对抗式司法模式的缺陷。

此外，从司法民主运行机制层面而言，当代西方学者们已经意识到，尽管传统的合议制度、陪审制度等在技术上增强了各个司法主体间平等、参与等权利，但它们对民主价值目标的实现仍然仅具有形式上的意义，不仅无力消解公民由于政治、经济、文化以及生理等方面的原因造成的实质的不平等，更会使民主本身蒙受一些负面的影响。于是，在协商民主进路的深刻影响和制度创新的现实需求的双重作用下，当代西方司法制度的民主化有以下三个方面的重要转变和制度创新：第一个方面是，对多元化的司法主体之角色、地位及其功能的关注，尤其是对法律职业共同体的建构等方面的制度建构开始受到重视，以此来完成司法程序对于民主的实质性要求的回应；第二个方面是，以建立更为有效的司法责任体系来完善司法民主的制度架构；第三个方面是对司法附生机制的建立和发展，即以一种司法与准司法相结合的多元的权利保障与救济机制来真正促进司法民主的落实与实现。

还有，当代西方司法民主化的改革重心已转向以确保社会中的每一个人，尤其是弱势群体对司法资源的平等享有的司法"接近正义"改革实践。具体从三个方面展开分析：(1)"接近正义"的理论发端；(2)"接近正义"理念指导下的制度实践；(3) 当代西方"接近正义"改革遭遇之实践悖论与困境。

总之，当代西方司法民主化改革仍然是坚持以"司法程序"为核心来进行司法制度体系的民主化建构，但是，突破了传统的对"程序"的形式主义解读，以协商民主进路展开一种"对形式主义的反叛"[1]。这一反叛性的思考与传统的学说所揭示的相比，对司法尤其是法官提出了更加艰难、更加复杂的要求。但对于司法领域的现实困境与理论挑战而言，却是一种具有开拓性和实效性的大胆尝试。

---

〔1〕 在世界不同地方，这一反叛所针对的目标不同：在美国针对的是"判例教学法"（Case Method）的形式主义；在法国针对的是"法律实证主义"的形式主义；在德国则针对的是"科学的"或概念化的形式主义。

第五章

中国的司法民主化历程及其症结分析

经过一个半世纪的探索、失败和彷徨，今日站在新世纪门槛上的中国人发现，民主仍然是朦胧的政治理想。

——金观涛、刘青峰〔1〕

中国近现代意义上的“民主”和“司法”观念都是伴随着西洋的大炮和鸦片而闯进国门的，因而，西方对于该主题的研究在形式上统治着我国现有的研究模式。然而，不能否认的是，中国问题由西方问题引发，其发展态势在一定程度上必然受西方理念的推动和影响，但同时，它又根深蒂固地受到本土传统和意识形态立场的影响和束缚。换言之，中国问题既要面对中西之别，更需应对古今之争和意识形态的挑战。这不仅增加了中国问题的复杂性，更使得我们经常会有迷失自我的痛苦和困惑。

---

〔1〕金观涛、刘青峰：“从‘共和’到‘民主’——中国对西方现代政治观念的选择性吸收和重构”，载金观涛、刘青峰：《观念史研究——中国现代重要政治术语的形成》，法律出版社2009年版，第252页。

有学者曾指出："今天中国人有一种不知往何处去的文化迷惘，造成文化失落的重要原因是我们不知道自己从哪里来。我们要理解中国当代思想状况，就必须去研究其形成过程。然而，当代中国文化的独特性却在于：它是一系列意识形态变迁及解构的产物。"〔1〕这无疑道出了中国问题的困惑及其根源，同时也为我们揭示了一种走出司法困境的可能方向——"观念史"的研究视角。学者们发现，尽管20世纪的中国在经历了"国民革命""共产主义革命"和"无产阶级文化大革命"后，革命意识形态终于解体，但是，一些作为意识形态瓦解后的思想碎片不但存在，而且其形态是相当稳定的。这些"思想的碎片"就是当代中国人用于理解现代世界和社会的基本"观念"。意识形态的解体，在很多时候只是组成意识形态的基本观念的重要性排序和它们之间的关系的变化，以及用这种关系来论证的意义系统之消失，对这些观念的核心意义和功能的理解并没有随之而大变。观念通常又是把思想和社会行动联系起来的结纽，而把一个个观念互相整合起来的观念系统（意识形态），则发挥引导和协调社会行动的功能，使社会行动能够实现意识形态所规定的目标。在中国近现代观念变迁的三个不同阶段，大体可以看到不同的社会主流观念在主导着社会行动。所以，通过对这些"观念碎片"的研究，就可以洞悉中国思想的形成与发展过程，从而形成对自我映像的整体而清晰的认识。

当代中国司法困境所暗涵的冲突与分歧，诸如西方化模式与本土化经验的摩擦、法律思维与道德（伦理）思维的较量、

〔1〕 金观涛、刘青峰："导论：为什么从思想史转向观念史?"，载金观涛、刘青峰：《观念史研究——中国现代重要政治术语的形成》，法律出版社2009年版，第1页。

程序合理性与实质合理性的二元对立、个案正义优先和普遍正义优先的争执，最终都可以在个人权利与社会利益的对立与冲突中找到根源。中国的司法体制改革必须对这些利益冲突与价值分歧作出有力回应。“司法民主”的出场应当是为化解这些利益冲突与价值分歧，完成司法正义的理论证成与现实路径选择问题。因此，探究这些利益冲突和价值分歧生成的背景与根源，当然是中国司法民主化历程研究的重要问题。

因此，为了认识中国司法民主化进程中的问题及其形成的原因，有必要对近代以来中国的“司法民主观念”的碎片进行深入研究，并从这一观念的演变中窥见整个中国司法民主化进程中问题的产生和根源所在。

第一节　晚清时期中国司法民主观

在风雨飘摇的晚清时期，清政府推展了一场范围广泛的社会改革运动，在犹疑、动摇和挣扎中，被动地迈出了转向“近代化”的实质性步伐〔1〕。在这场可谓触动根基的全方位的“修律改制”中，司法体制改革则因其关涉多层面、多环节和多分支结构之变迁，成为清末改制中最为重要的组成部分，也是法律体系变革具体成果的主要体现。简言之，清末司法改革主要涉及以下五个方面：一是改体制，实行司法与行政的分离；二是去重刑、废除审判中的拷讯制度；三是改程序，竭力区分刑、民诉讼，区分程序与实体；四是图配套，议设检察、律师

〔1〕 对此，费正清先生也认为，晚清“从1901年至1911年的最后十年，与其说是处于崩溃时期，倒不如说是处于新的开创时期”。参见［美］费正清、赖肖尔：《中国：传统与变革》，陈仲丹等译，江苏人民出版社1992年版，第403页。

和陪审制度；五是办学堂，探索法律职业化之途。[1]这五个方面的改革，已经触及司法近代化的核心，也充分彰显了改革者逐步构筑起一套门类划分清晰、制度规范理性、调整手段和方法得当的近代司法体系的努力和决心。尽管这次清末修律变法的力度极为有限，对于旧制度的冲击微不足道[2]，“新制度是有其名而无其实，这些制度渐渐地，但却从来没有完全地获得实质性的发展”。[3]但忽视此次改革的积极意义，对于那些卓识远见、激流勇进的改革先驱们显然是不公正的。因为，此次改革毕竟是中国司法近代化的最初尝试，它用血和泪唤起了中国司法观念与思想上的转变，开创了中国司法理论与制度文本构建之先河。其中，最值得重视的成就就是它对中国司法民主理念的初步唤醒。

一、晚清时期司法民主理念的特征

其一，针对封建传统的以维护专制君权统治为核心的司法宗旨，试图确立以保障个人权利（私权）为核心的司法宗旨，并将其贯彻于审判程序当中，力图吸取西方司法民主理念之精粹，以保障当事人诉讼地位平等及保障当事人合法诉权。

其二，针对充满特权、神秘和威权主义色彩的封建传统的司法模式，试图建立以职业法官和公民陪审相结合的精英化、

---

〔1〕 参见方立新：“传统与超越——中国司法变革源流”，华东政法大学2005年博士学位论文。

〔2〕 除了在中央层级初步完成了司法与行政的分离，建立了大理院这一名义上的最高国家审判机关，以及在刑事审判方法上废除了重刑和限制刑讯制度外，并无更多的成果。无论是民刑分立的诉讼体制，还是与行政分离的司法审判体制并没有在全国建立起来，与政治相分离的自治的近代法律规则体系与法律职业团体，更是遥不可期。

〔3〕 参见［美］G. 罗兹曼：《中国的现代化》，陶骅等译，上海人民出版社2003年版，第345～346页。

民主化的审判模式，以平等、公开、直接言词辩护（论）为要素的新型诉讼程序制度，以防止司法裁判的专断、恣意，维护司法的公正、民主。

其三，针对传统司法民、刑诉讼区隔不清，程序与实体混同，纠问主义盛行等状况，以立法严格区分刑事诉讼和民事诉讼，注重对刑事审判中犯罪嫌疑人基本权利的法律保护，在民事审判中，则以当事人主义为原则采取抗辩式审判模式。

需要指出的是，清末司法民主理念的形成是建立在对西方近代司法民主理念的引进和移植基础之上的。然而，这二者之间最大的差别在于，近代西方司法民主理念的生成与其近代以前的传统之间存在着无法分割的继受关系，是在对传统司法理念之批判基础上的成熟和推进；但是，中国近代的司法民主化演进则是在彻底破除旧制度、旧观念的基础上构筑起来的。这就不仅使得其所彰显的司法民主的宗旨和理念与中国社会传统司法观之间充满了断裂与冲突，也使得其所构想的司法民主制度体系根本无法得到真正实行。

二、晚清时期的司法民主理念暗涵的尖锐冲突

其一，外来的西方式民主理念与本土的儒学传统之间存在剧烈摩擦。近代中国思想界往往用自己熟悉的观念系统对西方现代思想作选择性吸收。因而，西方现代观念往往被纳入儒学框架，所有引进的西方现代观念都必须通过儒家意识形态，才可以与社会行动发生联系。西方的“民主”[1]（democracy）

---

〔1〕西方的“民主”（democracy）源于希腊文 demokratia，它是由 demos（人民）和 kratos（权力、统治）两个词连缀而成，意为人民支配或统治。

"共和"[1](republic)等概念进入中国也不可避免地被解构性重构，在意义上发生很大的转变。[2]例如，在西方，"民主"的本质在于人民作主或大众支配，而在汉语里则有"民之主""民为主""民作主"以及"民选的最高统治者"（如果除去民选因素，其含义在一定意义上仍是"民之主"）[3]等多重甚至相反的含义。尤其是"民选的最高统治者"这一含义，反倒是与西方的"共和"[4](republic)概念的含义较为接近。"共和"主张私领域和公共领域的分离。作为道德精英的中国传统绅士阶层对全民参政的"民为主"或者"民作主"并没有兴趣。在他们看来，清廷预备立宪，就是把现代政治作为公共领域的事务从皇帝的私人事务中分离出来，使他们可以积极参与共和主义的立宪和代议制度的建构。因此，传统的儒士阶层普遍拒斥民主而热衷于共和。也正因此，晚清时期的司法改革推行了司法与行政的分离。这对于传统政治体制而言，确实是一大进步。但这也并非西方理念上的司法独立。因为当时作为司法独立诉求的内部支撑系统的两大要素——发达的司法职能与成熟的法

---

〔1〕 西方的"共和"来自于拉丁文 republica，其原初的意思是公共事情（物），17 世纪之前常用来指涉国家（state or commonwealth）；此后其含义是指有别于世袭君主制的政治制度。西方近代的共和主义（republicanism）意味着国家事务从君主的家庭私事中分解出来，成为公共事务。

〔2〕 金观涛、刘青峰："从'共和'到'民主'——中国对西方现代政治观念的选择性吸收和重构"，载金观涛、刘青峰：《观念史研究——中国现代重要政治术语的形成》，法律出版社 2009 年版，第 252～288 页。

〔3〕 中国古代文献中的"民主"，采用偏正结构的构词法下的意义，意为"民之主"，是帝王的别称；而晚清时期对"民主"概念的设定则是采主谓结构的构词法下的意义，意思变成"民作主"，和原来意义正好相反。

〔4〕 西方的"共和"来自于拉丁文 republica，其原初的意思是公共事情（物），17 世纪之前常用来指涉国家（state or commonwealth）；此后其含义是指有别于世袭君主制的政治制度。西方近代的共和政治或共和主义（republicanism）意味着国家事务从君主的家庭私事中分解出来，成为公共事务。

律职业尚未形成。因此，无论在主体意识上，还是机制运作上，不但不可能形成对于其他国家权力的自觉排斥，而且常常会呈现出某种程度的依赖。

其二，西方式的权利本位观念与传统儒学的义务本位观念之间冲突激烈。“个人”[1]（individual）观念和权利（rights）观念是西方现代民主观的基础，也正是中国传统民主观所严重缺失的。之所以缺失，与儒学传统中的义务本位观对“权利”观念的重构与改造紧密相关。众所周知，西方现代权利观念含义丰富，除表征法律所规定的权益外，还有“正当”“正确”之意，主体则大多是指向“个人”。而汉语的“权利”一词与西方的“个人自主为正当”含义的 rights 差别极大。据统计分析表明，从先秦时期直至 1900 年之前，“权利”一词的含义都被限定在国家范畴之内，表征“权力”“利益”或“权衡”之意，至 1900 年前后，“个人”观念始被中国知识分子接受，个人成为权利主体，个人自主不但被认为是正当的，而且是国家独立自主的前提。然而，这种类似于西方的权利观念和个人观念都被重构，被赋予儒学中履行义务才享有权利的结构。权利被理解为个人须尽了某种义务才能享有的权益，以至于长期以来许多中国人无法划清“权利”和“权力”这两个观念的界限。

其三，西方的程序正义观念与本土传统的实质正义观念的剧烈碰撞。清末司法改革主张民刑案件属性甚异，审判方式与审判结果也大相径庭，诉讼程序自当不同。其对于司法转型的更加直接的效果在于其所拟定的诉讼各法，事实上成为后续创

〔1〕“individual”是西方现代价值的核心。其原意为分割整体得到的最小单位（不能进一步分割的东西），用这个关键词指涉个人，意味着社会有机体观念的瓦解：唯有个人才是自然权利的最后拥有者，亦即个人成为组成社会的基本单位以及社会契约论的兴起。

立的近代中国诉讼体制的制度蓝本。在全面改革传统审判方式，构筑近代文明、理性的诉讼制度中，甚至预想构设检察、律师制度、陪审制度等近代公正审判所必需的基本制度构件。这一系列举措和观念已经在社会上逐步传播开来，无疑对传统司法起着一种裂解作用。然而，这些举措和制度构想并没有取得多少明显、实在的成果。一方面，由于时间的过于仓促，关于上述各项制度的知识及西方程序正义等基本理念在顽固的实质正义观念的影响下根本无法得到普及。在一种中西二分的二元论意识形态框架中，对于一向偏重家庭和个人道德而不注重程序的绅士阶层来说，很难理解什么是程序优先于“善”，这就不可避免地导致各种政治势力以“有道伐无道”的名义破坏公共规范，宪法由是缺乏权威，法律也无道德约束力；另一方面，更是由于强大的传统保守意识的坚决抵制，除检察制度属于官制而轻易得以成就外，其他任何在性质上属于赋权于民、含有官民对立色彩的制度构建和创意，都难以获得统治集团的认同。其结果是政府无法建立良好的法治秩序。

总之，这一时期是整个中国社会近代化转型的摸索阶段。其最大的成就在于“破”。在观念上，它宣告并以具体行动促使了传统司法体制及其审判制度的解体，型构出了现代司法的基本轮廓与改革方向，并且创设了中国历史上最早的正规的法律教育，从而为近代社会的法律职业化提供了基本的人才储备。然而，实质上，由于缺乏适合其生存的政治传统和思想文化土壤，以自由、民主、平等、人权为价值取向的西方近代司法民主理念是不可能在中国有所建树的。因为，当旧的传统被破除，新的传统必须完成其正当性证成方可获得合法性。但是，其所彰显的司法民主的宗旨和理念与中国社会儒学传统之间充满了断裂与冲突，不仅存在司法的民主正当性之证成问题，甚至整个社会统治的民主正当性都需要给予新的证成。这就使得这一时期型构的司法民主理念因先天不足而胎死腹中。

第二节　民国初期以及南京国民政府时期的司法民主观

晚清时期是对西方司法民主理念从拒斥到学习的一个重要阶段，其努力的方向仍然是型构一种与西方现代意义上的司法民主理念贴合的模式，尽管这种贴合面临的磨难超出了其所能想象的程度。然而，辛亥革命和新文化运动的到来，却引发了中国司法民主观念的一个根本性转变，使得前期对西方司法民主理念的追随完全发生了转变，回归到了一种似乎与传统儒学更为贴近的意义上。认识到这一点，我们方能更好地解释中国当代司法民主理念的诸多特征形成的脉络与根源，而长期以来这一点恰恰被学者们所忽视。

当西方共和观念在晚清时期传入中国后，人们意识到在现代民主制度中，必须包括对政府权力的宪政约束。虽然这一点从未在民国初的政治中落实，但我们可以把五四前民主共和观念归为“民选国家元首”“大众参与”“代表制”（不过当时人们接受的代议制是传统儒家道德精英主义和西方代议制的混合物）以及“对政府权力的宪政约束”这四点。一般说来，“民主”对应着前两点，而“共和”则蕴涵着后两条。辛亥革命的爆发及亚洲第一个共和国——“中华民国”的建立，使中国出现系统引进西方民主宪政之尝试。〔1〕因而，“中华民国”成立之初以及抗战胜利后的南京国民政府，仿照西方现代的司

〔1〕当时中国曾四次制订宪法，存在着两大政党三百多个小党，学习西方政治制度一时蔚为风气。所有这一切均是在“共和主义”旗帜下进行的。

法模式，从以下几个方面，进行了新型司法民主理念与制度的构建。

其一，正式确立了立法、行政、司法三权并行，司法权为国家统治权之一部分的基本政治架构，并且依照司法独立原则，构筑现代司法体制。例如，司法院为中心，构筑有别于欧美的独特司法组织体系〔1〕；为了保障司法独立原则的贯彻，专门规定了法官职务的特别保障制度〔2〕。其二，在司法体制上，构筑了与近世发达国家相类似的审级分明、民刑区隔，检审、控辩有机协调的制度规则，并以制度完备为前提，构筑清楚简约、规范明了的诉讼程序。例如，建立了以三审为原则、以二审为例外的三级三审制，构建双轨制司法体系，确立审判公开原则，严禁刑讯、体罚，大力革新狱所管理等。这充分表明了民主革命者对于建立现代文明、公正、民主的司法制度的坚定信念。其三，逐步建立严格的法官任用制度、律师制度〔3〕等，以促进法律职业的成长。“律师”这一法律职业群体中的重要角色，从此作为独立的职业团体正式登上了中国社会的历史大舞台。

平心而论，如果我们仅从制度层面看，上述几个方面的努力在实现我国传统司法体制的转型上无疑具有一定的积极意义。它不但提供了一套较为完善的现代司法架构和审判体系，包括司法组织法和司法程序法，而且还形成了较为系统的司法理念

---

〔1〕 这样一种制度构设，在国家机构的序列上，出现了一个集司法审判与司法行政组织于一身的司法院，使其在位阶上，取得与行政、立法并列的宪法地位。同时在职权上，因其握有宪法与法律解释权而显尊贵，突破了司法仅限于个案审判的权能解读。

〔2〕 法官职务保障制度主要包括薪俸（待遇）保障、任期保障和职务活动的保障三个方面。

〔3〕 1912 年 4 月 1 日《临时政府公报》登载了《内务部警务司长孙润宇建议施行律师制度呈孙大总统文》。该文从几个方面阐述了建立律师制度的重要意义。呈文称：司法独立为法治国分权精神所系，而尤不可无律师辅助之。

和原则，为现代民国司法权的定位和司法权能的充分展现勾勒出一幅清晰的蓝图。但是，伴随着新文化运动的深入渗透，中国人开始对西方民主观念进行再一次的重构。这次重构基于对辛亥革命的共和主义政治尝试的否定，直接导致建立代议制的共和政治诉求被一种普罗大众参政的“民主”诉求取代。从此，中国的“民主”和西方的民主迅速拉开了距离，它不再必然地和宪法、代议制相联系，而是指向了“众人之治”“多数之治”“大众参与”等内涵。这种民主观念似乎是一种对传统的回归，当它被整合到国、共两党意识形态中时，就使现代中国之民主观蒙上了一种极富中国特色的魅影。〔1〕

这一魅影的产生，缘于进入“训政”时期的国民政府开始特别强调“国民党”作为政治保姆的作用，并突出国民党在国家政治生活中的权威地位和特殊作用。于是，南京国民政府的司法观在这一时期也演变为一种极具国情特色的司法理念与实践，这就是“党治国家”下的“司法党化”问题。“司法党化”〔2〕在相当程度上放弃了司法独立和司法中立的超党派立场，主要包含两个方面：一是司法干部人员的一律党化；二是司法官员在司法实践中的党化，即必须使每一个司法行为、思维方法和

---

〔1〕 在国民党三民主义中的民主，被推到军政、训政和宪政三阶段中的最后一个阶段。而在共产党意识形态中，民主被定义为有阶级性的，当下而言，无产阶级首先要夺取政权。参见金观涛、刘青峰：“从‘共和’到‘民主’——中国对西方现代政治观念的选择性吸收和重构”，载金观涛、刘青峰：《观念史研究——中国现代重要政治术语的形成》，法律出版社 2009 年版，第 282 ~ 288 页。

〔2〕 虽然它对于当今我国司法制度并无直接影响（因为我们废除了六法全书，摧毁了国民党时代所建立的整个旧法统，彻底割断了与旧司法的制度性联系），但是间接的影响也许无法否认。但是，如果我们排除意识形态上的对立，仅从逻辑推论的角度看问题，那么，南京国民政府以司法党化包裹起来的司法的泛政治化与意识形态化，与共和国早期在改革司法过程中的某些举措恐怕还是具有某种程度的相似性，至少在认识论层面两者的做法存在着某种形式的趋同与近似。

论证依据建立在党义政纲之上。这使国民党的党义和政纲不仅成为立法的基本原则，而且成为司法官员“适用法律之标准”。

这种“司法党化”的直接后果是，中国的司法改革从此陷入了一个自相矛盾的困境。一方面，依据社会近代化的常理和有识之士的共识，司法独立与法律的职业化、正规化是建设现代司法民主的必由之途；而另一方面，在社会动荡、政局不稳的状态下，主政者却又不得不以“民主”之名，而行“党治”“威权”之实。于是，整个司法体制就在这样一种矛盾和混乱的格局中运行：在推进司法职业化的同时，司法的市侩化却无法阻止；在维护司法独立的同时，司法的公信力却急速下滑；在宣扬司法民主、公正的同时，司法的恣意和腐败却难以遏制。

概言之，在民国初期和南京国民政府时期这一中国社会大变革的时代，“民主”“司法民主”等理念，只能是知识精英心中的美景。这些娇贵的社会矫正设施之建构和运行，需要同样娇贵和奢侈的思想观念平台与理论准备，否则，它根本无法在一个战乱频仍、党派纷争，且以武力相向的环境中生存和生长。换言之，在一个无法确立和构筑起现代民主社会所必需的基本的民主理念与宪政架构的社会，即使已设立起形似的现代型司法制度架构，它也必然会在实践中沦为政治的附庸和专权者的玩物。在这样的环境中，纵然具有现代司法民主化之形，也难摆脱旧司法传统之实，反倒会孕生出一种扭曲和变异的魅影，时刻威胁着司法正义女神的天平。因为，无论改革者具有怎样的决心和勇气，如果缺乏对民主精神内核的领悟，缺乏对司法民主理念的正确判断，那已被扭曲和变异的魅影就会随时以驾轻就熟之势，将其诱惑至那条重蹈覆辙的“便捷”之路。所以，现代中国司法民主化这一艰巨课题仍任重道远，必须在对民主真知的领悟和对司法民主理念之重建上继续努力。

第三节　陕甘宁边区时期至改革开放之前中国的司法民主观

新文化运动之后，随着“共和主义”的销声匿迹，代议制和宪政制衡也从中国现代的民主观中被大大淡化。伴随着这个对民主概念进行价值重塑过程的，是日渐高涨的反精英主义和反父权制度思潮。结果，与民主观念相关联的价值，就变成是一些更为激进的追求平等的元素。这样，批判儒家伦理及破除其等级制度，成为新文化运动之后中国共产党所推进的“民主”概念的主要特点。“民主”在中文里的传统意义，是为人民谋福祉的君主专制统治；当现代西方政治制度介绍到中国后，接着“民主”演变成带有民选元首和人民统治的含义；经历共和政治的兴衰后，“民主”又被用于指称人民民主专政。尽管“民主专政”的意义已不同于梁启超所描绘的民选领袖专制统治，但人民民主专政的概念发展到“文革”时期的无产阶级全面专政，成为个人专制统治，依然令人想起“民主”在传统中国文化中的原初意义。

这种民主观念的核心价值是政治和经济上的平等主义，强调“大众参与”和“人民统治”。然而，一旦排除了宪政和代议制，“人民统治”的理念就只是意味着“多数人统治”。而要实现多数统治就只有两种方式：一是由全民直接统治（建国初期“群众路线”“司法大众化”以及“文化大革命时期”的“大众参与”概念均与此直接相关）；二是由代表普遍道德价值和公共意志的意识形态政党实行专政（毛泽东的“人民民主专政”概念即源于此）。这便成为陕甘宁边区时期开始直至改革开放之前中国共产党所采行的司法民主观的核心理念。

就这一时期的中国而言，由于人民民主专政的国家政治体制和民主集中制的原则已经基本确立，司法的民主正当性也自然来源于人民主权和民主集中。然而，这一时期面临的最大问题就是如何建构一个新型的、具有中国特色的，同时又是当下的中国所迫切需要的司法民主理念与制度模式，并在现实层面获得广大人民群众对新型司法体制的认同。边区政府和新中国政府为此做出了相当大的努力，期间进行了数次全国性的司法改革。

陕甘宁边区的司法改革和司法大众化〔1〕是在继承苏维埃时期的司法体制基础上，结合抗日根据地的实际情况逐步建立起来的。其特征表现为：政审合一；司法审判程序十分简便，审判方法较为随意，基本的制度和规章极为欠缺；司法人员专业化程度较低，审判人员中具有专业知识的人较少。这种司法体制在司法实践中暴露出越来越多的问题，因此，1943 年前后，陕甘宁边区高等法院在李木庵等人的主持下进行了一次以强调司法审判的规范化和人员的专业化为主要内容的司法改革。改革涉及两个层面的问题：一个是宪政体制层面的，如强调司法独立；一个是技术层面的，如对必要程序的诉求等。但是，由于反对势力过于强大，而且整个社会缺乏一种法治精神与习惯，加之法律知识和法律人才积累不足以及时机选择等种种原因，改革以失败而告终。这次改革直接导致了两个方面的结果：其一是消极的结果，即司法独立的要求被进一步否定；其二是积极的结果，即技术层面中的某些建议——诸如审判独立，必要的程序，在政治信仰可靠的前提下注重司法人员必要的司法知

〔1〕 有关这一时期司法改革的研究，参见侯欣一：《从司法为民到为民司法——陕甘宁边区大众化司法制度研究》，中国政法大学出版社 2007 年版；汪世荣、刘全娥：《新中国司法制度的基石——陕甘宁边区高等法院（1937～1949）》，商务印书馆 2011 年版；等等。

识和技能，注重当地风俗习惯等建议，在司法实践中逐渐被采纳，构成了边区新的司法传统中的有机组成部分。[1]

共和国初期司法体制改革与制度创新具有以下几个方面的特点。其一，在指导思想上，以人民的、革命的司法取代旧司法传统，以民主集中和议行合一的人民代表大会制度架构取代以往任何以权力分立制衡为原则的司法独立的制度模式；以为人民服务、尽可能以最便利的方法来解决人民所要求解决的问题为宗旨；其二，在司法体制架构上，从有利于强化执政党统一领导出发，加强了中国共产党对司法权力的控制，大幅度调整了司法各相关部门职能的划分；其三，在具体司法制度的创制中，大致延续了清末改制以来所确立的法院体制；在宪法层面确认了辩护、陪审、公开审判制度，为律师、陪审制度的建立提供了依据；在司法独立问题上，通过规定“人民法院独立审判，只服从法律”，最低限度地保障了审判活动的独立性；建立人民调解制度，通过人民调解方式解决民间纠纷，维护社会秩序等。

新中国成立初期的1952~1953年间，针对各项变革运动，特别是“三反”“五反”运动中司法机关暴露出来的严重的政治不纯、组织不纯、思想不纯等问题，新中国政府又发动了一次全面改造和整顿司法机关的运动。这次司法改革的基本立场是，运用阶级分析方法来认识法律的本质属性，揭示法律是阶级矛盾和阶级斗争的产物这一真理，强调新旧法制的根本对立。主要内容包括四个方面：清除旧司法人员、肃清旧法思想、纠

[1] 参见侯欣一：“陕甘宁边区高等法院司法制度改革研究”，载《法学研究》2004年第5期。以及侯欣一：“陕甘宁边区司法制度、理念及技术的形成与确立”，载《法学家》2005年第4期；刘全娥：“雷经天新民主主义司法思想论”，载《法学研究》2011年第3期。

正旧司法作风、发展政法教育。通过这次司法改革运动，全面确立了新中国政法合一、非职业化以及群众路线的传统，即所谓的“大众司法”模式。[1]基本特点表现为，在机构和程序制度的设置上具有“内繁外简”的特征。例如，法院组织的层级简洁，公、检、法、司分工协作，司法审判不拘泥于程序、手续的束缚，采取齐抓共管、主动移送等方式，最大限度地简便司法程序、降低解纷成本。在司法审判工作中十分重视群众的参与，不仅注意将基层的检察、审判之权直接交给经受革命运动考验的工农积极分子和经受炮火洗礼的革命军人，而且通过人民陪审制度和人民调解制度，进一步扩大作为统治基础的工农两大阶级的参与机会。

概言之，在当时的历史条件下，这种以革命化为导向的大众司法模式是在坚持人民民主专政的前提下，提倡近民、便民，相信群众、依靠群众，把司法作为巩固政权、镇压敌对势力、维护社会秩序和稳定的重要手段。通过司法大众化，可以使得人民法院和人民政府成为群众具体可感的形象，并最终在人民群众内部完成对司法权威和正当性的塑造。然而，此次司法改革运动与近代以来司法民主化改革所追求的司法程序化、规范化、职业化等现代司法品性，存在着内在的严重抵触，对社会主义法制建设起着一种阻滞的作用。主要表现在以下几个方面：其一，从政治的角度定位司法机关，混淆了司法机关与行政机关的界限。其二，司法的非职业化不利于司法水平的提高和法治的建立。其三，错误地把法治的基本原则当作旧法观点批判，妨碍现代法治观念的形成。其四，片面强调群众路线，违背司法的程序和规律。如果对此不加以足够的重视，并且采取切实

---

〔1〕参见黄文艺：“1952～1953 年司法改革运动研究”，载《江西社会科学》2004 年第 4 期。

有效的手段予以解决，必然对司法的正常发展带来极大的隐患。

第四节 改革开放以来中国司法民主化改革的现实困境

改革开放以来，中国共产党深刻总结了近代以来近代化和民主化实践的正反两方面历史经验，引领中国人民进入了社会主义民主政治建设的新时期，取得了社会主义民主政治的巨大进展〔1〕。随着社会主义民主理念的发展和成熟，当代中国的司法民主观念的发展和实践也进入了一个改革的新阶段。尤其是进入新千年以来，司法界的所有活动几乎都是在改革的声浪中展开的。这充分反映了我国建设法治国家和完善司法体制的决心和信心，也反映出司法改革之举深受社会的赞同与追捧。然而，如果对改革开放三十年间司法界林林总总的改革举措作一番审视，不难发现，从法律的层面考察，“吴经熊式”的西方化、职业化路径与“马锡五式”的乡土化、大众化路径之间激烈地论争取舍仍然是当代司法改革的核心问题。

一、司法民主化与司法大众化的冲撞

20 世纪 80 和 90 年代，以 1991 年《民事诉讼法》第 64 条

---

〔1〕 国务院新闻办公室 2005 年 10 月发布了《中国的民主政治建设》白皮书。这一白皮书宣告了社会主义民主观的建立及其取得的成就。确立了“人民当家作主”是社会主义民主政治的本质与核心，“人民代表大会制度”是其最根本的实现形式。并从以下几个方面论证了社会主义民主的特征：一是结束了“以阶级斗争为纲”的错误路线，使包括公民言论自由在内的各项法律规定的政治权利得到提高；二是更为强调政治与市场关系日益协调，经济民主达到较高水平；三是扩大了政务公开力度和公共管理的民主参与；四是加快了社会主义法治建设的步伐，依法治国成为国家治理的基本方略。社会主义法制日益完善，以宪法为核心的中国特色社会主义法律体系基本形成。各类主体遵守法律的意识大大增强，法律的权威得到进一步体现。

"当事人对自己提出的主张，有责任提供证据"的规定为标志，司法职业化一度赢得了主流地位，司法职业化是凭依成熟法治国家（尤其是西方法治模式）的司法架构而提出的，是中国现代司法体制确立和发展的重要成就之一，代表了中国司法改革的发展方向；而司法的大众化则被视为"旧传统"，应当逐步被"正规化""程序化""现代化"，以适应市场经济所要求的"现代法治"。不过，自20世纪90年代中后期以来，虽然多数法学论著的倾向还是职业化的，但是在一些具有社会学倾向的法学论著中，已经开始正视乡土化、大众化的法律传统的应有价值。〔1〕然而，百余年的变法实践经验和教训，尤其是新中国成立初期"大众司法运动"〔2〕对新中国法治建设的负面影响，使学界对于动辄诉诸"人民"的革命性伦理始终保持着高度警惕。因为经常的诉诸很容易使人们扭曲司法的本性，将民主适用到其不能胜任或不能起主要作用的场域，扭曲对待司法的日常心态与司法的日常功能，并偏离中国政治民主化的真正主题与场域。这场纷争已经从一场学术争论逐渐演变为一场大众参与的政治论辩。可见，当代中国的司法改革无论在理论上还是在实践中始终在这两种对峙中摇摆徘徊。有学者深深的忧虑："也许，我们不应该把改革视为具有天然正当性的东西。在缺乏理论和知识准备的情况下，许多改革所起到的常常是负面的作用。"〔3〕更有学者深刻地指出："当代中国人的观念不过是马列主义和三

---

〔1〕 参见朱苏力先生的相关论著，具体请见文后参考文献中所列。

〔2〕 新中国成立后的1952～1953年期间，新中国政府发动了一次全面改造和整顿司法机关的运动。主要内容包括四个方面：清除旧司法人员、肃清旧法思想、纠正旧司法作风、发展政法教育。通过这次司法改革运动，全面确立了政法合一、非职业化以及群众路线的传统，即所谓的"大众司法"模式。

〔3〕 贺卫方：《运送正义的方式》，上海三联书店2002年版，第163页。

民主义这两种意识形态除魅、解体后游离出来的碎片。”[1]

二、“接近正义”与消解法治并存

我国司法改革始终面临着现代化转型和本土化重塑的双重课题。尤其是在我国基层司法权力运行机制中，“城市化”与“乡土化”双向态势之间的冲突尤为明显。[2]于是有了“送法下乡”的各种努力，试图弥合二者间的冲突和断裂。换言之，这种冲突与断裂已经被当然地视为是阻碍司法“接近正义”的一个基本的中国语境，被形象地称为“秋菊的困惑”[3]。可是，即使当法律意识在乡村逐渐普及的时候，“接近正义”（access to justice）本身仍然是一个棘手的问题，因为司法的高成本使穷困的农民常常对它望而生畏。于是，诸如“乡村赤脚律师”[4]之类的农民主动“迎法入乡”之举成为司法“接近正义”的重要桥梁。

然而，值得注意的是，“送法入乡”力图以国家法中的“现代性”吸纳、改造和融合乡村社会自生自发的“民间性”利益表达方式，以实现“传统”向“现代”的转型，而其结果往往

---

〔1〕金观涛、刘青峰：“导论：为什么从思想史转向观念史?”，载金观涛、刘青峰：《观念史研究——中国现代重要政治术语的形成》，法律出版社2009年版，第8页。

〔2〕参见潘怀平：“城市化与乡土化：基层司法权力运行机制的实证研究”，载《法学》2013年第9期。

〔3〕参见苏力：“秋菊的困惑和山杠爷的悲剧”，载《法治及其本土资源》，中国政法大学出版社1997年版。

〔4〕“赤脚律师”是我国农村基层司法中的一种特殊的公民代理现象。公民代理制度的设计，其本义在很大程度上是使一些文化程度较低、经济基础较弱或表达能力较差的公民可以借助亲戚和朋友的帮助而实现获得司法救济的权利。赤脚律师具有方便、免费、亲切、少顾虑的特点，他们在法律服务尤其是行政诉讼代理上的功能是律师事务所和法律服务所均无法替代的。

是加剧了法律/司法与民众的疏离甚至对抗；与“送法入乡”不同，“迎法入乡”则力求的是将国家法中普适的法律概念破解为一种地方性知识，即“农民在某种程度上通过主动的行动把法律从国家手中拿过来放在了自己的实用工具箱中”〔1〕，这样一来，国家法的支配性实际上就在农民的主动迎法中多少被颠覆了。〔2〕因为，“秋菊的困惑”在一定意义上只是表现出对法治的一种拙朴而被动的对抗，而“乡村赤脚律师”则是一种更深层次的对法治的消解。

“迎法入乡”式的“接近正义”对法治的消解性改造非常微妙。一方面，赤脚律师存在的合法性首先在于他们对法律的敬畏、对司法的信心，因而他们会小心地与其他政治性模糊的行动（如上访）划清界限，更与那些所谓的“黑律师”有本质区别〔3〕。但另一方面，在赤脚律师的实践层面，他们之所以能够更为有效地推进“接近正义”，其所依赖的并不是他们的法律知识和专业技能，而是在于他们的“免费”“便利”和“熟悉”“亲切”等特点，在于他们对于乡村社会社情、民情的精到把握，更在于他们与法院之间的微妙关系〔4〕，以及对案件胜诉可

〔1〕 应星、汪庆华：“涉法信访、行政诉讼与公民救济行动中的二重理性”，载《洪范评论》（第3卷第1辑），中国政法大学出版社2006年版，第191～221页。

〔2〕 参见应星：“‘迎法入乡’与‘接近正义’——对中国乡村‘赤脚律师’的个案研究”，载《政法论坛》2007年第1期。

〔3〕 赤脚律师与单求经济利益的“黑律师”有着本质的差别，他们是凭借着对法律执着的热情和对正义的不懈捍卫而站出来为代理人免费提供法律服务，着眼的是正规律师和基层法律工作者都不太愿意接手、又为老百姓所期盼的行政诉讼。参见应星：“‘迎法入乡’与‘接近正义’——对中国乡村‘赤脚律师’的个案研究”，载《政法论坛》2007年第1期。

〔4〕 赤脚律师与法院之间是一种相互利用的复杂关系。一方面，法院对赤脚律师是既欢迎又警防。赤脚律师所代理的一些行政案子是相当敏感而复杂的，时常会给法院带来很大的麻烦，但另一方面，赤脚律师的活跃又会为法院的行政审判带来了丰富的案源。

能性适当权衡后而对案件的筛选等。换言之，“赤脚律师”所承载和接近的“正义”，“与其说是通过司法/法律来捍卫权利的神圣感，不如说是某种游戏感和实用主义精神。在他们把法律主动请进乡村后，法律不再是高高在上、自成一统的东西，而是变成了农民日常生活的实用工具箱的部件。”〔1〕

百年来，尤其是改革开放30年来的司法改革意在摆脱传统司法观念和制度模式的束缚，试图开创一个文明、理性、公正的现代司法的殿堂，从而完成无数仁人志士始于20世纪之初的社会转型的历史使命。但是，构筑一个符合现代法治国家内在要求的全新的司法体制，仍然需要观念的更新，需要巨大的勇气和谋略。这既涉及司法制度层面的创新，更涉及司法民主理念的深刻转型。我们当前的司法民主化改革在理念和方向上是否存在偏离和失误？“司法民主”之内涵究竟是什么？这诸多的质疑与纷争使得中国当代的司法改革陷入困顿与迷茫。

第五节　当代中国司法民主问题的症结分析

司法是一个非常敏感的领域，因为，司法的所作所为，将直接影响到社会各界对于国家、政府乃至整个民族未来的信心。本书第二章（困境与挑战）的分析已表明，当代中国司法公信力的缺失是由于内因和外因、主观和客观等多方面因素造成。正是由于这诸多因素的存在，才引发学者们对于司法职业化、专业化抑或大众化、民主化的论争与反思。然而，司法的“职业化抑或民主化”并非中国司法转型之困境的真正症结所在。

---

〔1〕应星：“‘迎法入乡’与‘接近正义’——对中国乡村‘赤脚律师’的个案研究”，载《政法论坛》2007年第1期。

当代中国司法面临的真正挑战在于，西方化模式与本土化经验的摩擦，法律思维与道德（伦理）思维的较量，程序合理性与实质合理性的二元对立，个案正义优先和普遍正义优先的争执，个人权利与社会利益的对立与冲突等等。而这些冲突与分歧早在中国司法近代化萌芽之初的晚清时期就被埋藏了下来。这些利益冲突与价值分歧才是中国司法所必须应对的根本问题。

因此，司法民主化问题的本质就是司法的现代化问题。百年来，中国的司法现代化进程始终是在这些利益冲突与价值分歧中徘徊、摇摆。然而，正是由于未能厘清司法民主化与司法现代化的关系，当代中国的司法民主化问题研究始终偏离了现代化这一基本题域，而是在“职业化”“大众化”等诸如此类的细枝末节上纠结，因而只能是隔靴搔痒。

基于这一认识，以下的分析将表明，当代中国司法民主化之症结主要在于以下三个方面：一是当代中国社会的现代性立场的缺失使得民主观被选择性重构，无法应对现代社会中凸显的利益冲突与价值分歧问题；二是在这种被选择性重构的民主观引导下，产生了对司法民主理念的认识误区；三是由于前述两点的共同影响，我们在司法民主化取向上存在诸多误区，致使司法民主机制和架构的建立出现了偏差和弊端等。

一、被选择性重构的民主观

中国社会从 19 世纪中叶开始，在西方社会现代化狂飙突进的冲击下也被迫开始了其现代化转型。但是，对中国司法民主化的历史分析表明，纵观中国百年来的现代化进程，几乎所有具有西方现代性表征的概念在被引入中国社会的同时，已经被中国文化的深层结构进行了选择性重构，这种经过重构的观念比通过革命而建立的意识形态更具活力和持久性，但其所表征之理念却始终缺乏一种现代性立场。

一般而言，一个社会从传统到现代的转型，其最为突出的特征当是以“市民社会”的形成为标志[1]而建立起以“权利”为核心的话语体系。“市民社会”的本质在于将“私”合成为“公”，它具有能够打通公共与私人领域的功能，是一个既不属于国家又不属于私人的公共领域。因此，“市民社会”存在的首要前提，是对私人领域的保护，使其不会因公共领域的形成、特别是国家权力的扩张而消失。因此，现代社会要求人们充分运用理性设计一套权利、义务和责任为核心的法律规范体系，并在这一体系中全面贯彻“个人权利至上原则”。因此，“权利”应当是现代社会话语体系之核心理念。因为，权利一方面是对抗国家权力、控制政府权力的有效工具，同时，它也是处理个人与个人之间关系的重要纽带。

与西方相比，“市民社会”和“公共领域”这种现代性社会所表征的最核心的观念在中国向来十分淡薄。中国传统社会中个人和家庭（家族）构成了“私”领域，国家是“公”领域；由于儒家意识形态把“国”看成“家”的放大，将“忠”和“孝”等同，这使得家庭领域和国家领域是相通的。除了注重孝和家庭伦理外，儒家伦理中不存在其他保护私领域不受国家和公领域侵犯的机制。“五四”以后，尤其是新文化运动后，私人领域迅速萎缩。由于国家代表了公，私人领域是在公的价值压迫之下，因而家庭和国家之外的公共领域也就失去存在的

---

〔1〕 一般而言，一个社会从传统到现代的转型主要以市场经济发展、民族国家与社会的分野以及“市民社会”的形成等等为特征。近年来，理论界普遍意识到“市民社会”与“公共领域”的形成同社会现代转型之间的内在联系。因为，市场经济和私有财产自古就存在，但西方的现代社会却是17世纪之后才形成，其原因正在于，个人权利观念以及建基于其上的“市民社会”是到17世纪后才真正成熟的。

正当性，公共领域也就自然消失。“事实上，正因为中国现代意识形态在价值上排除了私人领域，在这种意识形态指导下的群众运动即使是自发的，甚至可以是以反对超级官僚机构为目标，它也不可能将私人领域综合成公共目标，因而也具有反社会的性质，其典型例子就是‘文化大革命’。”〔1〕这表明，中国的民主理论是将个体权利和民主的制度建构与民主本身对立起来的。

传统社会向现代社会的转型，首先就是一个民主化的过程。然而，由于在中国的传统观念系统中“个人观念”的严重缺位，必然会导致对个人的主体性的忽略，这就造成“市民社会”以及“公共理性”等现代性之核心观念在中国社会无法获得其赖以生存的公共空间，建基于个人观念之上的权利话语体系也就无法建立。由此会产生两个隐患：一是在个人与整体的关系上，因强调整体的权力而对个体的自由与权利关注不够；二是因过于关注权力的移转，而对于民主的制度要素关注不够。于是，中国的“民主”理念之内涵是一种被选择性重构之理念，其脱离了原有的母体，在儒学传统与马克思主义的双重影响下，衍生出“民之主”“民为主”“民做主”以及“民选的最高统治者〔2〕”等与西方语境中之现代民主并不相同的特殊含义。所以说，虽然中国早已踏上现代化、民主化的征程，但这种“民主化”在一定程度上缺乏一种真正的现代性立场的支撑。

缺失现代性立场的直接后果，就是无法真正应对现代社会所滋生的诸多利益冲突与价值分歧。不仅如此，当代中国的现代化与民主化还面临着比西方更为严峻的困境。在西方，诸如

---

〔1〕 金观涛、刘青峰：“试论儒学式公共空间——中国社会现代转型的思想史研究”，载金观涛、刘青峰：《观念史研究——中国现代重要政治术语的形成》，法律出版社2009年版，第71~99页。

〔2〕 如果除去民选因素，其含义在一定意义上仍是“民之主”。

法律思维与道德（伦理）思维、程序合理性与实质合理性、个案正义优先和普遍正义优先以及个人权利与社会利益等等的利益冲突与价值分歧，无论在传统社会还是现代社会都始终是存在且对立的；但是，在中国社会中，这些冲突与分歧在儒家传统中本来并不存在或者原本是统一的，只是在当代社会转型的推动下，它们才在西方现代化浪潮的冲击下发生了分离和对立，而且，在这种分歧和对立的背后，又存在一种后现代的推动力，要求它必须融合。所以说，中国的现代化所面临的困境远比西方社会要复杂得多。学者周宁曾形象而犀利地指出我们所陷入的文化陷阱："一个世纪间，我们从社会达尔文主义到启蒙主义到马克思主义，又从马克思主义到启蒙主义到社会达尔文主义，进步/进化始终是我们现代化的观念核心。我们为了进步而不断进行改革，但改革可能成为重复的动荡，使停滞隐藏在变化中。"〔1〕这就是说，缺乏一种真正的现代性立场，我们根本无力走出西方为我们型构的"文化牢笼"，无法真正理解并建立一套基于中国自身的现代化理论体系。而没有成熟的现代化理论的支撑，"民主"概念的引进就只是一种形同虚设的口号，根本无法在尖锐的利益冲突与价值分歧中发挥其应有的利益平衡与价值选择功能，自然也无法真正促成社会的现代化、民主化转型。

民主本身是一个多面体，我们很难对其进行简单定义，但是，现代民主本质上是一种将多元的利益冲突与价值分歧综合成为普遍的"公共理性"的公共政治选择，"民主化"则是"公共理性"在政治上的普遍实现。民主机制和方法是现代社会解决政治合法性危机的最佳和最终方案，也是控制国家和政府、

〔1〕周宁：《天朝遥远：西方的中国形象研究》（下），北京大学出版社2006年版，第513页。

限制公权力的一种有效手段。而民主最核心的内容则在于，通过一种制度性选择机制，提供和建立一套保障人的尊严的制度与规范体系。然而，新中国成立以来，“人民当家作主”被奉为执政党的最高政治理想。从此，“民主”被视为一种目的性价值，扩大民主和大众参与成为中国共产党政治发展实践的核心目标。而民主的最核心的内容，即以公民“权利”为核心的制度与规范体系的建立，以及究竟如何实现对最广大人民合法权益的确认、保障和救济，如何将“民主”从一种口号式的抽象的政治理想，落实成为一种现实的权利保障与救济机制，这些问题却很少受到关注。这些问题表明，当代中国“民主”问题自身的“政治性”正以前所未有的力量向我们发起挑战，迫使我们不仅要从学术角度理性思考民主问题，更要从政治的角度来思考民主问题中所隐含着的利益与价值的分化、分歧、论争以及由此引发的社会冲突与矛盾。

改革开放三十年，可以说是中国历史上继“五四新文化运动”之后的又一次思想启蒙和解放运动时期。与西方 17、18 世纪启蒙运动时期的历史状态类似，中国的法律学者忙于在法律理论和实践领域内确证民主、宪政、自由、平等、人权、法治等概念的合法性地位，并把它们视为是相互支持甚至相互包含的概念，并没有对它们进行严格的界定和区分。〔1〕然而，从思想来源看，中国的绝大多数法律学者关于民主的理解，深受传统儒学和西方左派之实质民主观的影响，往往忽视程序民主的重要意义与功能，夸大实质民主与程序民主之间的对立，割裂二者之间的关联。而这样一种对民主的认识显然误解了民主的根本诉求，只是将关注的焦点集中于国家权力的归属、选举产

---

〔1〕 参见黄文艺：“为形式法治理论辩护——兼评《法治：理念与制度》”，载《政法论坛》2008 年第 1 期。

生的最高领导人、人民的参与等民主的表面特征之上，而民主的真实意蕴——对人的平等的尊重与关怀反倒被忽视了。

二、被错误理解的司法民主

现代民主最为核心的内容是建立一套保障人的尊严的制度与规范体系。只有通过国家制度的理性化改造，将民主的这一核心目标贯彻到政治、经济、法律、文化以及社会生活等不同的领域中，并在这种分散化的运用中，通过民主机制的合理运转来构成一种总体化的趋势，最终实现对每一个人的平等的尊重与关怀。

然而，在缺乏正确的民主观引导的情况下，当代中国的司法民主也被错误地加以理解。从陕甘宁边区时期开始就已发动的数次司法民主化改革，直至今天仍在继续的司法体制改革表明，当代中国的司法民主化始终是在专业化与群众化、法律化与政策化、理性化与情绪化之间动摇徘徊，这种理念上的摇摆不定最终使得中国的司法民主化进程呈现出了司法程序的随意化、司法职业群体的大众化、司法与政治的高度契合即“司法党化”等特征，极大地弱化了司法对个人权利的保障和救济功能。具体而言，主要表现为以下几个方面：

首先，国家主义（工具主义）的司法观强化了司法的社会控制功能，却弱化了司法对于个人权利的保障与救济功能。

国家主义司法观源于一种整体主义的权力观。这种权力观主张一种以权力为本位的国家至上主义，因而把司法权视作统治者专有的和御用的社会控制工具。例如，长期以来，我们习惯把司法机关视为国家权力机关，习惯于把司法工作称为“司法战线”或“司法阵地”，将司法视为维护国家政权、控制社会秩序的“最后一道防线”；热衷于搞带有“司法运动”色彩的

“专项斗争”。同时，司法权被当成“治民”的权力，就像古代的地方“父母官”兼掌审判权，司法机关是“牧民者”而非“为民解纷者”。而且，一切司法活动必须以国家利益至上为原则，国家权力和国家利益是高于人权和公民权利的。许多法院和法官以国家利益至上为由，限制和剥夺公民、法人的法定权利与利益，或者代表公益而依法限制公民、法人的某些权利与利益时，又不给以相应的补偿，这都反映了权力至上司法观的时代局限。这种国家主义的司法观过度强化司法的政治功能而忽视司法的解纷功能和权利救济与保障功能，必然导致个人观念、权利意识与法律信仰的淡薄，从而影响着中国司法民主化的根本方向。

其次，司法与政治的高度契合导致司法党化问题严重，严重阻碍了司法独立的运行，从而在一定程度上导致司法的公信力危机。

近代中国司法的现代化转型是以司法独立为基本标志。然而，一个世纪以来，司法与行政相分离、司法独立之努力所取得的实际成就却始终未脱出清末的窠臼。究其原因，关键还在于我们所引入的司法独立理念只是照搬了西方法治理论之果，甚至只是某些西方国家的一种政治或法治逻辑推论。这种逻辑推论与近代以来中国以政党政治为中心的社会变革与现代化实践相悖甚远，从而失去其生存的政治环境和土壤。例如，现行《宪法》第126条规定：“人民法院独立行使审判权，不受行政机关、社会团体和个人的干涉。”其中并没有提到不受执政党和国家权力机关的干涉，这并非是由于疏忽，而是立宪者深思熟虑后的刻意安排，其理论依据在于党的领导和人民代表大会主导具有不证自明的绝对地位。党与人民代表大会行为的纠错要依靠它们自身的自律，不能依靠司法这一外部机构的判断与裁判。可见，尽管司法独立在中国当代社会具有理论上的正当性，但却无法回避其在实践上的妥当性与可行性问题。然而，执政党与国家权力机关的权力边界不明，必然会导致司法权处于非常尴尬的地位，司法树立权威和提高公信力所需要的司法逻辑自足就缺乏必要的理论与实践根基。因此，不探究和厘清司法与政治以及执政党之间的深层关系，不去探寻中国社会中自生发的法治之因，而只是强行地嫁接西方的司法独立，不仅成功的可能性很低，更会引发新的矛盾和问题。

再次，司法的大众化取向以及司法对于“民意”（多数意志）的妥协，导致了司法程序的随意化、司法裁判的情绪化等，从而使司法的权威性受到严峻挑战。

西方司法民主理念的内在逻辑是通过司法这个“第三部门”来构成对国家权力的制衡，并实现对公民个人权利的保障和救济。国家权力以及司法权的合法性来源于公民个人权利的让渡，而公民个人合法权益的保障和救济也是国家权力之终极目标。然而，在当代中国，国家权力与人民权利被视为是同质的，那么，国家权力之间的相互制衡不仅会导致国家机关之间的相互牵扯，影响人民意志实现的效率，甚至会演变成人民与人民之间的“对抗”问题。因而，在《中国共产党党章》和《宪法》中明确规定，党和国家机构的设立与运行要全面贯彻民主集中制，其内在逻辑就是认为，只要保证人民的整体意志或作为人民意志之代表的党的意志不被篡改，司法就是民主的，而具有民主性的司法权也就自然具有了合法性。在这一逻辑的引导下，司法民主极易被曲解为司法对于民意或者多数意志的遵行甚至屈从。换言之，当代中国的司法民主不是被视为实现司法正义的前提和保障，相反，它成为一个借口，而有了这一借口，诸多外在和内在的因素便可以在任何环节介入司法程序，导致司法程序的随意化，更使得司法裁判具有浓厚的情绪化色彩。这种错误理解的司法民主理念导致的更为严重的后果是，司法的权威性受到了严峻挑战。

三、初步型构的司法民主运行机制

在中国特色社会主义理论的指导下，当代中国的司法民主运行机制具有鲜明的中国特色，即以坚持党的领导、人民当家作主、依法治国的有机统一为基本原则。司法是社会主义民主政治之重要环节，因而，司法权的运作也势必应当体现鲜明的中国特色和社会主义本质。但问题是，“坚持党的领导”在司法领域的表现绝不意味着“司法党化”，“人民当家作主”也绝不意味着大众或者“民意”就可以随意构成对司法裁判的影响，“依法治国”也绝不简单只是一句口号，这三项基本原则的有机统一在司法领域的落实与坚持是一项需要认真反思的重大课题。概而言之，我国当前的司法民主运行机制之架构主要由以下几个方面构成：

其一，执政党对于司法活动的领导机制。例如，司法人员往往由地方党政机关选拔或任命，且在选任中政治素质的考察重于专业知识；在法院内部，党组织对审判事务起主导作用；地方党委对个案的干预也不容小觑等现象，均表明了司法的软弱。司法在人、财、物等方面全面依赖或受制于党政机关，这就造成司法“万事有求于人”的窘迫境地，成为无法讲“狠话”的“纸包公”。

其二，人民参与司法审判与监督活动。具体体现为人民陪审员制度和人民监督员制度。人民陪审员制度是指国家审判机关选任陪审员，陪审员与职业法官一起审判案件的一项司法制度。这一制度早在新中国成立初期就在法律中加以确立。改革开放后，在《人民法院组织法》和三大诉讼法中更为全面地规定了人民陪审员制度。人民陪审员制度确立的初衷是为了体现人民当家作主、人民参与司法，维护司法公正、促进司法公开、弘扬司法民主，等等。然而，从运行的实际效果而言，这一制度往往因“陪而不审”“形同虚设”“效率低下”等现象而备受诟病。

人民监督员制度是指为了加强对人民检察院查办职务犯罪案件监督工作而建立的一项民主监督制度，意在将检察工作置于人民群众的监督之下，体现了司法民主的要求。根据《最高人民检察院关于实行人民监督员制度的规定（试行)》，目前全国各级人民检察院已普遍建立人民监督员制度。然而，由于在该制度的实际运行中，不仅人民监督员的设置、选任缺乏法律依据，而且人民监督员的职责和惩戒等都缺乏法律依据，因而其实际的效果也并不理想。

其三，人民监督司法的司法公开制度。我国的司法公开制度包括审判公开制度〔1〕和检务公开制度〔2〕。审判公开制度和

---

〔1〕 审判公开制度是指人民法院审判案件，除法律有特别规定的以外，一律公开进行的一项制度。近年来，最高人民法院相继颁布了《关于严格执行公开审判制度的若干规定》《关于加强人民法院审判公开工作的若干意见》，要求坚持依法公开审判制度，做到公开开庭，公开举证、质证，公开宣判，并进一步明确了依法公开、及时公开、全面公开三项原则，在审判公开方面推出了一系列便民措施。各级法院不断强化公开审判制度，以公开促公正的观念日益增强。

〔2〕 检务公开制度，是指人民检察院依法向社会和诉讼参与人公开与检察职权相关事项的一项制度。1998 年 10 月，最高人民检察院作出《关于在全国检察机关实行“检务公开”的决定》后，各级检察机关从依法治国的高度，把检务公开作为司法体制和机制改革的重要举措，很快在全国范围内普遍推行了检务公开制度。1999 年 1 月，最高人民检察院颁布《人民检察院“检务公开”具体实施办法》，将“检务公开”纳入程序化、规范化轨道，进一步推动了“检务公开”的贯彻落实。检务公开制度的推行，有力地破除了检察工作中的神秘主义和封闭现象，拓展了我国检察领域的民主渠道。

检务公开制度是法院主动接受人民监督司法的一种重要方式，是尊重当事人诉讼权利的一个重要举措，有利于促进法院审判程序的公开、公平、公正，有利于在全社会营造司法的民主氛围。然而，由于这两项制度缺乏健全的法律机制，例如，先定后审现象普遍存在，公开渠道不畅，审判或检务公开行为不规范等，一旦公众和当事人认为审判公开或检务公开而产生的预期与实际的结果不相符合，则往往会对审判机关和检察机关的公正性产生疑问，司法公开的民主意义也就不复存在了。

其四，司法机关内部民主决策机制。司法机关内部民主决策机制主要包括审判委员会制度、合议庭制度等。各级人民法院的审判委员会是我国司法体制的重要组成部分，是具有中国特色的审判组织形式。它按照少数服从多数的民主集中制原则对合议庭所审理的重大、疑难、复杂案件进行讨论并作出决定，是我国各级人民法院内部的最高审判组织，在司法审判中发挥着重要的作用。合议庭是人民法院审理各类案件的基本组织形式。根据《人民法院组织法》和三大诉讼法的规定，除少数简单、轻微的刑事和民事案件由审判员一人独任审判外，其余大多数案件都要依法组成合议庭进行审判，而所有的行政诉讼案件均必须组成合议庭进行审判。审判委员会制度和合议庭制度的实行有利于发挥集体智慧，避免个人主观片面、独断专行，防止和减少冤假错案，提高办案质量，同时有利于强化法院内部民主审判工作机制，促进司法民主的实现。然而，在司法裁判过程中，审委会制度与合议庭制度又往往会由于其过于依赖集体智慧的机制而不可避免会产生职、权、责的分界不明，易造成责任的推诿等问题。

其五，律师制度。律师制度对于公民合法权利的保障与维护，完善一国法治建设具有极其重要的意义，它更是一个国家司法的专业化、职业化发展水平的显著标志。改革开放 30 年来，律师制度在促进司法民主和司法公正方面发挥了重要作用。例如，通过律师参政议政和参与立法来推动司法的民主化；通过律师提供法律服务、法律援助来维护更广大公民的合法权益；通过律师参与司法程序和行使辩护职能来促进司法的专业化和规范化等等。律师制度作为我国民主制度的重要标志，已经成为司法民主建设不可忽视的重要环节。然而，律师执业环境较差，律师的执业权利缺乏必要保障。特别是在一些权钱交易案件、行政诉讼案件的庭审中，往往是“你辩你的，我判我的”，律师正确的辩护、代理意见根本不被采纳，甚至有律师被法官随意驱逐出庭，被检察机关随意采取拘捕措施或被追究刑事责任，其人身安全得不到应有的保障。另一方面，由于对律师行业缺乏规范性和制度性的管理和制约标准，律师所提供法律服务的质量和效率也无法得到保障，不仅极易使得律师服务成为富人专享的“VIP”服务，更会使律师行业成为滋生司法腐败的温床。

其六，赋予公民平等诉讼地位以及解纷主体性的新型纠纷解决机制的建立与发展未能受到应有重视，并且缺乏相应的法律规范与法律保障。改革开放以来，在诉讼内和诉讼外出现了一些新型的纠纷解决机制，例如和解、调解和协商等解纷模式。然而，这些新型解纷模式的确立与发展并未受到应有的重视。当事人的诉讼权利与程序选择权均缺乏法律保障。长期以来，我国实行职权主义的诉讼模式，程序正义理念尚未真正得到确立，加之配套机制不完善等原因，当事人程序选择权缺失的问题比较突出。例如，在刑事诉讼中，有关刑事普通程序和简易程序的启动与适用，现行法律没有赋予犯罪嫌疑人、被告人程序选择权；在指控机关单方做出影响被指控者程序利益和实体利益的决定时，犯罪嫌疑人、被告人欠缺相应的程序选择权，无法通过选择适当的程序或程序性事项来维护自身的权益；有关公开审理、书面审理、人民陪审、简易程序等的适用，一般由案件的审判者单方面决定，被告人没有选择权；对二审案件是发回重审还是直接改判，二审法院享有单方决定权，被告人没有选择权；等等。在民事、行政诉讼中，法官处于主动地位，对程序中的诸多方面都有主导权，当事人的诉讼主体地位没有充分确立，以当事人为诉讼主体、尊重当事人处分权的观念也没有在法院得到真正树立；可供当事人选择的程序种类不多，功能不明显；法官与原、被告之间的交流机制缺失，导致程序选择上的合意没有法律保障等。〔1〕此外，司法过程中的“调解过度”甚或“强制调解”有违以人为本的司法精神。

第六节　本章小结

中国的司法民主化进程是一个对西方司法民主理念从“拒斥”到“学习”再到“重构”的艰难过程，其努力的方向首先是型构一种与西方现代意义上的司法民主理念贴合的模式，尽管这种贴合面临的磨难超出了其所能想象的程度。而在民国初期和南京国民政府时期这一中国社会大变革的时代，“民主”“司法民主”等理念，只能是知识精英心中的美景。因为，在一个无法确立和构筑起现代民主社会所必需的基本的民主理念与宪政架构的社会，即使已设立起形似的现代司法制度架构，也必然会在实践中沦为政治的附庸和专权者的玩物。新中国成立

---

〔1〕 参见谭世贵、刘政：“我国司法民主的现状、问题与完善”，载《法学论坛》2009年第6期。

后，以革命化为导向的大众司法模式旨在通过司法大众化，使得人民法院和人民政府成为群众具体可感的形象，并最终在人民群众内部完成对司法权威和公信力的塑造。然而，此次司法改革运动与近代以来司法民主化改革所追求的司法程序化、规范化、职业化等现代司法品性，存在着内在的严重抵触，对社会主义法制建设起着阻滞的作用，也为司法民主的正常发展带来极大的隐患。

改革开放以来，随着社会主义民主理念的发展和成熟，当代中国的司法民主观念的发展和实践也进入了一个改革的新阶段。然而，在全球化浪潮的冲击下，中国的司法所面临的西方模式与本土经验的摩擦，法律思维与道德（伦理）思维的较量，程序合理性与实质合理性的二元对立，个案正义优先和普遍正义优先的争执，个人权利与社会利益的对立与冲突等，在这一阶段仍然存在甚至变得更为复杂。而由于当代中国的民主理念仍然处于被选择性重构的阶段，无法应对现代社会中凸显的这些利益冲突与价值分歧问题。而在这种被选择性重构的民主观引导下，必然会产生对司法民主理念的认识误区，从而进一步导致我们在司法的民主化取向上存在诸多误区，在司法民主机制和架构的建立上出现偏差和不足。因此，只有真正实现司法民主理念与司法民主运行机制的现代转型——确切地说，实现司法民主理念的协商转型，完成相应的制度创新与机制转型和重构，才能真正应对这些早在中国司法近代化萌芽之初就被埋藏了下来的利益冲突与价值分歧。而这些才是当代中国司法民主化改革所必须直面的根本问题。

第六章

“协商民主”理论视域下司法民主的理念重塑

民主并非只是政体意义上的治理机制，而是尊重人的权利的这样一种态度和行为，而司法过程只有时刻体现对个人的平等尊重才是民主的。

——［意］皮罗·克拉玛德雷〔1〕

第一节 “司法民主”问题研究的传统理论进路

“民主”自古以来就是一个多歧义、多纷争的概念。而且，在不同的历史时期和时代背景下，“民主”概念的内涵和外延都在发生着变化。“司法”概念尽管从其原始的形式特性上看，清晰地指向以依法裁判纠纷为职责的活动和机制，但是，就其本质特征和结构功能来讲，司法在不同的历史时期和时代背景之下，显现出的也是纷杂而多元的内涵与外延。而“司法”与

〔1〕［意］皮罗·克拉玛德雷：《程序与民主》，翟小波、刘刚译，高等教育出版社2005年版，第12页。

“民主”之间的关系问题，也是从古至今争执不断。至于究竟什么是“司法民主”，在不同的研究进路中所展现的更是完全不同的面貌。

无论在理论还是在实践中，司法与民主之间究竟应当具有怎样的内源性关系，民主在司法领域中究竟应当以怎样的模式和机制加以展现和落实，这些问题长期以来都未能形成共识，而且极易引发激烈的论战，甚至直接关涉到法哲学层面的“主义之争”。

概而言之，在中西方司法民主理论与实践发展进程中，关于“司法民主”的研究路径大致存在以下三种，即主体民主研究进路、立宪民主的研究进路以及程序民主研究进路。这三种研究路径的形成与民主理论的演进紧密关联。换言之，民主理论的发展进程和最新研究成果直接影响着司法民主问题研究的路径选择。

一、主体民主的研究进路

对于司法民主问题的研究，主体民主的研究进路是一种较为传统的理论进路，它深深受制于传统的主体民主理论〔1〕之影

---

〔1〕这一民主理论是以古典的直接民主理论为基础形成的、以“多数人主治”为核心的民主观，在欧洲近代的启蒙运动中逐步发展形成以“人民主权”为核心的民主理论。作为一种政治理想，主体民主理论是革命的，它非常简洁且极具号召力。然而，这一民主理论具有先天的理论局限，即缺乏建设性。由于它是建立在“个人的主体性和人民的主体性”之上的，当忽略了个人的主体性的时候，就会产生两个隐患：一是在个人与整体的关系上，强调整体的权力，对个体的自由与权利关注不够；二是对于民主的制度要素关注不够，它只关注权力的转移。这样，民主最终成为权力者的主观宣告——谁在台上谁就可以声称自己是人民的代言人，谁就是民主的化身，反对他，就是反对民主。其结果便是民主理论走到了自己的对立面——成为压制民主的利器。参见周永坤：“我们需要什么样的司法民主”，载《法学》2009年第2期。

响，其主要特征是，将对问题的关注点集中在司法民主应当由“谁”来“主”的问题上，也就是将司法民主的实现寄托于“掌权人”的身份之上，是一种立足于“权力主体”的司法民主理论。

在这种研究进路的影响下，对“司法民主”的理解往往是将其视为是政治民主的一个环节，因而，这种“司法民主”具有鲜明的政治功能和行政色彩。其特点大致表现为以下几个方面：一是强调司法的人民性、党性，因而，对司法的管理具有强烈的行政化色彩。主张司法权的掌控者应当是人民和人民利益的代表，因而，司法权的行使以及司法人员的选任都应对人民利益的代表者和护卫者——执政党负责，受其领导、监督和控制。二是司法的群众化、大众化、便利化，强调司法过程的民主参与，重视司法的亲民性。司法的宗旨是服务于人民的，司法民主当然应当体现对人民基本诉求的满足。所以，司法权的运转和行使都应当从真正的主权者——民众的角度加以设计：司法程序的设计要便民、亲民，司法过程要接受民众的参与和监督、司法裁判的依据和方式要以人民能够接受为原则，司法裁判的结果也应当令人民群众满意。三是强调民意或者民意代表机关对司法的直接参与、介入和监督，以此来保障和促进司法的民主性，进而实现司法的公正。

纵观中外、古今的历史实践，都出现过这种主体民主理论影响下的司法民主模式。例如，“苏格拉底审判”就被视为是人类历史上在这一主体民主理论影响下的司法民主模式的第一案例。类似的还有法国大革命时期、苏维埃俄国革命成功初期、我国陕甘宁边区时期以及20世纪50年代的“大众司法”盛行时期，而最为极端的实例则是我国“文革”时期的“司法虚无主义”。

这种主体民主的研究进路是基于将“人民主权”作了简单化和绝对化的处理，使“民主”极易成为“民主专制”和“暴民政治”的代名词；而这种意义上的“司法民主”就极易成为一种借助“人民主权”之名义，追求不受限制的绝对权力的意识形态工具。历史的教训以及民主理论的不断发展，促使人类社会从未停止过对于这种司法民主模式的反思。

“司法民主”显然不能仅仅从司法的主体是“谁”来判断和理解，而应当从综合的视野来考量。因为，在司法领域，“公民”究竟是什么，这本身就是一个悬而未决的问题，这取决于话语权的归属。不同政体下都出现过以“公民”名义进行专制独裁的悲剧。而且，“公民”是否天然就有能力来进行公正的裁断？如果不是，那么，怎样的“人民”才具有这样的能力和资格？这些具有能力和资格的“公民”又应当通过怎样的方式产生？这些质疑显然都是主体民主研究路径所无法解决的根本问题。

其实，概观学界“司法民主”的激烈反对者们，他们所反对的也正是基于这种司法民主研究路径而形成的“司法民主”。例如，学者陈端洪认为，当前中国的司法体制、法官的素质结构和法院的运作方式等，都是在以人民民主专政、民主集中制以及群众路线为原则的社会主义民主观的深刻影响下形成的，这种司法民主观是阻碍法治的建立的。〔1〕学者周永坤也指出，由于长期以来受主体民主理论的影响，造成了一种将司法民主与大众司法等同、将司法民主与司法职业化以及司法独立向对立的误解。这严重误导了中国的司法民主化进程，甚至可能导

〔1〕参见陈端洪：“司法与民主中国司法民主化及其批判”，载《中外法学》1998年第4期。

致司法改革的倒退。[1]

二、立宪民主的研究进路

立宪民主语境下的司法民主研究进路，是从关注司法权应当由“谁”来行使，开始转向关注司法权应当“如何来行使”的问题。这一司法民主研究进路的转向也是根源于民主理论从“人民主权”的主体民主理论向“立宪民主理论”[2]的转向。

这种司法民主的研究进路基于这样一种认识：民主是一套通过投票决定公众意志和选择多数偏好的政治制度。经选举产生的代议机关，并通过立宪的方式将公众意志和多数偏好转化成为稳定的宪法和法律的形式，就意味着“民主”的实体内容得以确立。而司法就只需要严格遵循宪法和法律，就是对民主的捍卫和保障。因而，司法是一种适用法律规范裁判纠纷的法律制度，它要求的是法律的专业技艺和法律理性，要求严格遵循既定的法律程序，独立、中立和被动适用法律。

在这一意义上的司法民主，就不是“主体民主研究进路”中所推衍出的那种依附于政治、政党和行政的司法民主，完全相反，它是一种坚决主张司法独立，并且主张司法应承担捍卫民主之责任的司法民主。刘景辉博士在其博士论文《论司法民主》中将这种司法民主理论进路称为“政治民主范式”，并将其

---

〔1〕 参见周永坤：“我们需要什么样的司法民主”，载《法学》2009 年第 2 期。

〔2〕 由于“人民主权”意义上的“民主”始终与非理性、无知盲动乃至多数暴政等词汇难脱干系，“民主”始终是被抨击的对象。而在古典自然法理论及启蒙运动的影响下，洛克、孟德斯鸠、卢梭、托克维尔等思想家继续对民主进行改进与完善，逐渐形成了“立宪民主”理论。“立宪民主”以“选举制”和“代议制”为其主要制度模式，其最重要的特征就是以“权力制衡”的方式对抗专制权力，实现对天赋人权的平等保障。

特点概括为以下三点：一是将民主的观念、方法与组织结构在诸如司法等其他社会领域中的运用，视作是政治民主的扩张；二是恪守严格的分权制衡原则，从公权力之间相互牵制的角度来审视司法中的民主问题；三是通过严格的法律适用来保证司法权运作的正当性，因而强调纠纷解决的国家化、法律知识的专业化以及司法主体的职业化。〔1〕

这一对司法民主的认识在中西方司法学界都拥有为数不少的支持者。也正是基于这一原因，这些学者也大多反对在"司法独立"框架之外研究"司法民主"问题。例如，美国民主理论与实践家汉密尔顿在《联邦党人文集》第78篇中，将司法独立视作是司法机关发挥民主制衡功能的基本手段。而我国司法研究专家熊先觉认为，传统司法的最根本的特点就在于司法独立和法官中立，而分权制衡、高举民权、民主和法治的旗帜是司法的基本民主责任。〔2〕学者贺卫方也坚决主张，"司法民主"是一个在一个政治体制尚未实现民主的国度和时期，司法是否能够实现民主的问题。而如果立法体制与程序实现了民主，那么，司法民主最重要的体现就是，让法官严格地依照体现国民意志的宪法和法律来裁判案件。任何要求法官在宪法与法律之外寻找裁判依据的做法，都将促成法官的恣意与专断。〔3〕

然而，这一司法民主的研究进路在强调司法独立和司法的民主责任的同时，虽然捍卫了法律之内的刚性正义，却仍存在诸多的弊端。例如，司法和法律与社会民众的疏离，司法裁判的法律效果与社会效果的冲突，过度强调司法独立而造成的司

---

〔1〕 参见刘景辉："论司法民主"，吉林大学2010年博士学位论文，第29～34页。

〔2〕 参见熊先觉：《司法学》，法律出版社2008年版，第26～27页。

〔3〕 贺卫方："回归司法的本源"，载《南风窗》2009年第8期。

法权的扩张从而引发司法腐败的滋生，等等。这些弊端无疑会引发一系列质疑和追问。例如，司法总是针对具体个案的，当个案的正义与普遍的正义发生冲突时，个案中的正义怎么体现？在司法过程中，当实质的正义与形式的正义发生碰撞时，难到牺牲实质的正义而追寻“形式法治”就具有天然的正当性吗？此外，司法的独立真的能够促进司法正义的实现吗？在很多情况下，独立的司法权并不一定就当然地转变为推进司法公正的力量，反而有可能形成司法霸权，成为为特殊群体谋利的门径。正如美国学者诺内特和塞尔兹尼克指出的：“法律机构以实体服从以换得程序自治。虽然政治共同体赋予法官一种免受政治干预而行使的有限权威，但是这种豁免的条件是法官使自己脱离公共政策的形成过程。这就是司法赢得其‘独立’的代价。”〔1〕这些质疑显然是立宪民主语境中的司法民主观所无法回答的。因此，一种新的程序民主的研究进路逐渐进入研究视野并受到追捧。

三、程序民主的研究进路

迄今为止，关于民主的思考，存在着两种截然对立的观点：第一种观点是一种“程序的民主观”，认为经严格限定的民主概念充其量不过是选择决策者并制约其过分行为的手段，而作为这种手段之载体的则是“程序”，它“有助于保护公民自由以及为公民追求自我选择的目标而提供最低限度的公共物品（法制、选举政治、社会保障措施、安全）”〔2〕。第二种观点则是一种“实质的民主观”，认为政治参与本身有其自身的价值，因而民

〔1〕［美］诺内特、塞尔兹尼克：《转变中的法律与社会：迈向回应型法》，张志铭译，中国政法大学出版社 2004 年版，第 64 页。

〔2〕［英］戴维·赫尔德：《民主的模式》，燕继荣等译，中央编译出版社 2008 年版，第 265 页。

主是自我实现的基本模式，是一个培养积极的、信息灵通的、有责任感的公民的核心机制。从古典民主主义者到发展型共和主义者以及后来的参与型民主主义者都持有这种民主观。这种民主观认为，针对实质性利益的损害，单纯的程序路线提供的是一种不充分的保护。因为，即使是公正的程序有时也可能产生不公正的结果。

程序民主观与实质民主观之间的论争并不是在民主的支持者和反对者之间展开的，他们都是民主的支持者。但是，双方的主要分歧在于，对民主过程与正义之间究竟是怎样的关系，二者的认识不同。程序的民主观认为，民主过程本身就是一种正义的形式，它是完成集体决策的公正程序。实质的民主观则认为，正义的要求与民主的“单纯的形式意义上的”程序是相互矛盾的。而产生如此分歧的根本原因则在于他们对民主本身的认识存在分歧。

近代以来的西方社会，程序民主观始终居于主流地位，并得到了充分论证。例如，韦伯认为，在一个日益受到科学和技术理性支配的世界中，已不再有任何“世界观”能够合法地命令集体一致同意。因为在一个具有不同的价值的时代，没有人可以被看作客观正确的，也不可能坚持认为政治生活的基础是一种既定的或者一致同意的道德。在这种情况下，为自由主义政体的辩护只能建立在程序的基础上——这个基础强调自由主义政体之所以重要，是因为它是促进理性化世界中“价值竞争”和“选择自由”的一种机制。对于实现这一目的即维持一种自由主义政治文化来说，民主是一种必要的制度安排的关键要素。〔1〕而熊彼特也认为，民主仅仅意味着一种政治方法，即实现政

〔1〕 参见［英］戴维·赫尔德：《民主的模式》，燕继荣等译，中央编译出版社 2008 年版，第 148 ~149 页。

治——立法和行政——决策的一种制度安排。民主的本质是公民能够以一个政府代替另一个政府，从而防止政治决策者把自己变成不可移易的力量。民主是一种机制，尽管它使实际的公共政策由少数富有经验和才能的人制定，但是，它却使普通百姓能够把各种各样的愿望提上日程。〔1〕

在这种程序民主观的影响下，人们对“司法民主”的理解和认识也发生了相应的转变。程序民主语境下的司法民主所表现出的最为突出的特征之一是，“正当程序”〔2〕成了从程序正义的角度保障司法民主之现实性的核心原则。例如，美国前联邦大法官威廉·道格拉斯指出：“《权利法案》的大多数规定都是程序性条款。这一事实绝不是无意义的。正是程序决定了法治与恣意的人治之间的基本区别。”〔3〕正当程序的确立在一定程度上解决了司法运行中的司法民主的实现问题，相对于实质的司法民主与司法公正模式而言，程序的民主与公正更具有现实性和可操作性。此外，这种程序民主进路形成的司法民主，表现出的另一个突出特征则是“当事人主义”。以“当事人主义”为原则形成了以抗辩制度为表征的对抗性司法民主的制度模式，以确保司法程序设计和运行的民主性。具体而言，就是

〔1〕参见［英］戴维·赫尔德：《民主的模式》，燕继荣等译，中央编译出版社2008年版，第165页。

〔2〕正当程序是古典自然正义思想的制度化与现实化。正当程序最早体现于英国1215年《自由大宪章》中，正式提出于公元1354年英王爱德华三世第28号法令：“不依正当程序，不得对任何人（无论其财产或社会地位如何）加以驱逐出国境或住宅，不得逮捕、监禁、流放或处以死刑。”这一法令此后又在英国著名的《权利法案》（1689）中得以加强，并最终历史性地确立于《美国宪法》（1791年的第五修正案）中的“正当程序”条款：“非经正当法律程序，不得剥夺任何人的生命、自由或财产。”参见季卫东：“法律程序的意义”，载《中国社会科学》1993年第1期。

〔3〕季卫东：“法律程序的意义”，载《中国社会科学》1993年第1期。

通过司法程序的透明和公开确保对当事人诉讼权利的平等尊重，通过合理性举证和对抗式的辩论过程确保判决结果的公正和可接受性。

中西方学术界的司法民主研究中，持这种程序民主式解读路径观点的学者为数不少。例如，意大利学者皮罗·克拉玛德雷认为：“对立的当事人在司法过程中是必不可少的，……在民主社会中，司法过程应当成为平等主体间的文明讨论，这就很容易看出律师对民主法律秩序的重要意义。……在司法过程中，律师代表自由；他们也许是现代民主核心原则的生动象征。”[1]而我国学者季卫东在其名篇《法律程序的意义》一书中也坚决主张，应重视“程序”对于中国法律发展的全方位意义。这一观点在国内学界的支持者众多。

然而，程序民主语境中的司法民主却必须面对如下困境：一是由于司法裁判的过程往往无法满足真正的民主标准，最终会导致实质性不正义的结果；二是即使是良好运转的民主过程也同样会导致实质性不正义的结果。如果说，在第一种情况下的困境，或许还可以通过更为充分地实现司法程序的民主程度而得到改善；而在第二种情况下的困境，则是程序民主语境下的司法民主本身无法克服的，因为，这正是直接引发实质民主与程序民主之间分歧的根源。一方面，程序正义本身早已无法应对司法领域中出现的新矛盾和新诉求；另一方面，程序主义的民主观在一定程度上为司法的独立与自治提供了有效的平台，但是，它也使得司法因脱离实质性参与以及缺失实体性责任的承担而丧失了其对于实质正义之追求。这就难免使司法的民主性本身大打折扣。

---

〔1〕［意］皮罗·克拉玛德雷：《程序与民主》，翟小波、刘刚译，高等教育出版社2005年版，第55~61页。

随着社会的不断发展，利益冲突与价值分歧逐渐以新的形态显现出来，仅仅凭借司法的程序性机制的运行越来越不能应对新的争议和纠纷。而且，司法自身的局限也在新的背景下显露。例如，对“司法真实”（judicial truth）的发现过程皆隐含着主观性与客观性的斗争，而这在法律和司法证据规则的约束下运作的程序中显而易见。[1]在司法程序这面折射镜中，不仅映射出政府权力与个人自由间的冲突问题，也体现出社会的分配正义和平等接近“司法”的问题，即由经济和政治贫困问题所引发的“法律贫困”问题。因而，人们逐渐开始对民主理论与实践进行深刻的反省，尝试重建一种新的民主理想和实践模式，以应对传统民主理论所面临的困境与挑战。

综上所述，以上所归纳的三种“司法民主”的传统研究进路，不仅未能就什么是“司法民主”这一问题给出有说服力的论证，更没能真正化解“司法”所面临的困境与冲突。究其原因，是因为他们在对“民主”以及“司法”的概念理解上仍然存在严重的分歧，从而无法正确理解“司法”与“民主”之间的内源性关系，也就无法实现“民主”在“司法”领域的准确展现和落实。对此，我们必须运用语义分析方法，分别对“民主”和“司法”概念进行现代重构，以期重建“民主”与“司法”之间的合理的理论关联，并在此基础上，以一种新的理论进路，实现对现代社会“司法民主”的理念重构。

第二节 现代民主理论的协商转向及其概念重构

上述对三种“司法民主”的传统研究进路的分析表明，民

〔1〕参见［意］莫诺·卡佩莱蒂：《比较法视野中的司法程序》，徐昕、王奕译，清华大学出版社2005年版，自序第10页。

主理论模式的发展和演进在根本上决定着“司法民主”的研究进路。而民主本身既是一个极其复杂的现象，更是一个多歧义和多面向的概念。在不同的时代背景下，民主概念发生着不同程度的演进，展现出不同的理论模式。因此，必须对民主概念的发展和演进做细致深入的分析，才有可能洞悉现代“民主”理论与实践发展演变的新趋向。

一、民主概念的演进

“民主（democracy）”一词来源于希腊语 demos 和希腊语 kratos 这两个词的组合。前者意指“人民”，亦即城邦公民，后者则指“统治”，二者组合在一起就是民主最为原始的定义——“人民的统治”。此后的数千年间，“人民的统治”一直是对民主最基本的界定。古希腊学者亚里士多德指出：“政事裁决于大多数人的意志，大多数人的意志就是正义。”〔1〕由此可见，在民主的原始内涵中，天然地孕育着“绝大多数人统治”的涵义。因而，“多数决”便成为民主内涵中不可或缺的要素。而与此相应，民主的模式也就自然表现为“直接民主”。

由于“多数人的统治”意义上的“民主”始终难以与非理性、无知盲动乃至多数的暴政等词汇摆脱干系，古典时期的思想家对民主多持否定态度，“民主”始终是被抨击的对象。于是，在古典自然法理论及其影响下的启蒙运动，为西方近代“自由主义民主”理论的形成与发展提供了强有力的理论资源和实践经验。这一时期，洛克、孟德斯鸠、卢梭、托克维尔等思想家继续对“民主”进行改进与完善，逐渐形成了“立宪民主”理论。“代议制民主”以“选举制”和“代议制”为其主

---

〔1〕［古希腊］亚里士多德：《政治学》，吴寿彭译，商务印书馆 1982 年版，第 312 页。

要制度模式，其最重要的目标就是保证人民成为主权者，以“权力制衡”的方式对抗（专制）王权，同时强调对天赋人权的平等保障。〔1〕

经过近代西方各国的资产阶级革命和后期的民主法治国家的建设，西方近代的代议制民主理论逐渐暴露出其致命的弱点，即缺乏建设性。而民主建设除了代议制民主和一个庞大的选民群体外，还需要一整套其它的自由宪政制度，包括独立的司法体制、言论和结社自由、保护基本人权的宪制和文化以及其他少数人发动社会运动的机会和能力。由此，现代的民主理论逐渐走向了多元，涌现了一批具有重要影响力的民主理论家，如约瑟夫·熊彼特、罗伯特·达尔、塞缪尔·亨廷顿、哈耶克、罗尔斯、德沃金以及哈贝马斯等等〔2〕。他们对民主的概念进行不断的拷问，从不同的角度对它进行了修正与改造，将民主理论逐步具象化，形成了丰富、多元的现代民主理论。

美籍奥地利民主理论家约瑟夫·熊彼特（J. A. Joseph Alois Schumpeter 1883~1950）在1942年出版的《资本主义，社会主义和民主》一书是当代西方民主理论研究的一个里程碑。他把民主定义为“民主方法就是那种为作出政治决定而实行的制度

〔1〕 如英国洛克在其《政府论》中认为民主就是人民的统治，而人民的统治是通过人民对于政府组成、政府权力行使的同意来实现的，而人民的同意是根据多数决定规则进行的。卢梭在《社会契约论》中提出，人民的同意是在人民的共同意志基础上形成的，据此，他提出人民主权原则，并认为民主的本质就是人民主权的实现。约翰·密尔在《代议制政府》中认为民主需要精英治理，以防止多数人的庸俗，因此，必须通过选举产生能够代表人民的精英。孟德斯鸠在《论法的精神》中认为要对多数人权力实行分权和制衡的原则。麦迪逊等人在《联邦党人文集》中认为民主必须是权力分散和多元化的。

〔2〕 这些民主理论家对民主的认识是一脉相承的。参见［美］罗伯特·达尔：《民主及其批评者》，曹海军等译，吉林人民出版社2006年版，中译本导言。他们有关民主理论的经典著作详见文后所附参考文献。

安排，在这种安排中，某些人通过争取人民选票取得作决定的权力”，〔1〕而“民主政治的意思只能是：人民有接受或拒绝将要来统治他们的人的机会。但是，因为人民也能用全然不民主的方式来决定接受或拒绝，我们不得不增加另一个识别民主方法的标准，来缩小我们的定义，那就是由未来领导人自由竞争选民的选票”。〔2〕熊彼特对民主的定义完成了从“人民统治”向“人民选择统治者”的转型，因而被称为“选举民主理论”。熊彼特对民主改造的方向显然是值得赞许的，民主一方面是对权力的制衡，另一方面，民主自身也必须受到规范与限制，而且，这种限制应当体现在民主产生的程序中。

之后的民主理论家们对民主进行了更为精致的概括。例如，美国民主理论家罗伯特·达尔（Robert·A. Dahl）认为“有效的参与”“投票的平等”“充分的知情”“对议程的最终控制”和“成年人的公民资格”等五项元素构成民主的基本内涵，其核心就是“投票选举”。〔3〕而美国著名的民主理论家塞缪尔·亨廷顿（Samuel·P. Huntington）指出：“公开、自由和公平的选举是民主的实质，而且是不可或缺的必要条件。”而“政治权威的理性化、政治功能的分化和政治参与的扩大是衡量民主发展的标准。”〔4〕美国的另一位著名的民主理论家科恩更是以一种“三维评判体系”更加有说服力地界定民主。他分别以民主的广度、

---

〔1〕［美］约瑟夫·熊彼特：《资本主义，社会主义和民主》，顾准译，商务印书馆1980年版，第395～396页。

〔2〕［美］约瑟夫·熊彼特：《资本主义，社会主义和民主》，顾准译，商务印书馆1980年版，第415页。

〔3〕参见［美］罗伯特·达尔：《论民主》，李柏光、林猛译，商务印书馆1999年版，第43页。

〔4〕参见［美］塞缪尔·亨廷顿：《第三波——20世纪后期民主化浪潮》，刘军宁译，上海三联书店1998年版，第8、152页。

深度和范围作为标准。民主的广度是数量问题，决定于受政策影响的社会成员中实际或可能参与决策的比例；民主的深度则属于质量问题，它由参与者参与时是否充分、有效，亦即由参与的性质来确定；民主的范围一方面包括最高权力范围，即依据公众在何种问题上享有决定权来确定；另一方面则包括有效权力范围，这由两个因素决定，即全社会实际参与决定的问题有多少和有多重要，以及社会成员在影响或改变决定方面能起多大作用来确定。〔1〕这些对民主标准的新认识，自然会影响人们对民主理论与实践模式的思考和改造。

经过长期的理论演进，民主概念在现代社会背景下显得更加难以确定。对此，意大利政治学家萨托利曾感叹道："直到40年代以前人们一直知道什么是民主，并且喜欢它或反对它，而后来我们虽都声称喜欢民主，却不再知道（理解、一致同意）什么是民主了。于是我们生活在一个以民主观混乱为特色的时代里。"〔2〕

二、现代民主理论的"协商转向"

20世纪中后期，西方民主理论模式〔3〕进入重大的发展与变异时期。尤其是二战以后民主理论的发展，不仅体现在参与式民主对自由主义民主的批判与超越之中，更体现在民主理论

---

〔1〕参见［美］科恩：《论民主》，聂崇信、朱秀贤译，商务印书馆2004年版，第12～31页。

〔2〕［美］乔·萨托利：《民主新论》，冯克利、阎克文译，东方出版社1998年版，第7页。

〔3〕所谓民主理论模式，按照赫尔德的解释："是指一种理论架构，这一架构旨在展现和解释民主形式的基本要素及其关系的基本结构。公共生活或整套制度只有在与其他社会现象的关系中才能得到正确解释。"参见［英］戴维·赫尔德：《民主的模式》，燕继荣等译，中央编译出版社2008年版，导论第8页。

的“协商转向”[1]之中。这一转向标志着民主理论向其原始意义——“人民统治或者人民治理”的回归，因而，这一转向也被某些学者视为一种向“社会主义”的靠拢。罗尔斯、哈贝马斯、阿克曼、桑斯坦、科恩、费斯金等学者都对这一转向做出了理论上的推进。他们扮演着传统民主理论病榻前医生的角色，试图拯救和完善民主理论与实践中的种种顽疾。

协商民主理论家们指出，“程序民主主义者和立宪民主主义者分歧的关键点就在于：民主程序优先于公正结果还是公正结果优先于民主程序。商谈民主则拒绝这种二分法，它把商谈看作是一个结果取向的过程（an outcome - oriented process）：公民带着相互间尽可能证明他们的集体决定的正当性这个目的进行商谈，……既不是界定商谈过程的原则也不是构成它的内容的原则在商谈民主中拥有优先权，双方以克服过程与结果之间那种二分法的方式动态地相互作用。”[2]而且，它们二者在理论上都存在这样一个共同缺陷，即它们所主张的民主都缺乏“公共善”的维度，因此，这两种模式都没能为公民形成“公共观念”提供空间。为了克服这些缺陷，就必须关注公民对公共事务的协商和舆论形成的过程。

具体而言，民主理论的协商转向主要体现为如下几个方面的内容：

其一，协商民主理论（deliberative democracy）强调必须为所有人提供平等的参与和表达的机会与自由，并且必须确保参与者实质上（能力）的平等，消除参与公共协商的制度性障碍，

---

〔1〕［美］威尔·金里卡：《当代政治哲学》（下），刘莘译，上海三联书店2004年版，第522页。

〔2〕参见［美］阿米·古特曼、丹尼斯·汤普森：《民主与分歧》，杨立峰等译，东方出版社2007年版，第25～26页。

以保证对所有公民需求和利益的系统考虑。这是协商民主理论最为核心的理念，也正是在这一点上，它超越了选举民主忽视平等的倾向。在协商民主中，为了保证所有的利益相关者都有平等的机会参与公共决策的制定过程，则要求在协商过程中，必须保证“参与者在实质上是平等的，因为现存权力与资源的分配不会影响他们在协商过程任何阶段的机会，也不会在其协商中发挥权威性作用。”〔1〕对此，协商民主论者提出了两个“机会原则”——基本机会原则和公平机会原则。“基本机会原则强迫政府保证所有公民都能得到他们需要的资源，过一种体面的生活和享受我们社会的其他机会；公平机会原则指导着对于具有重要价值的善的分配，社会对于在个体间公平分配这些善具有合法的责任。”〔2〕

其二，协商民主理论强调要充分发挥“公共领域”〔3〕的民主潜能，并形成所有公民都能够自由平等参与协商过程的公共性论坛。因为，现代社会公共权力的合法性不再是来自于“普遍选举”或者“多数决”，而是来自于参与或具有互惠性、公共性和问责性的平等协商。〔4〕因此，必须通过建立一种公共领域

〔1〕［美］詹姆斯·博曼、威廉·雷吉：《协商民主：论理性与政治》，陈家刚等译，中央编译出版社 2006 年版，第 223 页。

〔2〕［美］阿米·古特曼、丹尼斯·汤普森：《民主与分歧》，杨立峰等译，东方出版社 2007 年版，第 237～238 页。

〔3〕所谓“公共领域”，意指我们的社会生活的一个领域，在这个领域中，像公共意见这样的事物能够形成。公共领域原则上向所有公民开放。……公共领域是介于国家与社会之间进行调节的一个领域，在这个领域中，作为公共意见的载体的公众形成了，就这样一种公共领域而言，它涉及公共性的原则……这种公共性使得公众能够对国家活动实施民主控制。参见［德］尤尔根·哈贝马斯：“公共领域”，载汪晖、陈燕谷主编：《文化与公共性》，生活·读书·新知三联书店 1998 年版，第 125～126 页。

〔4〕参见［美］阿米·古特曼、丹尼斯·汤普森：《民主与分歧》，杨立峰等译，东方出版社 2007 年版，第 60 页。

的协商民主机制，“自主自律的公众成为权力的真正主人，在公共领域的交往行为中达成合理的共识，形成公众舆论，将这种舆论以一定程序形成公共权力，并对此进行监督和批判”，〔1〕才能实现让“所有成年公民在形成一种政治公共舆论的条件下，通过自身意志的深思熟虑的表达，以及对这种意志的实现实行有效的监督，将社会生活的发展完全掌握在自己手中。”〔2〕换言之，在协商民主的立场上，民主并不仅仅意味着选举出“人民的代表”代替人民行使权力，更为重要的是，要在各种不同层次上建构起向所有公民开放的“公共领域”，使公民拥有集体行使自主力量的场所，并且在这个公共平台上，通过参与和协商，形成非正式的公共观念（舆论），并使其成为立法所应体现的公共意志之基础。

其三，协商民主最终以“公共利益”为导向，以“公共性”为前提。协商民主承认多元社会中利益冲突与价值分歧的存在，因而鼓励和支持利益相关者通过公开表达不同的利益诉求形成公共理性，最终维护公共利益。因为，“当我们充当了公共角色，我们必须清洗我们的偏好，只表达那些公共指向的偏好”。〔3〕因此，协商参与者在协商过程中不但要考虑个人利益，而且，必须超越自身的观点和利益的局限，必须具有“公共性精神”以及较强的“公共责任感”，并且愿意为公共利益而协调和缓解决策过程中的个人利益与公共利益之间的冲突。

其四，协商民主强调必须以中立、透明、公开的程序来保

〔1〕 杨礼银：“哈贝马斯的话语民主理论研究”，北京师范大学2006年博士论文，第58页。

〔2〕 转引自［德］德特勒夫·霍尔斯特：《哈贝马斯传》，章国锋译，东方出版社2000年版，第13页。

〔3〕［美］詹姆斯·菲什金、彼得·拉斯莱特主编：《协商民主论争》，张晓敏译，中央编译出版社2009年版，第205页。

障每个利益相关参与者都有平等的机会参与决策。因为，“民主协商的先决条件是程序性保障，即在确定议程与决策阶段保证平等参与相关的协商领域”。〔1〕“协商的理念同样基于这样一个前提，即不同的政治偏好将会发生冲突，而民主制度的功能就是解决这种冲突。但是，它认为这一过程是通过对相关议题的公开的和非强制性的讨论而进行的，旨在达成一种一致的判断。做出决策的过程，同时也是一个如何将最初的不同偏好在考虑和采纳别人的各种观点后加以整合的过程。”〔2〕因此，公共协商要求参与者给出的决策理由必须首先符合公共性和公开性的条件，“公开性能够使公民审视协商过程，……公开性还能够阻止秘密的、幕后的政策协定，因为参与者知道，他们需要公开其理由和动机以寻求公众支持其建议”。〔3〕只有协商过程的复杂性与公开性才能使决策的理由更加理性，结果更为公正。

三、基于协商转向的民主概念之重构

在当今的现实生活中，实现社会正义的关键问题早已不再是是否需要民主的问题，而是我们究竟需要何种质量的民主，以及通过怎样的途径有效实现民主的问题。那么，究竟什么是民主？美国民主理论家杜威曾指出：“民主的本质与精髓乃是某种不能从一个人或一代人传给另一个人或另一代人的东西，而必

〔1〕［美］詹姆斯·博曼、威廉·雷吉：《协商民主：论理性与政治》，陈家刚等译，中央编译出版社2006年版，第213~214页。

〔2〕［美］詹姆斯·菲什金、彼得·拉斯莱特主编：《协商民主论争》，张晓敏译，中央编译出版社2009年版，第196~197页。

〔3〕［美］乔治·M. 瓦拉德兹：“协商民主”，何莉编译，载《马克思主义与现实》2004年第3期。

须根据社会生活的需要、问题与条件进行构建。”[1]这一观点无疑提醒我们，民主并不是一种恒定模式。在民主概念中，既包含着一些恒定的核心理念，同时，更需要每个民族根据本土的社会生活的需要、问题以及当代条件，对民主的内涵和形式进行重构。

因此，基于对上述现代民主理论之协商转向这一新趋向的认同与反思，尤其是基于对当下中国从传统政治国家向现代公民社会的转换的新的民主诉求的关照，本书对“民主”的概念做如下的现代重构：协商民主语境中的现代“民主”，是一种以对人的平等的尊重与关怀为其核心理念，通过程序性设计化解和应对诸多的利益冲突和价值分歧，以确保参与者实质上（能力）的平等，真正消除公民实现平等参与的制度性障碍的选择策略和协商机制。

首先，现代“民主”的核心理念是对人的基本权利的平等尊重与关怀。因而，民主的根本目的就是保障公民的自由权利，它必须能够为所有人提供平等的参与、表达的自由和机会。因为，“每一个个人对基本权利方面的平等而兼容的分享，在理论上以及逻辑上乃是界定现代民主之人民的终极根据”。[2]这一点，无论是国内还是国外的学者的认识都是一致的。例如，美国学者杜威对民主作了更为深刻而精辟的分析。他指出：“民主的基础是对人性之能量的信赖，对人的理智，对集中的合作性的经验之力量的信赖。这并不是相信所有这些都是完美的，而是相信，只要给他们机会，它们就能够成长，并不断创造用以指导集体行动所必需的知识与理智。每一种专制的和权威的社

---

〔1〕［美］杜威：《新旧个人主义》，孙有中等译，上海人民出版社 1997 年版，第 27 页。

〔2〕韩水法：“民主的概念”，载《天津社会科学》2007 年第 5 期。

会行动方案都基于一种信仰，即所需要的理智仅局限于少数高贵者拥有，这批人由于遗传的天赋而被赋予控制他人行为的能力与权力，由他们制定原则与规则并确定执行的方法。”〔1〕因此，民主的根本目的就是保障公民的自由权利。

其次，现代“民主”在形式上应当是一种应对利益冲突和价值分歧的选择策略和协商机制。它是一种把价值相互联系起来以及把解决价值冲突放到公开参与公共过程之中的方法，是一种能够使现代政治、经济和社会生活具有合法性的方式和机制。“民主应被优先视为政治的善的概念，因为它至少在理论上提供一种以公平和正义的方式调解价值和价值争议的政治和生活的方式。……民主的思想是重要的，因为它不仅体现了自由、平等和公正等诸多价值中的一种价值，而且它是可以联系和协调相互竞争的既有问题的一种价值。它是一种指导取向，有助于为详细说明不同的规范性问题之间的关系创立基础。民主并不以不同价值的一致为先决条件，毋宁说，它只是为把价值相互联系起来以及把解决价值冲突放到公开参与公共过程之中提供一种方法，它仅仅遵从保护过程本身形成和形式的特定规定。”〔2〕因此，在现代社会，唯有通过民主的方式才能促成利益冲突与价值分歧的和解，从而实现具有合法性和说服力的选择和决断；也只有通过民主方式，才能在诸多纷争与冲突中促成合理方案的形成，这一方案或许远不是最佳，但却一定是最少争议和最可接受的方案。

再次，现代“民主”必须能够既确保参与者实质上（能

〔1〕［美］杜威：《新旧个人主义》，孙有中等译，上海人民出版社 1997 年版，第 4～5 页。

〔2〕［英］戴维·赫尔德：《民主的模式》，燕继荣等译，中央编译出版社 2008 年版，第 297 页。

力）的平等，而且能够通过程序性设计，真正消除公民实现平等参与的制度性障碍。这是一个关涉民主的治理是如何实现的问题，即民主的实现必需怎样的实际条件。倘若无法保障公民普遍地参与治理活动的条件和可能性，那么，民主就失去其所有的意义。这一问题显然是事关民主的根本性问题。近现代兴起的代议制民主制度试图通过选举代表从技术上加以解决。但其解决方案显然并不成功。因此，为了消除因“贫困”“财富”“智力”“地位”等因素而产生的不平等，必须有更多的制度设计来保障民主在广度、深度和范围等方面的进一步推进。〔1〕只有真正落实政治平等原则，扩大政治参与的范围和程度，提高参与的质量，才能真正促进民主的实质性价值的实现。这些才是民主的真谛。

第三节 现代“司法”概念的应然之相

上述基于协商民主理论进路对现代社会“民主”概念的重构，揭示了民主本质与内涵的发展演进，那么，现代“司法”概念的内涵又发生了怎样的变化呢？我们必须对“司法”概念做语义分析意义上的梳理，以期能够准确把握司法的深层本质与现代内涵。唯此，才能正确理解“民主”与“司法”之间的内源性关系，在二者之间建立合理的理论关联，并实现“民主”在司法领域中的恰当展现与落实。

司法既是一个在日常生活中出现频率异常之高的日常用语，同时又是一个需要定义的学术概念。《布莱克法律词典》对Ju-

〔1〕参见科恩关于民主的“三维评判体系”的论述。[美] 科恩：《论民主》，聂崇信、朱秀贤译，商务印书馆2004年版，第12~31页。

diciary（司法）词条的解释有三：一是指负责解释法律和主持正义（administering justice）的一个政府部门；二是指法院制度；三是指一批法官。〔1〕这种解释显然因过于抽象概括而难以把握。日本宪法学家芦部信喜教授对司法的界定则较为清晰："所谓司法，一向被认为是指'就具体的争讼，通过适用和宣明法律而进行裁判的国家作用'。如果更加严密地加以定义，则可以说司法是'在当事人之间存在有关具体案件之纠纷的情形下，以当事人提起诉讼为前提，由独立的法院基于其统辖权，通过一定的诉讼程序，为解决纠纷，形成何者为法的判断，保障法的正确适用之作用'。"〔2〕但是，这一对司法的经典定义仍然无助于真正揭示司法的本质与内涵。那么，究竟该如何理解司法的本质呢？

一、司法概念的传统界定

传统的对于司法概念的界定，往往是从司法的形式要件方面入手，将司法大致表述为以下三个方面：其一，司法的主体是由法官构成的法院，其使命是依法裁判各种纠纷，其裁判过程的最大特征是严格遵循既定的法律程序和规定，所谓"法官一方面独立于官方命令，另一方面又从属于法律"。〔3〕其二，司法权具被动性而不是主动性，即司法裁判由置身纠纷中的当事人启动，没有当事人的主动诉讼就不可能有司法裁判发生，所谓"从性质来说，司法权自身不是主动的。要想使它行动，

---

〔1〕 See Bryan A. Garner ed., *Black's Law Dictionary* (Seventh Edition), West Group, 1999, p. 852.

〔2〕［日］芦部信喜：《宪法》（第3版），林来梵等译，北京大学出版社2006年版，第293～294页。

〔3〕［德］卡尔·施米特：《宪法学说》，刘锋译，上海人民出版社2005年版，第167页。

就得推动它”。[1]其三，司法裁判活动所需要的不是人的自然理性，而是法律的技艺理性，由此，就决定了有资格裁判案件纠纷的必须是受过法律职业训练，从而具有法律职业技能和伦理的法官。

二、司法的深层本质与内涵

上述对司法概念的传统界定显然无法满足我们对于“司法”本质的追问。要理解司法的本质，还需从司法在人类社会中的功用与价值的层面来诠释和界定司法，即从司法在不同层次上的结构功能层面，揭示其更为深层的本质特征。

（一）从司法最为原始的功能和目的层面看

司法是一种解决纠纷或争议的机制。诉诸司法的最常态的情形就是当事人之间发生争议，而且往往是已经达到即将破坏社会秩序的程度。从这一意义上来理解司法，有助于揭示司法的原始功能，从而形成对司法本质的准确定位。

然而，对司法本质的理解仅仅停留于这一层面是远远不够的。一方面，仅仅将司法的本质界定为纠纷解决的方式，会在一定程度上掩盖了司法活动的国家公权力属性，而如果司法的终极追求缺乏专属性，那么，司法本身就将失去意义，一切对司法的理论探讨与制度设计也就显得毫无意义和价值；另一方面，仅仅将司法界定为纠纷解决方式，还会导致对于人的自我存在价值的忽视，以及对人的多样性与人的权利的忽视。因为，如果司法仅仅是为了解决纠纷，而解决纠纷又是为了维持现有社会秩序的稳定，那么，为了维护社会秩序的稳定，就有可能反过来侵犯个人的权益。这样一来，司法的实效性也就有可能

---

〔1〕［法］托克维尔：《论美国的民主》（上册），董果良译，商务印书馆 1988 年版，第 110 页。

最终化为乌有。因为，任何脱离人的真正需求而构设的活动机制都无法真正具有实效性。因此，将司法本质界定为解纷方式显然是不全面的，司法还应当具有更为深层的本质属性。

（二）从司法所专属的终极追求层面看

司法在本质上是一种对人与人之间社会关系的调整方式。“司法应该被视为一种对人与人之间的关系进行控制和规制的社会调整方式。”〔1〕这一对司法的界定，彰显了司法自身的独特性，使得对司法的理论探讨、制度设计成为有价值、有意义的问题。作为一种具有专属性的社会调整方式，司法要做到对人与人之间的关系进行有效控制和规制，就必须“为人所设，投人之所需，以人为本”。从宏观看，就是要从个人权利的确立与实现出发，宣示法律，揭示法理，以法的精神调整人与人之间的关系；而从微观看，就是要依凭明确、完备的法律体系，依循法定的程序和专门的法律职业群体，通过对法律的适用和事实的认定，实现法律适用与事实认定的最佳化状态，最终促进人与人之间关系的和谐与人类的共同发展。

（三）从司法所承担的社会责任层面来看

司法是人类事务中为正当诉求提供正式的程序性制度表达的过程。界定司法内涵的关键，并不在于被决定的对象，而在于作出司法裁决的过程。因此，必须发掘司法裁决作出过程的特性，才能真正揭示司法应有之内涵。对此，美国学者富勒对于司法裁决过程之特征的概括十分精辟，认为它至少应当包含三个方面：第一，当事人应当有权以特有方式参与司法决定形成的过程。这一特有方式则指律师的对抗性参与、司法程序当由当事人启动以确保司法的中立品性、作出司法裁决一定要陈

---

〔1〕 Lon. Fuller, “The Forms and Limits of Adjudication”, *Harvard Law Review*, 92 (1978), pp. 353 ~409.

述理由、司法裁决者要以当事人无争议的事实与主张为基础作出决定、司法裁决者自身应当合格、司法裁决应该具有约束力等等。第二，司法程序必须足以满足特有的、急迫的对理性的要求。第三，司法裁决应在特定限度内进行。司法本身是有限度的，有些问题很难通过正常的司法程序加以解决。无视这一点，会常常使司法自身陷入困境。因此。“司法附生形式”即替代性纠纷解决机制是必要的。但是，解决的路径不是改变司法本身的形式以适应司法的附生形式，而是使这些附生形式本身具有可司法性。[1]

第四节 协商民主语境中的“司法”与“民主”之理论关联

经民主理论的协商转向而重构的“民主”概念，是一种以对人的平等尊重与关怀为其核心理念，通过程序性设计化解和应对诸多的利益冲突和价值分歧，以确保参与者实质上（能力）的平等，真正消除公民实现平等参与的制度性障碍的选择策略和协商机制；而现代“司法”的本质内涵是一种对人与人之间的关系进行控制和规制的社会调整方式。司法不仅仅要能够解决纠纷，而且还必须能够通过程序性的制度表达来创制可应用于未来的规则，进而对人与人之间的关系进行调整。

根据这一对“民主”和“司法”概念的现代重构，我们便可以在协商民主的语境中，重建“民主”与“司法”之间合理的理论关联：即“以人为本”是二者共同的伦理向度；“公共性”是二者共同的社会向度；宪政架构之下的“司法独立”则

〔1〕 Lon. Fuller, “The Forms and Limits of Adjudication”, *Harvard Law Review*, 92 (1978), pp. 353 ~ 409.

是二者共同的政治向度。

一、共同的伦理向度：以人为本与接近正义

（一）以人为本

以人为本的观念在历史上源远流长。古希腊智者学派代表人物普罗泰戈拉首先提出："人是万物的尺度，是存在者存在的尺度，也是不存在者不存在的尺度。"〔1〕这一著名的哲学命题被认为是人本思想的最早宣言。因其内在包含着对人类自我价值的积极肯认和生存命运的深沉关怀，"以人为本"这种近乎朴素的观念实际上构成了中外一切忧国忧民的先进知识分子所共有的思想底色。

以人为本更是现代社会的永恒命题，是现代社会"司法"与"民主"共同的伦理向度。"民主"的核心理念就在于对人的平等尊重与关怀，"司法"的本质内涵则在于对人与人之间的关系的控制和规制。因而，"以人为本"不仅是实现社会治理的终极追求，它更全方位地规制和引导着现代社会司法民主理论体系的建构。

首先，作为"司法"与"民主"共同伦理向度的"以人为本"应当是以"权利"为本。从"民主"的角度而言，对人的平等的尊重与关怀必须以对"权利"的确认和保护为前提，从"司法"的角度而言，对人与人之间关系的调整与控制必须通过"权利""义务"和"责任"体系的建构来完成。所以，"权利"自然成了连接"司法"与"民主"之间最为重要也是最为稳定的核心概念。具体而言，以"权利为本"就是要在认识上摒弃

---

〔1〕 北京大学哲学系：《西方哲学原著选读》（上卷），商务印书馆 1999 年版，第 54 页。

“司法工具主义”[1]，确立“司法为民”的服务型司法观；还要处理好权利考量与政策性考量的关系，确立权利考量优先的观念。

其次，作为“司法”与“民主”共同伦理向度的“以人为本”，其逻辑结论应当是以“法治”为本。这是长期以来对于如何实现“民主”的问题的最佳方案。“民主”理论长期以来纠结于“精英”与“大众”，“少数”与“多数”，“参与”与“限制参与”等的混战与纷争中，只有建立“法治”模式，才能通过程序与实质兼顾的制度设计化解和应对诸多的利益冲突和价值分歧，也只有“法治”理念，才能真正消除公民实现平等参与的制度性障碍。

在司法领域中，关于司法正义的实现问题也常常会面临在“民意”与“法律”“伦理思维”与“法律思维”“个案正义”与“普遍正义”等矛盾冲突中抉择，于是“民意审判”“舆论审判”“媒体审判”等现象往往会假借“人本”之名冲击法律的权威或司法权威。从整个司法制度和社会长远利益来看，只有当“法治”成为一个社会的审判元规则，才能排除一切对司法的不当干扰因素，保障司法正义的实现。因此，“法治”既是现代民主实现的有力保障，也是现代司法的根本目标之所在。

（二）接近正义

“接近正义”的传统话语逻辑，实质上正是建立在“分配正义”理论框架下的“平等主义”进路。在分配正义的问题上，西方社会存在三种基本的立场，即功利主义、自由主义和社群主义。梳理这些分配正义理论，我们就会发现，所有这些“分

---

〔1〕所谓“司法工具主义”指的是长期以来左右法律人、特别是政治人思维的，将司法当作权力主体实现自身意志的工具的观念，最典型的就是“刀把子”司法观。司法工具主义的一个习惯性做法是政策考量优先。

配正义”理论所要达到的目的是相同的——解决社会中的“不平等”问题。[1]在这一话语逻辑下，“平等”是一个正义社会的本质特征。而“司法”作为一种由国家支配的公共资源，也应当是人人平等享有的。由于弱势群体在社会中处于“最不利地位”，在权利受到侵害时所拥有的救济途径狭窄和救济能力低下，加之现代社会司法制度的复杂和诉讼成本的高昂，使他们无法平等地享有和利用司法资源。而他们之所以处于这种不利境地，则是由社会基本的司法体制的“不正义”所致。因此，接近正义应当是政府的责任，政府必须承担起完善司法体制、优化配置司法资源的职能，使得司法资源的得到合理的“再分配”，以确保每一个公民，尤其是社会中处于“最不利地位者”（即弱势群体），享有平等且实质性地利用司法的权利，因而，必须通过社会基本制度的调整来达到对司法资源利用的最大程度的平等，即通过一系列制度改革增加司法资源的供给、降低司法利用的成本以及简化司法程序等，使得“弱势群体”对司法的利用更加平等、广泛和便利。

首先，值得注意的是，分配正义应当实现的“正义”，只能是一种建基于政府/国家责任之上的“普遍正义（国家正义）”。因为，分配正义是指国家作为主体来实行的分配，而不是个人与个人（ 或单位）之间的利益交换，[2]换言之，“分配正义”

---

〔1〕 参见姚大志：“论分配正义——从政治哲学的观点看”，载《社会科学》2015年第5期；姚大志：“分配正义：从弱势群体的观点看”，载《哲学研究》2011年第3期；以及姚大志：“再论分配正义——答段忠桥教授”，载《哲学研究》2012年第5期。

〔2〕 参见姚大志：“论分配正义——从政治哲学的观点看”，载《社会科学》2015年第5期；姚大志：“分配正义：从弱势群体的观点看”，载《哲学研究》2011年第3期；以及姚大志：“再论分配正义——答段忠桥教授”，载《哲学研究》2012年第5期。

的实质是国家以制度的方式来分配利益。国家之所以通过制度的方式来分配利益，是为了实现社会整体的正义，这也是衡量一个政府是否具有正当性的重要标志。所以，能够由国家来分配的“利益”，只能是一种属于国家可支配范围内的“公共利益”，而分配正义所能实现的“正义”，也只能是一种建基于政府/国家责任之上的“普遍正义/国家正义”。因此，在分配正义的话语逻辑下，司法应当接近的是以“实现平等”为目标的“国家之正义”，而不是以“满足需求”为目标的“个体之正义”。这意味着，司法“接近正义”改革所能够解决的问题，只能是司法资源享有上的不平等问题，是一个社会群体与另外一个社会群体之间的相对不平等，而不是个人与个人之间的不平等。

其次，由于司法应当接近的是以“实现平等”为目标的“国家之正义”，而不是以“满足需求”为目标的“个体之正义”。这就意味着，司法“接近正义”改革的着力点应当落在司法资源的平等分配上。对此，在分配正义的理论中，向来有“平等论”和“优先论”两种具代表性的主张。而这两种主张都是以实现平等为目标，他们二者的主要区别在于实现平等的方式不同。〔1〕

“平等论”是一种强平等主义，主张在无法通过改善处境更差群体的状况使其福利达到更好群体水平的情况下，就应当通过拉平处境更好群体的福利来达到平等。显然，“平等论”并没有使任何人得到好处，却又损害了某些人的利益，所以这种平

〔1〕 参见姚大志：“论分配正义——从政治哲学的观点看”，载《社会科学》2015 年第 5 期；姚大志：“分配正义：从弱势群体的观点看”，载《哲学研究》2011 年第 3 期；以及姚大志：“再论分配正义——答段忠桥教授”，载《哲学研究》2012 年第 5 期。

等是没有价值的。“优先论”[1]则是一种弱平等主义，主张社会安排应该把处境最差群体（弱势群体）的利益放在首位，以最大程度地提高其成员的福利，因为处境更差群体的利益具有更重要的分量。这一主张最重要的代表人物就是罗尔斯，他提出的“机会平等原则”和“差别原则”正是基于社会正义/国家正义的考虑，主张国家有责任通过社会基本结构的调整，将一部分资源转给社会处境最差者，以平抑分配结果的过分失衡。[2]尽管这种“优先论”的主张自其提出之日起，对它的批判和质疑就未曾停止过，但迄今为止，它仍然是当代政治哲学中最具有可行性的一种分配正义方案。[3]

所以，在“优先论”的框架下，法律资源的平等分配首先应当考虑的就是，切实改善“弱势群体”对司法资源的平等享有的境况。那么，究竟该如何改善呢？这个问题显然是司法“接近正义”改革面临的最为棘手问题。美国学者诺内特和赛尔兹尼克曾深刻地指出，福利国家只意味着一系列的新法案的出台，诸如由政府出面干预私有制经济，改善贫困者、少数民族等社会弱势群体的经济状况，并保护代表消费者利益的扩散性

---

〔1〕 Derek Parfit, “Equality or Priority?”: *in The Ideal of Equality*, edited by Matthew Clayton and Andrew Williams, New York: St. Martin's Press, 2000, p. 101.

〔2〕 参见［美］约翰·罗尔斯:《正义论》，何怀宏译，中国社会科学出版社2001年版，第150~160页。

〔3〕 罗尔斯最为重要的批判者，包括自由主义的代表诺齐克、德沃金等，社群主义者的代表桑德尔、沃尔泽等等，以及社会批判理论的代表哈贝马斯、阿玛蒂亚·森等等。尽管这些理论都在罗尔斯正义论的基础上寻求可能的超越，但是，政治哲学的实践取向决定了，一种正义原则不仅应当是合理的和可欲的，还应当是可行的。可欲性表明了它的理想性，而可行性是指，在目前的社会条件下，就我们具有的社会知识和社会经验来说，我们所提出的正义原则是有可能实现的。正是在这一点上，“优先论”可以被视为一种最具可行性的分配正义方案。参见朱学磊：“罗尔斯‘分配正义’理论及其批评者”，载《学术探索》2015年第1期；以及姚大志：“再论分配正义——答段忠桥教授”，载《哲学研究》2012年第5期。

利益的社会等。而如果不实际实施这些法律或无法兑现这些法律的承诺，必然会引发与“接近正义”的问题相关联的“福利国家中的正义”的危机。所以，福利国家中的“分配正义”无法真正消除司法“接近正义”的危机。〔1〕我国的接近正义改革实践所遭遇的悖论和困境似乎也在印证这一点。诸多被标榜为最具革命性的接近正义之路，往往都难逃“理想”与“现实”背道而驰的命运；无论“送法下乡”还是“迎法入乡”，其结果都是使得民众与司法更加疏离甚至“对抗”。

其实，问题的真正症结在于，我们对于“司法资源”这一概念的内涵和外延的理解出现了偏差。要切实改善“弱势群体”对司法资源的平等享有的境况，我们首先要明确的是，哪些资源属于应当进行平等分配的“资源”。而遗憾的是，至今这仍是一个没有被清晰界定的模糊概念。也正因为我们一直以来未能准确界定这一概念的内涵和外延，才导致司法“接近正义”改革在重心选择上出现偏差。

二、共同的社会向度：公共性

“公共性”追求是马克思主义哲学的本有之义，也是当下中国建设和谐社会的应有之义。“澄明新全球化时代人类合理性生存与实践基础上的公共性思维、立场和理想信念，是当代马克思主义哲学范式变革的内核所在。”〔2〕对“公共性”问题的研究更是对以“个人主义”为主导的西方主流价值观念的深刻反思，以及对民主、法治之社会价值的深情呼唤。

---

〔1〕 参见［美］诺内特、塞尔兹尼克：《转变中的法律与社会：迈向回应型法》，张志铭译，中国政法大学出版社 1994 年版，绪论，第 19～22 页。

〔2〕 袁祖社：“公共性真实：当代马克思主义哲学范式转换的基点”，载《河北学刊》2008 年第 4 期。

“公共性”是人的社会性本质的深刻表达，“是人类公共生活的本质属性。它表现为在公开、相对透明化的社会环境中，在具有差异性视点的评判下形成一种共同认识，进而巩固一种维系社群共同体成员之间共同存在的意识的过程”。[1]而公共性之培育离不开“公共领域”，“公共领域”是“一个关于内容、观点、也就是意见的交往网络；在那里，交往之流被以一种特定方式加以过滤和综合，从而成为根据特定议题集束而成的公共意见或舆论”。[2]

协商民主语境中的“民主”是一种化解和应对利益冲突和价值分歧的选择策略和协商机制，这一本质属性决定了其必须以“公共性”为其基本品性；而现代“司法”的基本功能也在于，司法不仅要能够解决纠纷和化解冲突，而且还必须能够通过程序性的制度表达来对人与人之间的关系进行调整，因而，“公共性”也自然成为司法的价值向度。“公共性”在“司法”与“民主”领域中具体表现为以下几个方面：

其一，作为现代“司法”与“民主”共同的社会向度的“公共性”，是以对个人意志的普遍尊重为前提的，而“公共性”精神要行之有效，就必须承认公民个人利益的正当性。“民主”社会的重要特征就是，每一个社会成员都是平等的，同时，每一个社会成员都被赋予一种相应的社会责任，任何人都没有权利破坏公共利益和他人的利益，任何人都有义务去维护大家公认的道德原则。因此，公共性精神是生成于人们自主的、有着个人权利、自由和责任的积极而真实的社群生活或公共生活

〔1〕 袁祖社：“‘公共性’的价值信念及其文化理想”，载《中国人民大学学报》2007 年第 1 期。

〔2〕［德］哈贝马斯：《在事实与规范之间：关于法律和民主法治国的商谈理论》，童世骏译，上海三联书店 2003 年版，第 445～446 页。

的。在任何一种缺乏主体性关怀和权利话语体系的文化中，是生长不出公共精神的。人类历史发展的事实也证明，无论是强制抹杀和无视民众个性的方法，还是无限扩大民众私心的做法，都难以造就出真正的公共精神。“公共性精神并不是对私人利益的排斥，更不是对个性自由的否定，而是一种最低限度的公共价值、标准和态度。同时，公共精神也要求每一个公民走出一己之私的樊篱，把道德关怀的目光投向社会公众，真正做到以公民和社会为依归。”〔1〕中国的文化和政治传统，向来强调集体本位、国家本位以及公共利益。可是，与推崇个性至上的西方国家相比，中国公民却仍然缺乏“公共性”精神。其原因正在于，在特定文化背景影响下，中国自古缺乏对自我主体性和个人权利的关注。

其二，作为现代“司法”与“民主”之共同社会向度的“公共性”，必须在人与人之间的平等交往与合作基础上，建构和改造现有司法组织和司法的制度形态，以求证司法活动的正当性。因为，从人与社会的关系角度来看，在人的社会生活领域始终存在着种种利益冲突与价值分歧，例如，经济生活中“效率”与“公正”的冲突、政治生活中“秩序”与“民主”的冲突、文化生活中意识形态“一元要求”与思想表达自由的“多元倾向”的冲突、司法领域中“个案正义”与“普遍正义”的冲突等等。这些冲突与分歧最终又都可以归结为“公共利益”与“个人利益”之间的冲突。“公共性”追求的主要目标就在于，在这诸多的冲突中有效发挥其协调与仲裁作用。而其化解冲突的方式就是通过人与人之间通过平等协商与交流合作，最终达成以“公共理性”的形态存在的“共识”。因此，无论是

〔1〕 袁祖社：“‘公共精神’：培育当代民族精神的核心理论维度”，载《北京师范大学学报（社会科学版）》2006 年第 1 期。

“民主”的实现还是“司法”的公正与实效性，都必须建立在“公共性”品性之上。

其三，作为现代“司法”与“民主”之共同社会向度的“公共性”，应当以“公共领域”的法律化为基础。公共领域的法律化更是法律现代性的标志，也是现代法律的民主性的体现和重要制度保障。公共领域〔1〕的存在是民主社会之交往理性得以实现的重要渠道。如果这一公共交往的渠道不畅，就必然会使社会丧失其民主的特质。但是，无论从长远还是当下来看，只有在法律的框架下建构一个完善成熟的公共领域，为公民意识的唤起以及公共性精神的培育提供一个畅通的渠道和合法化平台，才能为现代社会之民主目标的实现提供良好的环境与土壤。现代社会是公民社会，通行的是“新公共行政”运动所推崇的“多元治理”之共生理念。〔2〕与此相联系，司法也理应体现这一公共性精神。而当下的中国社会也已变成一个利益分化和利益博弈社会，在这样的社会中，司法民主、司法公信力以及司法权威的树立，就不能不直面“公共领域”的存在，不能不考虑公共领域在推进司法民主实践进程中的法律化和制度化问题。

三、共同的法治向度：宪政框架下的新程序主义

理解现代“司法”与“民主”之内源性关系的关键之一，

---

〔1〕 公共领域又可以分为私人聚集的领域和公共权力领域。所谓私人聚集的公共领域，是作为公众聚集以迫使公众舆论获得合法化的场所，这个公共领域和公共权力领域是相分离的，是权力体制以外、法律以内的，是法律与公共权力相抗衡、借助公众以“驯服”权力的重要手段。具有政治功能的“公共领域”产生于18世纪的英国。一些民间社会集团为了影响执政当局的决策，求助于具有批判意识的公众或公共知识分子，借助这个新生的公共论坛的认可，实现自身的政治诉求。

〔2〕 参见袁祖社：“‘公共精神’：培育当代民族精神的核心理论维度”，载《北京师范大学学报（社会科学版）》2006年第1期。

在于把握现代社会中司法的地位、功能及其民主责任等。对此，则不能绕过对宪政理论的考察。

宪政理论源自于西方的基督教原罪文化关于人性的批判意识、基督教的二元政治观、自然法学说和契约论思想。〔1〕这一对宪政民主之理论渊源的分析表明，“宪政”的根本要义在于平等地维护每一个体具有尊严和价值的主体性，它以每一个体人的存在和发展为根本目的。“让每一个人成其为人”是宪政民主之最高理念。对宪政民主的推崇并不在于它被编撰于某一国家的某一份文件或法典之中，也不在于它规定了政府的组织形式和运行机制，它更是一种现代性精神的体现和追求。从某种意义上而言，民主是一个产生权力的过程和机制。然而，民主在张扬人性的权利意识的同时，不可避免地会引发权利的恣意妄为。而宪政则恰恰是维护每个人的权利和约束权力的机制。因此，宪政体系是民主的载体和运作的平台。在当代中国的民主政治语境下，缺失宪政的民主将成为一架不受制约的权力机器，难免会蜕变为独裁或者多数的暴政。

理想的社会统治必然是以宪政为架构，以民主为内容，以法治为原则，以人权为目的的政治形态和政治过程。而理想的宪政民主在司法领域的展现，最为核心的就是司法独立。宪政框架的建立，是为实现法律权威与政治权威的抗衡，因此，必须坚持司法独立。政治权威在任何社会都是必不可少的，它是社会组织化有序化的必要条件。然而，传统社会与现代社会最

〔1〕 基督教的原罪文化和人性幽暗意识衍生出了权力悲观主义和制度设防理念；基督教二元政治观作为一种政治文化基因经过多次嬗变导出了公共领域与私人领域、社会与国家的二元界分；自然法学说蕴含着自然权利的思想，并为人类提供了一个评判现实政治法律制度正当性的正义体系；契约论则满足了人们关于政府来源合法性的道德追问，提出了国家产生于契约，政府权力应当分立并相互制约的思想。参见陈德顺：“西方宪政民主理论来源探析”，载《政治学研究》2010 年第 1 期。

大的不同点则在于司法是否具有独立地位。现代社会的一个重要标志性就是政治权威居于法律之下。而现代司法与传统的重要界分也在于，司法权作为一种独立的权力范畴，与立法和行政权力相分离。否则，混同于政党、政治或依附于王权的司法权，要么将作为统治者直接掌控的权力，要么只是实现专制统治的工具。

所谓的“新程序主义”〔1〕的逻辑立场，是以弥合形式主义司法与实质主义司法之间的断裂为目标。这种基于新程序主义的司法观强调，司法的功能更多在于建立一个能够通过理性对话来实现纠纷解决中各方利益间的衡平与合作的平台。根据这一逻辑，司法“怎样做出裁决”的问题，就转换为“如何使得各方共同承认做出这样的裁决”的问题。换言之，这种“新程序主义”与传统的程序主义的不同之处在于，传统的程序主义重视的是当事人与法官之间纵向的相互作用关系，而新程序主义所强调的程序正义，更加重视的是当事人之间的横向沟通、协商的相互作用关系，“将当事人之间所进行的水平方向的信息交换、商讨作为程序结构的重点内容加以强调，充分体现当事人作为程序中的主体的原则。因为，只有在这样的理念支配下，当事人才会获得不受‘意志强迫’的对话保障，才能够就案件的相关信息进行充分的交换和讨论”。〔2〕

---

〔1〕 学者季卫东指出，新程序主义与传统的程序公正理念最重要的不同在于，传统的程序正义往往拘泥于对形式和过程上的控制，而新程序主义是对形式理性和实质理性的反思理性。它更加强调程序价值的社会化，即程序的意义不仅仅是为了排除偶然性或主观性因素的干扰而加以程序性规制的形式合理性，更应当是在多元异质社会结构中通过附加了内在价值的程序来重建共识。参见季卫东：“法制重构的新程序主义进路——怎样在价值冲突中实现共和”（清华大学法学院 2011 年“中国法学创新讲坛”第 4 期主题报告），载 http://www. 21ccom. net/articles/zgyj/xzmj/article_ 2010112825335_ 4. html，访问日期：2016 年 6 月 9 日。

〔2〕 唐力：“协商性司法的理论基础”，载《现代法学》2008 年第 6 期。

基于“新程序主义”立场的“协商性”的司法，其理论追求在于，通过双方之间的平等对话、商谈和妥协，实现一种“互惠性”（mutual benefit）正义。正是在这一意义上，司法正义的实现与否，关键要看司法主体之间是否能够平等对话，对话方式是否正当与理性，利害关系主体是否明知自我权利，他们的意志是否自由等等。与此相应，司法程序本身的妥当性问题，各方当事人对裁判结果的满足度，司法程序结果的执行力，对违背的威慑效果以及异议的容纳和适当处理，都将成为司法程序设计改进的核心要素。〔1〕

简言之，协商性的司法治理模式，在坚持程序正义立场的同时，将司法正当性的基础，从程序正义与实质正义间的纷争，转向了一种新的“互惠性”正义。这表明，它不再拘泥于对一种纯粹理想状态的“规则下的正义”或“虚拟的正义”的追求，而是更加注重当事人所追求的，在各方当事人平等协商基础上通过互相妥协而实现的一种“合意正义”或“妥协正义”；更加注重通过当事人双方之间的对话、商谈来促成纷争的妥善解决，而不是僵化的规则之治或模糊而恣意的道德之治；更加注重积极吸纳新时代的社会利益衡量标准，使司法裁决具有较高的社会价值兼容力和认同度，从而更有利于司法公信力危机的化解。

第五节 协商民主语境中的“司法民主”理论内涵

基于上述对“司法”与“民主”之间理论关联的重新认

〔1〕 参见杨力：“中国法院职权优化配置研究”，载《东方法学》2013年第4期。

识，我们便可以从协商民主的理论视角，对“司法民主”之理念进行现代意义的重构。概言之，现代社会的“司法民主”应当是以对人的平等的尊重与关怀为核心理念的一套特殊的制度与规范体系，其根本目标在于实现司法对人与人之间关系的法律规制与调整。

许多学者已经意识到，传统的司法民主问题研究进路导致了对于司法民主概念的曲解和误读。因而，他们努力尝试开辟一种新的司法民主研究进路。例如，周永坤教授就试图从结构功能的角度来重新解读司法民主。他指出：司法民主是保障人的尊严的制度以及规范体系的一部分，其作用在于贯彻这一特殊的规范体系。衡量司法是否民主或者司法民主的程度的视角或者指标，一是司法人员产生的制度是否民主；二是司法的“制度环境”——政体的民主性问题；三是司法制度的“规范导向”或者价值导向是否民主，即司法所依据的规则维护的是否有利于民主的根本价值——人的尊严本身；四是司法程序是否民主，即是否满足公开性和对抗性；五是司法本身的结构和地位是否有利于控制他项权力，即司法的独立性问题。其最终的结论就是，司法独立和司法职业化是司法民主的必要条件。因此，进行司法独立的制度建设、坚持司法职业化的方向、实行人民陪审员制度的“人民化”、提高司法规范的民主含量等，是使司法真正能担当起人权守护神之重任的重要举措。〔1〕

这一对司法民主的认识已经在一定程度上超越了传统的司法民主研究路径，开辟了一种全新的司法民主研究的视角和进路。这一进路提示我们，司法民主问题研究必须以民主理论的发展演进为大背景，在民主理论的内涵中发掘其对于司法领域

〔1〕 参见周永坤：“我们需要什么样的司法民主”，载《法学》2009年第2期。

的深刻影响。唯此，才能更为准确地把握司法民主的真正内涵。但是，周永坤教授对于司法民主的具体内涵的解读，似乎仍未能跳出传统的立宪民主以及程序民主研究范式的框架。例如，他强调司法独立是司法民主之必要条件，但对于司法独立可能产生的弊端却并未给予应有的关注；他主张提高司法规范的民主含量，即司法所依据的规则必须有利于民主的根本价值，这显然是将司法民主与立法民主混为一谈；他主张以司法人员产生的制度是否民主作为衡量司法民主的指标，主张人民陪审员的“人民化”，这显然又回到了传统的主体民主进路对司法民主的理解误区之中；他主张提高司法程序的民主性，但却将司法程序的民主定位在“公开性”和“对抗性”这种传统的程序民主主义框架中，而忽视了程序民主观所无法克服的诸多缺陷。

因此，本书试图在既有研究的基础上，开辟一条新的司法民主研究路径，即基于一种协商民主的理论进路，重新建构现代“司法民主”的理念和内涵。概言之，就是尝试从以下三个方面，建构现代司法民主的核心理念和原则：一是要确保司法资源在社会中的平等、合理分配；二是要建立司法理念的“公共性”品性；三是要实现司法独立与司法责任的并重。这三个方面既是现代司法民主理念的应有之义，更是衡量司法是否具有民主性以及民主性程度高低的重要指标。

一、强化司法的“可接近性”

现代“司法民主”理念之重构，首先应当从关注司法资源在社会成员中的实际受益状况着手加以建构。国家对司法体制的建构并不能逻辑地推演出社会成员能够公平地受惠于司法的具体活动。事实上，司法对于诸如平等、公平、正义等价值追求，往往会遮蔽不同社会成员在司法实践中实际受益状况的差异。而社会成员在司法过程中的受益状况直接体现为社会成员对法律资源〔1〕的实际分享。法律资源的分享状况更能够体现出每一个社会成员在司法过程中的实际境况与遭遇，因为，获取法律资源的多寡直接关乎社会成员的生存状态。民主并非只是政体意义上的治理机制，而是尊重人的权利的这样一种态度和行为，而司法过程只有时刻体现对个人的平等尊重才是民主的。〔2〕这正是“接近正义”的核心旨趣。

学者顾培东曾尖锐地指出：“社会成员法律资源分享的失衡与我国法律资源配置与分享机制的偏失直接相关。概括地说，这方面的偏失体现于以下三个方面：第一，政治权力对法律资源过度控制。第二，物质财富对法律资源的配置与分享具有较大的趋导作用。第三，各种其他的社会势力对法律资源的配置与分享具有较大的影响。”〔3〕因此，司法民主理念之重构，必须关注和强调司法资源在社会成员中的实际受益状况。唯此，我国的司法才能成为惠及每一个社会成员的真正民主的司法。具体而言，一方面，司法资源的配置不应依从于主体的社会地位或经济能力，即司法不应仅向部分强势社会主体提供“VIP”式服务；另一方面，司法应尽可能降低法律资源使用的门槛，消除不合理的限制，为社会成员特别是为弱势社会成员提供平等且同质的司法帮助，为经济贫困者提供必要的免费法律服务等等。

---

〔1〕法律资源是指能够对主体产生利己效果的一切法律规范、法律程序以及法律活动。法律资源的分享状态，既体现社会成员的实际利益及欲求受到法律承认与保护的程度，也包括这些利益与欲求通过法律手段实现的可能。

〔2〕参见［意］皮罗·克拉玛德雷：《程序与民主》，翟小波、刘刚译，高等教育出版社2005年版，第12页。

〔3〕顾培东：“中国法治进程中的法律资源分享问题”，载《中国法学》2008年第3期。

二、建立司法理念的"公共性"品性

"公共性"是人的社会性本质的深刻表达，是人类公共生活的本质属性，因而是"司法"与"民主"共同的社会向度。"公共性"的目标是在公开、相对透明化的社会环境中，在具有差异性视点的评判下形成一种共同认识，进而巩固一种维系社群共同体成员之间共同存在的意识的过程。因此，必须将"公共性"理念引入司法领域，以突出司法理念的"公共性"品性，才能彰显现代司法的民主性。

就司法实践的性质而言，司法领域中的"公共性"特征应当至少表现为以下三个方面：首先，司法活动出发点应当是非私人性的。司法是一种公共性活动，这意味着司法本身应当具有公权力的专属性，这是司法区别于其他民间解纷机制以及准司法活动的根本标志。司法的这种公权力属性也意味着，司法活动的主体、行为、裁判依据以及司法程序等等，都必须经过公开、透明化的程序和制度加以确立和认可，方可发生应有的法律效力。

其次，司法活动的过程应当以主体的平等、互利与合作为基础。司法程序模式应当将协商、对话、参与等元素逐渐渗入司法裁判领域，力求使司法突破传统的权利与权力之间的对抗模式以及利益对峙格局，走向一种合作、互利、互惠的利益衡平的发展模式。

最后，司法活动的结果应当具有社会共享性。现代司法理念重构的主导方向应是通过制度创新，提高司法机构"公共产品"的出产能力和效益，更加有效、充分和完善地保护社会主体的正当权益，创造、完善并维护适应新的历史条件的政治、经济以及社会生活诸方面的法律秩序。

三、司法的正当程序与司法责任的并重

无论是作为抽象的宪政原则，还是作为具体的司法原则，司法的正当程序与司法民主责任并非互相矛盾的。相反，司法正当程序是司法民主之运行的核心机制。由于宪政架构下的现代司法独立是为实现法律权威与政治权威的抗衡，而且，“司法独立本身绝非一种终极价值，……只不过是一种工具性价值。……司法责任的全部问题——它与司法独立之间的紧张与平衡——的解决途径，存在于努力确保为执行自然正义基本法则——司法公正与程序公平——中所体现的更为终极的价值提供可能的最佳具体环境，并因此确保司法程序尽可能最充分的参与（民主性）程度。”〔1〕因此，从维护民主价值有效性的角度来看，只有独立的司法才能真正有效地维护民主的价值，一个成为他项权力工具的司法，只能是一种“附庸的司法”，这种司法无法真正担当起人权守护神的重任。

但是，如果让司法处于没有任何合理制约的状态下，人们同样有可能处于更为严重的不安全之中。因此，对司法责任的规制就是必须的。“司法责任”〔2〕这一概念意味着司法权的行使必须承担相应的责任。它是保证法院正确行使职权、保证司

---

〔1〕［意］莫诺·卡佩莱蒂：《比较法视野中的司法程序》，徐昕、王奕译，清华大学出版社 2005 年版，第 95 ~96 页。

〔2〕 意大利学者莫诺·卡佩莱蒂将司法责任分为四种类型：第一是法官个人和司法机构作为集体的政治责任（political accountability）。还可分为两种主要的亚类型，即对行政机构的责任以及宪法责任；第二是社会或公共责任（Social or Publicaccountability），即对社会公众的责任；社会责任同样可以是法官个人的责任，或司法机构整体的责任；第三是国家的法律（替代性）责任，可以是单独的，或与法官的个人责任同时使用；第四是法官的法律（个人）责任，可以是刑事责任、民事责任或纪律责任。参见［意］莫诺·卡佩莱蒂：《比较法视野中的司法程序》，徐昕、王奕译，清华大学出版社 2005 年版，第 98 页。

法权力的良性运行、遏制和防止司法腐败的有效机制，至少可以从制度上消除偏袒以及枉法裁判的可能性。正如卡佩莱蒂教授明确指出的：“存在一种世界性的趋势，即在大大减少独立之政治隔层的前提下，使法官可被追究，以改进司法行为和表现，……以及确保司法责任。”〔1〕

第六节　本章小结

中西方学界对于“司法民主”问题研究的三种传统的理论进路，即主体民主的研究进路、立宪民主的研究进路以及程序民主的研究进路，都对“民主”这一核心概念的理解存在误区和分歧。因此，这三种传统的研究进路都无法建构起具有说服力的、能够真正有效化解矛盾冲突的“司法民主”理念。因而，必须开辟新的研究进路对司法民主理念进行重构，才能真正化解司法职业化与司法民主化之争所暗涵的利益冲突与价值分歧。

通过对现代民主理论之协商转向的分析，并运用语义分析方法澄清“民主”与“司法”的现代内涵。于是，在协商民主语境中建立起“民主”与“司法”之间合理的理论关联，即二者共同的伦理向度是“以人为本”，共同的社会向度是“公共性”，共同的政治向度则是宪政架构下的“司法独立”。

据此，基于协商民主的理论进路，重构了“司法民主”的理论内涵，即现代社会的“司法民主”应当是以对人的平等的尊重与关怀为核心理念的一套特殊的制度与规范体系，其根本目标在于实现司法对人与人之间关系的法律规制与调整。而确

〔1〕［意］莫诺·卡佩莱蒂：《比较法视野中的司法程序》，徐昕、王奕译，清华大学出版社 2005 年版，第 86 页。

保司法资源在社会中的平等、合理分配、建立司法理念的“公共性”品性以及实现司法独立与司法责任的并重，既是现代司法民主理念的应有之义，更是衡量司法具有民主性以及民主性程度高的重要指标。

第七章

从“司法民主”到“接近正义”的路径转换

规定于民主宪法条款中的抽象理性的命题本身并不足以赋予民主生机；还必须存在警醒且主动的民主实践，自觉地、稳定地把这些宪法原则转化成有理的（reasoned）、合理的（reasonable）且生动的现实。

——［意］皮罗·克拉玛德雷〔1〕

在本书第六章中已经论及，经协商民主进路重构的现代司法民主理念，彰显的是人本精神、公共性精神以及司法独立与司法责任并重的现代理念。但是，如果这些理念不能转化成为一种制度性的整体设计，将这一基于协商民主进路的现代司法民主理念在司法的运行机制中加以落实并有效运转，就必然会导致因制度供给不足而造成潜规则盛行，甚至会抵消现有司法民主制度体系的规范作用。那么，协商民主进路的现代司法民主理念究竟如何在司法实践层面转化为具有实效性的运行机制

〔1〕［意］皮罗·克拉玛德雷：《程序与民主》，翟小波、刘刚译，高等教育出版社2005年版，第12～13页。

呢？通过第三章、第四章和第五章对中、西方司法民主化进程的细致梳理，本书对司法民主理论与实践所应关照的历史与现实进行了深刻的反思。在此基础上，本章将尝试对当代中国司法民主化改革的路径以及系统的制度架构进行初步的构想。

第一节　司法“接近正义”之改革新路径

司法民主理念应当从传统的以主体民主、立宪民主或者程序民主为核心的司法民主，转向以“接近正义”为取向的司法资源的平等享有，即确保社会中的每一个人，尤其是弱势群体对司法资源的平等享有。具体而言，至少需从三个方面入手。

一、主体面向与司法立场的转换

首先，主体面向从“个体”转向“群体”。分配正义应当实现的“正义”，只能是一种建基于政府/国家责任之上的“普遍正义/国家正义”。因为，分配正义是指国家作为主体来实行的分配，而不是个人与个人（ 或单位）之间的利益交换，换言之，“分配正义”的实质是国家以制度的方式来分配利益。国家之所以通过制度的方式来分配利益，是为了实现社会整体的正义，这也是衡量一个政府具有正当性的重要标志。所以，能够由国家来分配的“利益”，只能是一种属于国家可支配范围内的“公共利益”，而分配正义所能实现的“正义”，也只能是一种建基于政府/国家责任之上的“普遍正义/国家正义”。

其次，司法立场从“满足需求”转向“实现平等”；在分配正义的话语逻辑下，司法应当接近的是以“实现平等”为目标的“国家之正义”，而不是以“满足需求”为目标的“个体之正义”。这意味着，司法“接近正义”改革所能够解决的问题，只能是司法资源享有上的不平等问题，是一个社会群体与另外一个社会群体之间的相对不平等，而不是个人与个人之间的不平等。

因此，司法“接近正义”改革的着力点应当落在司法资源的平等分配上，而不是落在扩大司法资源供给、降低司法成本和简化诉讼程序上，否则，就会遭遇已被实践证实了的司法资源的短缺与浪费并存的困境。因为，扩大司法资源供给、降低诉讼成本和简化诉讼程序，是以“个体”司法需求的满足为重心。这虽然表面上大大降低了个案处理中当事人的私人成本，但同时也会大大刺激个体的诉讼需求。如果没有适当的机制对轻率诉讼、恶意诉讼、滥用诉权等现象加以有效限制的话，就会使得耗费的公共成本和司法资源不减反增。因而，就整体而言，我国的司法资源耗费总量实质上是被大大提高。这样一来，司法资源供给增加与成本降低的实效性也最终化为乌有。正如学者范愉所言：“便利和廉价的诉讼不仅不可能解决社会中存在的一切纠纷，而且也难以解决司法和诉讼本身的难题。”〔1〕

二、“接近正义”之实践逻辑的转换

当下“接近正义”改革所遭遇的现实困境表明，现代司法——尤其是转型时期的中国司法所面临的挑战，其背后往往暗涵着法律思维与伦理思维、程序正义与实质正义、个案正义与普遍正义以及西方经验与本土资源等更为深层的价值分歧和冲突。这早已超出了传统的形式主义司法和实质正义司法的简单对抗。以追求合乎法律之内的正义为目的的形式主义司法观，因其机械和僵化，无法回应在多元异质社会中的复杂多变的正

〔1〕 范愉：“司法资源供求失衡的悖论与对策”，载《法律适用》2011 第 3 期。

义需求，始终受到学者的质疑。正如美国学者昂格尔指出：“公平愈是屈从于规则的逻辑，官方法律与老百姓的正义感之间的差距也就愈大。从而，在老百姓的眼中，法律就会渐渐地失去自身的可理解性和合法性。他们认为，法律或是权贵们运用的魔术箱，或是随意地落在正人君子和邪恶小人身上的一系列霹雷而已。”[1]而实质主义的司法观，则难以避免法官将法律之外的因素（政治逻辑、道德伦理逻辑甚至文化传统因素等）引入对法律规则进行解释和适用的过程中，因而法官就有可能做出违背立法者根本意图的司法判断。它既无法防止司法的恣意和专断，也无法克服司法的软弱，从而从根本上动摇司法的权威性和公信力。为了克服传统司法观的局限，现代民主理论演进过程中形成的协商民主（deliberative democracy）理论，已深刻影响着司法观念的内核，形成了对司法观的“协商性”改造，从而引领司法逐渐走向一种合作、互利、互惠的新实践逻辑。

（一）以“新程序主义”弥合形式主义司法与实质主义司法的断裂

首先，司法的“协商性”坚持一种“新程序主义”的逻辑立场，以弥合形式主义司法与实质主义司法之间的断裂。这种基于新程序主义的司法观强调，司法的功能更多在于建立一个能够通过理性对话来实现纠纷解决中各方利益间的衡平与合作的平台。根据这一逻辑，司法“怎样作出裁决”的问题，就转换为“如何使得各方共同承认作出这样的裁决”。换言之，这种“新程序主义”与传统的程序主义的不同之处在于，传统的程序主义重视的是当事人与法官之间纵向的相互作用关系，而新程序主义所强调的程序正义，更加重视的是当事人之间的横向沟

---

〔1〕［美］M. 昂格尔：《现代社会中的法律》，吴玉章、周汉华译，译林出版社 2001 年版，第 198 页。

通、协商的相互作用关系，“将当事人之间所进行的水平方向的信息交换、商讨作为程序结构的重点内容加以强调，充分体现当事人作为程序中的主体的原则。因为，只有在这样的理念支配下，当事人才会获得不受‘意志强迫’的对话保障，才能够就案件的相关信息进行充分的交换和讨论”。[1]

其次，基于“新程序主义”立场的“协商性”的司法，其理论追求在于，通过双方之间的平等对话、商谈和妥协，实现一种“互惠性”（mutual benefit）正义。正是在这一意义上，司法正义的实现与否，关键要看司法主体之间是否能够平等对话，对话方式是否正当与理性，利害关系主体是否明知自我权利，他们的意志是否自由等等。与此相应，司法程序本身的妥当性问题，各方当事人对裁判结果的满足度，司法程序结果的执行力，对违背的威慑效果以及异议的容纳和适当处理，都将成为司法程序设计改进的核心要素。[2]

简言之，协商性的司法治理模式，在坚持程序正义立场的同时，将司法正当性的基础，从程序正义与实质正义间的纷争，转向了一种新的“互惠性”正义。这表明，它不再拘泥于对一种纯粹理想状态的“规则下的正义”或“虚拟的正义”的追求，而是更加注重当事人所追求的，在各方当事人平等协商基础上通过互相妥协而实现的一种“合意正义”或“妥协正义”；更加注重通过当事人双方之间的对话、商谈来促成纷争的妥善解决，而不是僵化的规则之治或模糊而恣意的道德之治；更加注重积极吸纳新时代的社会利益衡量标准，使司法裁决具有较高的社会价值兼容力和认同度，从而更有利于司法公信力危机的化解。

---

〔1〕 唐力：“协商性司法的理论基础”，载《现代法学》2008 年第 6 期。

〔2〕 参见杨力：“中国法院职权优化配置研究”，载《东方法学》2013 年第 4 期。

（二）以“司法克制”为原则框定司法权能的边界和限度

“协商性”的司法在坚持新程序主义立场的基础上，还必须以“司法克制”（judicial restraint）为原则来框定司法权能的边界和限度。司法权能的边界和限度问题，在宏观层面上通常是指国家权力结构的问题，即司法权与立法权、行政权等国家权力之间的权界划分问题。在微观层面上，则主要指在司法权运作过程中，司法权行使的边界和限度的问题。对此，西方社会大致经历了从极端“司法克制主义”到“司法能动主义”（judicial activism）的发展过程。

“司法克制主义”是基于西方近代的自由主义传统所确立的权力制衡理念和程序正义立场，强调在案件的处理中，法院和法官应当保持适度的消极和中立，不能直接或间接地创制法律，并应与案件所涉及的社会及政治因素保持适当距离。在处理社会事务尤其是政治事务上，司法应当严格恪守自己的界域，不主动关切或参与这些事务。而最初引发人们关注司法权边界问题并引出“司法能动主义”的则是首创于马伯利 VS. 麦迪逊案〔1〕的美国的司法审查制度。它强调“法官应该审判案件而不是回避案件，并且要广泛地利用他们的权力，尤其是通过扩大平等和个人自由的手段去促进公平——即保护人的尊严”。〔2〕其基本宗旨是为了促进司法与政治、社会生活的融合，实现司法对社会现实变迁的回应，以期在促进实质正义、实现个案正义、增强法律实效性、实现法律效果与社会效果的统一乃至推动立

〔1〕“马伯里诉麦迪逊案”（Marbury v. Madison）是美国宪法中最著名的案例之一，于1803 年由首席大法官马歇尔主笔，检索码是5 U. S. 137（1803），此案例确定了美国宪法中的司法审查先例。

〔2〕［美］克里斯托弗·沃尔夫：《司法能动主义：自由的保障还是安全的威胁》，黄金荣译，中国政法大学出版社 2004 年版，第 3 页。

法发展等方面发挥司法所应有的重要功能。

事实上，司法克制与司法能动之间并非是一种对抗关系，而是一种补充关系。二者是基于司法本身的特性和要求而形成的司法的两个重要面向。即便是激进的司法能动主义者，也主张对司法权和法官自由裁量权应当进行严格限制，司法能动必须在司法克制原则的约束下才具有正当性。尽管有时候为了纠纷的解决，法院必须阐释和适用一般性的命题。但是，其基本要求则是恪守司法裁判的“窄”和“浅”原则，即法官应当将注意力集中在对解决特定争议确实有必要的事情上，应当尽量避免使用宽泛规则和抽象理论。桑斯坦将此表述为“司法最低限度主义”〔1〕。

中国语境中的司法权能的边界和限度问题，虽然与西方世界存在国家和社会结构的不同以及司法体制的不同，但基于现代司法的基本制度共性，同样存在如何界定司法权与立法权、行政权等其他国家权力之间的权界划分问题；也存在司法权能的范围和限度问题，以及法官如何在司法能力范围内进行司法活动的问题。因此，司法克制原则以及司法克制与司法能动之间的关系的理论，对于分析中国社会司法权的边界和限度的问题具有重要的参照意义。具体而言，以“司法克制”为原则框定中国司法权能的边界和限度，至少应当从几个方面加以规制。

首先，以“司法克制”为原则严守司法权运作的权界。这意味着，不仅在立法层面上要清晰界定司法权的边界和限度，使得司法权不能任意僭越立法权和行政权等其他国家权力的领域，更为重要的是，在司法的程序设计中，也应当将法官的权界加以清晰界定。法官在司法裁判过程中，绝不能任意引入道

〔1〕［美］凯斯·R. 桑斯坦：《就事论事：美国最高法院的司法最低限度主义》，泮伟江译，北京大学出版社2004年版，第21页。

德、伦理、政策等逻辑作为直接依据，突破法律和规则的界限和限度。法官只能是一个裁判者而非立法者，法官肩负的使命应当界定为具体案件中具体正义的实现。

其次，以“司法克制”为原则，科学合理配置司法资源。“接近正义”改革的重心应当放在司法资源的合理配置上，即如何确保将优质司法资源配置到最需要司法加以保护的领域。这意味着，我们至少面临两个极为重要的课题。一是，“案件的可裁判性”问题，即哪些争议和纠纷是能够以及最需要通过司法裁判的方式加以解决的。司法资源的稀缺性决定了司法所能解决的纠纷的范围是有限的，因此，优质的司法资源究竟应当介入哪些领域，这一问题必须加以科学合理地界定。否则，在“司法万能”的幻觉下司法大规模介入社会纠纷，不仅不能获得正义产出的增加，反而会加剧司法资源的浪费，甚至引发“诉讼爆炸”，进一步削弱司法权威；二是，要清晰界定司法与其他替代性纠纷解决机制的范围和边界问题。不同的权利救济方式对于权利救济的效果和程度是不同的，但无论哪一种解纷机制，都同样需要耗费公共资源。那么，如果对于何种权利应当以何种方式得到何种保护的问题不能给予科学合理的规制，就难免会引发不同群体、不同案件以及不同解纷机制之间对于公共资源的竞争和占有，从而会激化社会矛盾冲突，更加剧社会中弱势群体的不平等境遇。

再次，要科学界定司法机能的限度，即明确司法应当以及能够在何种程度上发挥其社会控制功能。这意味着，我们既要防止在司法万能主义影响下，过度强调司法的主动性、亲民性和简便化——从而营造出“司法万能”的假象，误导民众对司法的过度苛求，进而引发司法权威和公信力的危机；同时，也要防止因“司法万能”迷信破灭后而走向另一极端——选择性司法，即对于棘手、敏感、复杂的“疑难案件”采取保守退缩态度，拒绝受理或者有条件受理，或通过提高起诉门槛而将一些案件拒之门外等。

总之，“接近正义”改革实践逻辑的“协商性”转向，是在坚持“新程序主义”的立场上，弥合传统的形式主义司法和实质主义司法之间的断裂，强调对双方当事人平等权利、民主权利的保护，在有效阻止司法专断和恣意的同时，更加注重通过程序性共识的达成来积极吸纳新时代的社会利益衡量标准，使司法裁决具有较高的社会价值兼容力和认同度，从而更有利于司法公信力危机的化解。此外，以“司法克制”原则框定司法权能的边界和限度，则是解决我国“接近正义”改革实践中诸多问题的突破口。这不仅有助于准确把握司法介入社会事务的范围和程度，为司法和法官划定权力运作的边界和限度，还有助于引导社会和民众对于司法功能和限度的形成一种理性的认识和适度的宽容，从而提升民众对司法裁决的认同度，进而树立司法的权威和公信力。

三、改革重心的转换

司法应当接近的是以“实现平等”为目标的“国家之正义”，而不是以“满足需求”为目标的“个体之正义”。这就意味着，司法“接近正义”改革的着力点应当落在司法资源的平等分配上。那么，如何实现平等呢？

首先，要切实改善“弱势群体”对司法资源的平等享有的境况，我们首先要明确的是，哪些资源属于应当进行平等分配的“资源”。而遗憾的是，至今这仍是一个没有被清晰界定的模糊概念。也正因为我们一直以来未能准确界定这一概念的内涵和外延，才导致司法“接近正义”改革在重心选择上出现偏差。

“法律资源”，应当是指“能够对主体产生利己效果的一切法律规范、法律程序以及法律活动。法律资源的分享状态，既体现社会成员的实际利益及欲求受到法律承认与保护的程度，也包括这些利益与欲求通过法律手段实现的可能”。〔1〕学者顾培东的这一定义揭示出，在实践层面，应当被平等分配的“法律资源”至少应当包括三种类型，即立法资源、执法资源以及司法资源。如果允许各种强势集团利用自己特有的条件与优势，争夺立法上的利己保护，力图巩固并扩张其特殊利益，就是立法资源的分配不平等；利用有限的执法力量及相关执法资源对有产阶层、富裕群体作倾斜性保护，就是执法资源的分配不公；而司法资源的分配不公，则不仅表现为进入司法的门槛过高，需要主体具备一定的财力与智力条件等，更为重要的是，在诉讼实践中，主体的社会身份、地位、人脉资源等等诸多隐性的社会资源，往往会在诉讼中形成更大的影响力，从而使形式上平等的诉讼程序常常产生出不平等的诉讼结果。〔2〕

由此可见，造成“弱势群体”不能平等享有法律资源的因素是多元复杂的。其复杂程度远远超出了“接近正义”传统改革路径所能涵盖的范围。

首先，显性因素以司法规则、司法技术、司法成本、司法程序为载体。一直以来，我们致力于改善由于司法门槛过高，或弱势群体缺乏必要的财力与智力等因素造成的司法资源利用的不平等，殊不知这些只是造成“不平等”的诸多因素中很小的一部分，只是由于它们是“显性的”，易于被发现和关注而已。

---

〔1〕 顾培东：“中国法治进程中的法律资源分享问题”，载《中国法学》2008年第3期。

〔2〕 参见顾培东：“中国法治进程中的法律资源分享问题”，载《中国法学》2008年第3期。

其次，隐性因素包括政治权力、物质财富、社会地位、社会关系以及其他能够影响立法、执法以及社会资源分配的因素。真正影响和趋导着法律资源的配置的，往往是立法资源、执法资源的分配不公，政治权力、物质财富、社会地位、社会关系的不同，以及其他诸多“隐性因素”造成的社会资源占有的不平等。这些因素往往由于其“隐蔽性”而难以被发现，也由于其“隐蔽性”和“复杂性”而更难以被纠正。

基于对影响弱势群体对司法资源平等享有的“实质性因素”的关注，进一步探究“隐性”因素进入司法领域的路径和方式；在此基础上，规范其对司法资源平等分配的影响。例如，合理界定政治权力与司法权力之间的关系；改善法律资源的配置与分享格局；减少权力机构对法律资源的掌控；突出法律资源的“公共产品”属性，提升社会成员运用法律资源的能力。最终目标在于真正消除司法领域中“强势群体”与“弱势群体”之间的不平等。

第二节　司法民主化改革的传统路径及其完善

司法民主之外在运行机制从根本上而言，一方面，它关涉的是司法权自身的合法性问题，即司法权之行使何以是正当的，以及如何保证其行使合法、公正和有效的问题；另一方面，它关涉的是司法权作为公共权力之一种，它如何承担其民主责任的问题。

因此，司法民主之外在运行机制的建构，就是要进一步加强和完善司法权行使的外部环境，处理好司法权与其他公共权力之间的关系，以及司法权与民意之间的关系。具体而言应当包括两个方面，一是对司法独立机制的完善，这是司法承担其民主责任的前提和机制保障，是司法的政治责任；二是对司法过程中的民意表达与民意吸纳机制的完善，而这是司法的社会或公共责任，是司法之民主性与现代性的集中体现。

一、司法的民主责任

无论是作为抽象的宪政原则，还是作为具体的司法原则，司法独立与司法民主都是并不矛盾的。相反，司法独立是司法民主之运行的核心机制。由于宪政民主理念引导下的现代司法民主机制是为实现法律权威与政治权威的抗衡，而且，“司法独立本身绝非一种终极价值，……只不过是一种工具性价值。……司法责任的全部问题——它与司法独立之间的紧张与平衡——的解决途径，存在于努力确保为执行自然正义基本法则——司法公正与程序公平——中所体现的更为终极的价值提供可能的最佳具体环境，并因此确保司法程序尽可能最充分的参与（民主性）程度”。〔1〕因此，司法民主理念在司法实践过程中的实现与落实必须从以下几个方面加强司法独立机制。

（一）合理界定和配置司法机构同其他权力机构之间的权力

依照司法独立机制的架构及制度实践，司法权所要应对的权力主体主要是在政治构架中处于强势地位的主体，司法机构自身在权力关系调整中则处于一定的弱势。这就意味着需要扩张权力的机构缺少实现这种扩张的权力；而具有扩张权力能力的机构却需要相对减少权力，由此形成权力调整中的位势失衡。因此，司法独立机制的重构必须对司法以及与司法相关的各主体的权力进行重新界定和配置。具体而言，主要包括以下几个方面：

其一，在司法与执政党的权力关系问题上，既要建立和巩

---

〔1〕［意］莫诺·卡佩莱蒂：《比较法视野中的司法程序》，徐昕、王奕译，清华大学出版社 2005 年版，第 95 ~96 页。

固执政党的方针政策、主流意识形态对司法的渗透和影响的常规渠道；另一方面，也要为司法机构排拒个别党组织、特别是个别党的领导干部的不当干预，为维护法律基本原则（包括程序上的规则）提供必要的制度保障。

其一，在司法与立法机构的权力关系的问题上，既要防止司法权的失控、遏制司法专横及司法腐败的滋生与蔓延，保证立法的有效实施，同时，又要避免因立法权的过度扩张而影响司法权的独立行使，尤其是影响审判权的自主性。因此，一方面，应强化立法机构对司法的影响，立足于完善和改进具体的监督和制约方式，提高监督与制约的实际水平；另一方面，在两者权力关系的配置中应更多地倾向对司法独立地位的保护。

其三，在司法与政府的权力关系的问题上，始终存在着两个矛盾。一方面，政府行政权力的行使在一定范围内受制于司法评价，但是，由于司法机构的物质资源来自于同级政府，因而，政府的财政状况以及对司法机构的态度又决定着同级司法机构物质供给的丰寡；另一方面，司法是政府实现其经济社会发展以及社会治理的重要机制和保障，然而，政府自身又不能直接支配司法行为。对于第一层面的问题从表面上看是行政诉讼的受案范围问题，但实质上则涉及司法的地位，即对相关范围的界定或重新配置应从属于政治建构合理化的要求。而更为主要的矛盾则在于，政府决定司法资源供给的合理性必须建立于对政府和司法的双重道德假设之上〔1〕，而这双重的道德假设

〔1〕 即政府不因资源供给上的优势而谋求司法给予特殊保护，包括在行政诉讼中不谋求司法机构予以偏袒，并且不直接或间接干预司法审判；同时，司法亦不“为稻粱谋”而在处置涉及政府事务时失之公正，且能排拒政府的任何直接或间接的干预。参见顾培东：“中国司法改革的宏观思考”，载《法学研究》2000 年第 4 期。

无论在理论上和实践中都是难以成立的。第二个矛盾在实际运作中的表现是，司法如何既能够成为地方政府有效实施社会治理的重要保障机制，同时又不至于陷入“地方保护主义”的牢笼，丧失司法应有的公正性和独立性。这两方面的问题无疑是司法独立运行机制之建构面临的重大难题。

其四，在重新配置司法机构之间的权力配置关系的问题上，突出矛盾集中在检察机关的权力界定上。具体说，检察机关集部分侦查以及控诉和法律监督权力为一体，这一格局事实上已经瓦解了相互独立、相互制约以及相互配合原则所要求的平衡。而更值得深思的则是，赋予检察机关的法律监督权对审判权这一终极权力的权威性的维护是否真正有利？因此，中国司法机构之间权力重新配置的核心问题是，重新审视检察机关的职能与功用，检讨并真正解决检察机关的职能与法治国家中司法技术的一般规则之间的协调性。

其五，各司法机构内部的权力关系问题，不仅涉及各级司法机构之间的权力关系，还涉及在各司法机构内部不同职级之间的权力关系。在司法机构内部权力关系的调整过程中，当前较为明确的取向是权力的下放，亦即上级司法机构将部分权力下放给下级司法机构（包括权力行使的部分范围划给下级），上一职级将部分权力下放给下一职级。然而，司法机构内部面临的主要问题事实上在于激励和约束机制未能有效形成，因而，仅仅通过下放权力显然不足以解决这一问题。如果说下放权力是作为一种激励性措施的话，那么，逻辑上应当先行考虑的则是约束手段的形成与完善。只有在对司法的约束机制（即司法问责机制和司法监督机制）健全的情况下，下放权力的效果才能达到其预期。

（二）正确理解司法独立运行机制实现的逻辑进路

实现司法独立的正当逻辑进路应当是经由司法官员之身份

独立来支撑司法职业之独立，由此方能实现司法权的独立。“对司法秩序的所有改进，最终的目标必定是希求个体法官的独立。因为，如果缺少这一点，法官就不可能具有道德责任感，而这是该职位的最高价值。”〔1〕

司法独立运行机制至少应当包含三层要义：一是司法权的独立。抽象地看，司法权作为公权力的一种，在权力结构上独立于立法权和行政权。具体说来，就是指法院作为整体对司法事务享有自主决定权，防止立法、行政等其他公权力对其裁判的干预。包括法院设立或取消的决定参与权、法律争议的管辖权、自行决定并取得充分的司法资源。二是司法官职业的独立。具体指法官在具体的审判过程中独立于一切主体包括国家机关、社会组织、个人、其他法官与法院，不受任何外部不当或无关因素的影响，而且仅仅根据法律和法律程序，按照自己的理性和良知进行审判并做出裁决。三是司法官身份的独立，即具体行使司法权的法官，在审判中独立运用司法权审判案件，不受行政机关和立法机关干扰。这是确保司法独立的重要条件，为此，现代社会通常是通过合理的法官遴选制度、适当的稳定、高额薪金、稳定的任期制或终身制以及惩戒程序的严格化与正当化等机制来保证法官身份的独立。

在我国司法理论和实践中，司法独立始终面临着一种两难困境。从理论上讲，使司法尽可能少地受制于各种社会压力和影响，并具有更大的独立性是司法之民主责任的必要条件；然而，司法独立却又并非司法民主责任实现的充分条件。因为，在目前条件下，为了维护司法的权威和公信力，确实有必要采取适当的制度或措施以防止司法腐败，或者分担司法所面临的

---

〔1〕［意］皮罗·克拉玛德雷：《程序与民主》，翟小波、刘刚译，高等教育出版社 2005 年版，第 28 页。

政治责任与社会责任，减轻司法的社会压力；而这些措施往往又会影响法官的独立审判，妨碍司法独立的发展和确立。事实上，这正是由于我们历来仅强调司法机关的整体独立性，企望通过实现法院的整体独立来促进司法独立的实现，而忽视了对法官个体独立的型塑。此外，司法改革者在对司法独立的认识上也出现了严重误区，将司法独立与司法民主看作是对立的两个方面，长期以来在这两种错误认识基础上徘徊不前。由于这一思路与实现司法的民主化与现代化的正当逻辑进路逆向而行，因此结果恰恰是不仅造成法院内部管理中的行政化趋向，从而严重损害到法官的个体独立性，使司法的独立性被破坏殆尽。

因此，在司法独立之运行机制的三层要义中，法官身份的独立较之司法权独立以及法官职业独立而言，应当居于更为重要的地位。因为，只有保障了法官个体身份的独立，才能真正确保法院的整体独立性，也才能确保其他层次的司法独立，而司法机构以及司法职业的独立只不过是法官身份独立的直接后果。因此，实现司法独立的正当逻辑进路应当是经由司法官员之身份独立来支撑司法职业之独立，由此方能真正实现司法权的独立。

二、司法过程中的民意吸纳与回应

关于司法应当如何对待民意的问题，目前的主要争论其实并不在于司法是否要吸纳民意，而在于司法应当吸纳怎样的民意，应当通过怎样的渠道来吸纳民意，司法应当以怎样的方式来回应民意等问题。

司法判决强调法律的刚性正义，而民众却大多坚持一种外部立场，他们往往会提出许多不同的道德伦理主张，甚至直接给予对或错的评价，其中不乏相反的法律命题。这个现象本身就充分表明“自动售货机”这一法律隐喻并不能描摹司法的过程。“司法也可以需要吸纳和回应民意，但是，一旦为了讨好民意，司法就有被民意俘获的可能。”〔1〕同样，如果司法一味坚守其保守性和贵族气质，便会因其难以融入市民生活而丧失其公信力。因此，司法本身民意既要保持警惕，又要有效回应；既要开放又要限制。

首先，司法过程对民意应当保持适当开放，但其前提是民意必须遵从既定法律渠道、法律程序，以“法律参与”的形式进入司法场域。〔2〕强调司法对于民意的开放，并非意味着放弃对刚性正义的坚守，而是更为在意司法判决的社会可接受性。因此，司法过程中的民意吸纳与回应问题，是把判决与民意的对立和冲突化约为规范与事实之间的问题，借助于法律原则和法律论证的技术性强化，使得民意经由法律程序的过滤进入司法。换言之，能够成为判决理由的民意，必须符合并依托某一条法律原则，通过合法性的检测才具有正当性，必须依托法定的形式和渠道进入法律程序。

其次，司法吸纳民意的过程绝不意味着司法对民意的妥协，而是法官不断从民意中吸纳相关信息作出合理判断（以及规则调整和创制）的过程。法官对民意的看法应当持一种谨慎、警惕的态度，他们必须通过职业规则强化自律，防止其司法活动被民意所左右。因此，教义分析和法律技能是司法对于民意的吸纳与回应过程中不可缺少的司法技术和能力。司法过程对各种相关信息的吸纳，是各层级法官的教义分析，司法技能的运

---

〔1〕 Luke Bierman, “Legal Development: Preserving Power in Picking Judges: Merit Selection For the New York Court of Appeals”, *Albany Law Review*, 60 (1996), p. 339.

〔2〕 参见孙笑侠、熊静波：“判决与民意——兼比较考察中美法官如何对待民意”，载《中国政法大学学报》2005 年第 5 期。

用，特别是上诉（二审或终审）法院的政策性考量和政治性判断的共同作用。它不仅仅受制于个别法律精英（特别是出庭律师）的教义分析和法律技能，相反，整个社会中的法律精英（法官、律师和法学人）会由此强化了对民意的理解和吸纳。[1]

最后，司法吸纳或回应民主的方式大致可以有两种：一是法官的“合理化法律分析”，即在司法审判中，法官可以从政策、目的及原则等实质性的角度来论证判决的合理性，维护法律制度的一致性和连贯性。而法官选取作为判决理由的原则、政策和目的时，经常参照民意或者将二者挂钩，以增进判决的可接受性和法律秩序的民主价值。二是“陪审团”制度。陪审团由普通公民组成，代表民意。他们在裁决案件时会将法律之内与法律之外、正义与非正义、控辩双方的状况甚至是道德伦理因素都加以衡量考虑，从而在一定程度上使司法判决具有较强的社会接受性。更为重要的是，它不仅能够使法律规则保持机动灵活，由于它有权力修改、替换甚至避而不用规则，将“超国家的”或者说“非国家的”意识导入司法，因而可以维护情理和公意，实现个案正义。[2]

概言之，将民意导入理想的法律程序装置，让民众在司法过程中与法律形成互动与共鸣无疑是一种理想的选择。如果没有适当的制度渠道来吸纳与回应民意，民众的不满就会涌入非正式渠道加以宣泄，这必然会引发社会的动荡。民意是司法合法性的最终基础，司法当然应当吸纳或回应民意。但是，司法对于民意必须合理、合法并且有效地加以吸纳与回应。而且，必须在现行制度架构之下，通过法律原则和法律程序所提供的

---

〔1〕 参见苏力：“法条主义、民意与难办案件”，载《中外法学》2009 年第 1 期。

〔2〕 See Michael J. Saks, “Public Opinion About the Civil Jury: Can Reality Be Found in the Illusions?”, *DePaul Law Review*, 48 (1998), 221.

合法渠道来进行吸纳与回应。

三、司法主体机制

对于司法主体方面的机制建构，传统的司法民主研究将关注的焦点往往集中在对当事人诉讼权利和地位的平等保护的层面。一方面，通过诉讼程序的设计，使纠纷双方或原被告双方之间形成一定的对抗性关系，为纠纷各方提供一个平等参与司法裁判、平等对法院施加影响的基本条件；另一方面，要求裁判者在诉讼程序中则必须始终保持中立立场，即使对那些依法追究刑事责任的人也必须尊重其人格尊严。此外，还强调了司法裁判过程中的民主参与，例如陪审制度、合议制度、公开审判制度等等。

上述研究视角在一定程度上体现了对当事人同等的关怀和尊重，但是，这种以制度“供给者”为中心的研究视角并不能真正实现对主体的平等关怀。因为，在特定情况下，它往往只是一种停留在理论层面的理想图景。而在司法的实际运作过程中，往往存在更多更为复杂的因素，使得当事人并不能充分而有效地享有这种理论上规定的权利和地位。“司法资源的妥当分配意味着，不仅要考虑供给，还要考虑需求。……如果我们仅仅关注与供给问题，由此而过分依赖法院的特性，则我们往往要无谓地浪费司法资源；而如果仅仅关注需求，我们往往会过度依赖司法制度，为法律和法院设置一些远远超出其自身能力的目标。为了理解法律的应然和实然问题，我们必须同时考虑供给与需求两个方面，必须明确法院为权利提供司法保护的能力及社会对这种司法保护的需求程度。”〔1〕这时，我们就“必

〔1〕［美］尼尔·K. 考默萨：《法律的限度——法治、权利的供给与需求》，申卫星、王琦译，商务印书馆2007年版，第2页。

须面对一个基本的悖论：最需要司法保护和法律赋予权利的，往往发生在那些最难以实施司法保护的情境当中”。[1]

因此，现代社会的司法民主运行机制的建构，必须进行研究视角的转换，将关注的焦点转向制度的“需求者”——诉讼当事人。这一视角转换要求我们至少应当从以下几个重要维度对司法主体机制加以完善：

（一）司法主体的职业化建设

首先，司法官的职业化建设是推动司法民主之内在运行机制良性运转的人员保障。司法的权威性既来自司法权力的有限性，也来自司法职业的垄断性，更来自作为社会精英的司法官学养的深重与品格的高尚。由此看来，拥有一支通过正规途径接受系统法学教育，依据严格的考核选拔程序精心选择，并且能够在一个相对稳定的社会环境中长期执业的法律家队伍，乃是构筑现代司法的根本之所在。

其次，律师的职业化。律师制度的民主性基础在于：由于现代诉讼程序以复杂而具有高度专门化的方式处理案件，为了保证这种程序得以顺利而效率化的进行，更为了弥补当事人在信息上的欠缺和不对称，熟悉法律并有实务经验的律师的参与就成为必要。虽然律师制度在中国的植入十分艰难，但其对于司法民主化建设的作用却是不容小觑的。尤其在现代社会，律师在司法过程中的角色、地位与功能更是应当受到关注。在现代社会中，司法过程是复杂的技术机制，它只为那些知晓其运作秘密的人提供正义。而为确保实际司法过程中当事人的自由和平等，在程序的每个阶段，双方都必须由精通法律运作技术的律师为其辩护和提供必要的法律服务。律师凭借其智力和司

---

〔1〕［美］尼尔·K. 考默萨：《法律的限度——法治、权利的供给与需求》，申卫星、王琦译，商务印书馆2007年版，第187页。

法运作方面的专业知识，才能够在当事人之间确立真正的平等。因此，当代中国的司法民主化建设不仅应当以法官的角色、地位及其功能为核心进行制度建构，更应当重视对律师以及当事人等其他多元的司法主体的角色、地位和功能的制度建构，尤其应当重视律师在司法活动中的民主功能的发挥。

最后，法律援助制度的建立与完善。“一种真正现代的司法裁判制度的一项基本特征，必须是司法有效地而不仅仅是在理论上对所有人的可接近性（accessibility）。”[1]换言之，诉讼当事人是否拥有就其法律争议获得司法裁决或司法救济的平等的权利，这是司法是否真正具有民主性的重要指标。因此，法律援助制度的设立与完善对于司法民主运行机制的建构而言是不可或缺的重要维度。

法律援助制度的目标在于，在特定条件下，使穷人有权获得适当的法律帮助，除非案件胜诉并能够从对方当事人处获取收入，否则，为当事人提供的这种法律帮助必须是免费的。改革开放以来，中国的法律援助制度得到了很大程度的重视和发展。但是，现行制度仍存在诸多的缺陷。其一，这种法律帮助的提供未能制度化和官方化，它仍主要依赖于法律职业者对弱者的牺牲和同情，甚至依赖于律师的良心。其二，这种法律帮助的提供未能法律化和规范化，由于这种法律服务是免费的，因而，被任命的律师往往是刚刚出道或经验不足的年轻律师，很难保证他们所提供的是优质的法律服务。这样一来，仅有律师制度也无法消除贫富的差异。其三，这种法律帮助的提供仍然渠道不畅，资源不足。由于我国司法资源的稀缺现状，决定了能够获得必要的法律援助的穷人比例仍是微乎其微，很多需要帮

---

〔1〕［意］莫诺·卡佩莱蒂：《比较法视野中的司法程序》，徐昕、王奕译，清华大学出版社2005年版，第303页。

助的当事人仍无法通过合法途径得到应有的帮助，而能够提供法律帮助的法律职业者在数量和质量也远远不能满足现实需求。

因此，法律援助制度的深化与完善仍任重道远。其发展方向应集中在如下几个方面：一方面，为穷人提供法律援助以使他们摆脱不利地位的理想方式就是允许他们选择自己的律师，后者的报酬不由委托人支付，而由国家承担，或者由律师协会承担，资金来源于为此目的而设立的专项基金；另一方面，应当赋予符合法律援助条件的当事人可以自由地选择自己的律师的权利。只有拥有同样的选择权，才能保证司法过程中的当事人之间实现事实的平等。

（二）对诉讼当事人权利与责任的规制

首先，对诉讼人合法权益的更为充分地关怀与保障，即从诉讼人的角度（被司法人）透视司法改革及司法制度的完善。无论是在个案的司法审判过程中，还是在司法制度的整体运行层面，诉讼人或者潜在的诉讼人都是最基本的构成要素。因为，法官的知识、技能及其运用必须与诉讼人的预期和行为方式相契合；司法的公正与效率、司法的绩效也要求审判者与诉讼人的知识契合。[1]因此，现代司法民主必须以它所面对的诉讼人为中心进行原则设计，不再仅仅视诉讼人为司法制度的消极被动的接收者，而是将之视为直接影响和塑造这一制度并创造制度绩效的行动者。

其次，诉讼人（被司法者）也必须被纳入司法教育与规训机制。当代中国社会急剧的司法变革，使得中国当代的司法制度实践十分重视审判者与诉讼人之间在规则、知识和预期上的

---

〔1〕例如，很多司法制度的设计初衷都不错，但其实践命运几乎完全取决于法庭上站立的诉讼人是谁；书面上的制度可以单方用文字规定，但运行中的司法制度却一定是审判者和诉讼人共同构成的。

磨合。这是司法现代化进程中一个无法回避的问题。然而，人们关注的焦点往往集中于对法官素质的提升以及对司法程序、司法体制的完善，却很少有人真正提出对诉讼人的司法知识和司法素质进行规范和约束。虽然“普法”在一定程度上也被经常提及，但普法只是传播法律常识，而不是接受司法规训。长期以来，司法体制改革的责任几乎完全加在了审判者身上，而诉讼人的责任几乎完全被忽视了。而如果不能够认真对待中国司法实践中实际上普遍存在的各类诉讼人（包括律师）的不规范、违法甚至是犯罪问题，司法体制改革的绩效不仅收效甚微，甚至会出现负值。

总之，对于司法主体方面的机制建构，必须进行研究视角的转换，拒绝从一种静态的、片面的角度理解司法的民主化与现代化，也不再将研究焦点集中在审判者或是抽象的司法理论之上。而是应强调以动态的视角审视诉讼者和审判者之间的互动和契合。而如果司法民主化改革能够真正回应诉讼人的真实需求，并在此基础上进行制度累积与制度创新，那么，许多引发制度变迁的利益冲突与价值分歧，尤其是审判者与诉讼者之间的诸多相互冲突的需要都会受到应有的关注和重视。

四、司法程序机制

传统的司法程序运行机制遵循的是一种“对抗式”的程序模式。它是以防止司法权的滥用为出发点，程序设计围绕如何保障当事人的正当权利而展开，因而当事人双方以及司法机关之间往往是通过相互制衡、对抗以及利益对峙的方式来解决争端，这种模式又被称为“对抗式司法”（confronted justice），其最为典型的体现就是刑事诉讼程序中的抗辩制度。这种对抗式的司法治理模式由于崇尚普适性与形式合法性，而且要求完全受制于法律规定的架构，因而更注重司法裁判过程的正当性，而很少关注案件所产生的现实社会原因以及案件处理结果的可接受性及社会满意度等其他因素。因此，其运行模式也必然围绕如何充分地保障司法裁决权的运作而设计。

然而，这种建基于理性主义和程序正义理念之上的传统司法模式在其现实运行中并未获得其所期待的解释力和实效。因此，务实的司法实践总是拥有一套自发形成的独特逻辑。合作式（协商性）司法程序模式（co－operative justice）〔1〕就是这种实践逻辑发展的产物。这种独特的逻辑体系并不以权力与权利的简单对抗为前提，也不以追求合乎法律规范的司法裁决为目的，而是以互利、合作为出发点，以意思自治为核心和主线，以协商与对话为处理争端的方式，以案件的妥善处理为目标而展开。合作式的司法程序模式注重司法主体之间的平等对话，强调对话方式的正当与理性、利害关系主体自我权利的明知及其意志的自由等。虽然这种司法治理模式最初只是作为一种例外和补充，但由于它更加注重的是一种“互惠性的正义”或“妥协的正义”，而不是一种纯粹理想状态的“规则下的正义”或“虚拟的正义”，更加追求案件的妥善解决而不是僵化的规则之治，并积极吸纳新的社会公正的标准，从而使司法裁决具有较高的社会价值兼容力。尽管这种合作式（协商性）司法模式因在一定程度上背离了传统程序正义理论的框架而备受诟病，〔2〕但是，却因

〔1〕关于协商模式的系统介评，可参见马明亮：《协商性司法——一种新程序主义理念》，法律出版社2007年版。

〔2〕在这种新型的司法模式中，大量案件突破了司法程序的刚性规定，甚至未经审判而通过其他庭外程序被处理，这就使得正当程序不复存在。See George F. Cole, *The American System of Criminal Justice* (third edition), Wadsworth, Inc., 1983, p. 116. 还有学者认为，作为协商模式重要组成部分的辩诉交易则规避了正当程序的刚性标准。See Roland Acevedo, *Is a Ban on Plea Bargaining an Ethical Abuse of Discretion?* A Bronx County, New York Case Study, in Criminal Courts in the 21th Century, compiled by Lisa Stolzenberg, etc. Prectice Hall, 1998, p. 88.

其高效、便捷的解纷机制而备受司法实践部门和当事人的偏好，成为司法民主运行机制的发展新趋向。

“合作式”司法程序模式将协商、对话、参与等元素逐渐渗入司法裁判领域，力求使司法突破传统的权利与权力之间的对抗模式以及利益对峙模式，走向一种合作、互利、互惠的利益衡量的发展模式。因而，其在制度设计上也应当在传统的陪审制度、合议庭制度、公开审判制度等程序民主架构基础之上，进行适当的制度创新。

近些年来我国在“协商性司法”的制度创新与发展上进行的大胆尝试无疑较有成效地推动了司法民主化的发展进程。在以纠纷的妥善解决为宗旨的合作式司法模式中，传统的程序民主要素常常会遇到解释上和执行上的困难。因为，程序正义理论本身有其功能边界，既定法律程序所产生的结果未必符合社会意义的评价标准。因此，“协商性司法的核心价值在于通过控辩双方的对话、协商，在合意的基础上谋求控、辩、审三方都乐于接受的司法结果。……在维持基本法制底线的框架内，该司法体系尽可能让不同利益诉求的控辩双方在诉讼过程中拥有更多的发言权，相互之间减少不必要的对抗而增加更多的对话与合作机会，力争把多元化的价值目标都吸纳到程序之中。”〔1〕例如，污点证人作证豁免制度、暂缓起诉、附条件不起诉以及中国式的辩诉交易、以被告人认罪为前提的简易程序、协议式审判模式、暂缓判决制度、附带民事诉讼前置的协商模式以及其他的协商审判模式等等。而且，为了避免对抗性举证和质证过程异化为一种财富支撑技术、技术决定真理的富人游戏情形的出现，也为了将程序过程转化为一种促进当事人之间相互合作

〔1〕马明亮：“正义的协商：协商性司法在中国的兴起”，载《中外法学》2004 年第 1 期。

和理性对话的制度机制，法官可以通过案件管理（managecases）、控制程序过程等方式，逐步有效地将对抗性策略行为向协商性对话行为进行疏通和引导。[1]

然而，强调合作式司法并非是否定或忽视程序民主的价值。我们必须看到，中国法律传统中根深蒂固的恰恰是对程序正义的漠视和轻视。换言之，如果说西方社会对合作式司法模式的重视是为弥补对抗式司法模式所依据的程序正义理念之弊端的话，那么我们今天提出的发展合作式司法模式，绝不能以牺牲程序正义为代价。我们必须铭记，抛开法治原则和法律程序，虽然可以收到短期的效果和暂时的稳定，却会埋下长远的祸根，这是得不偿失的。因此，究竟如何化解对抗式与合作式这两种模式之间的对立与冲突，更进一步则是如前解决程序正义与实质正义之间的矛盾，这成为当代中国司法民主化进程中的一个永恒的开放式难题。

五、司法问责与监督机制之规范化

现代社会司法权力前所未有的扩张，出现司法错误在所难免，因此，对司法责任的追究以及对司法权的监督也就显得极为重要。为了防止和制裁司法机关及其人员滥用司法权，给"审判者设置审判者与监督者"既是司法民主的重要内容，也是司法民主的有力保障。

（一）司法问责机制

当前我国关于司法问责机制的规定主要是体现在《国家赔偿法》第15、16条、《法官法》第30条和最高人民法院以及各级人民法院的规定中，如最高人民法院近年来颁布的《人民法

---

〔1〕 参见韩德明："司法的现代性及其超越"，南京师范大学2007年博士学位论文。

院工作人员处分条例》《人民法院审判人员违法审判责任追究办法（试行）》等文件，同时在过去十年，最高人民法院也加强了法院系统对于法官违法违规行为的惩戒。〔1〕此外，最高人民法院在《人民法院第三个五年司法改革纲要（2009～2013）》中也曾明确规定，完善法官行为规范，严格执行“五个严禁”规定，落实监督责任，确保司法廉洁。建立健全审判人员与执行人员违法审判、违法执行的责任追究制度和领导干部失职责任追究制度。研究建立审务督察制度，加强督察督办工作，强化对法官违反司法行为规范的惩戒措施；构建符合法官职业特点的职权明确、考核到位、追究有力的责任体系，推进从源头上防治司法腐败的体制机制改革。这些法律、法规虽然从一定程度上填补了我国关于法官司法责任的规定的空白，但是，由于这些规定过于笼统、抽象，缺乏可操作性，同时，由于其分别规定在不同的文件中，因而欠缺系统性，也欠缺必要的程序性规定和稳定性制度，这些都导致司法责任追究的无力和混乱。

在解释法律时，法官拥有一定的自主权是非常重要的，这样才能够使得法律制度得以发展。期望法官在解释法律时不发生“错误”无疑是一种妄想。但是，利用法律责任来制裁这种“错误”，无疑会摧毁法官在社会变革与法律演进中的积极作用。而授予法官不受约束的自由裁量权，又不可避免地会导致司法

〔1〕根据统计，法院系统对于违规违纪的法官的处理如下：2003 年，全年共查处违法违纪法官 794 人，其中 52 人被依法追究刑事责任；2004 年，全国法院有 461 人因上述违法违纪行为被查处；2005 年，全年共查处上述违法违纪人员 378 人，被依法追究刑事责任的 66 人；2006 年，共查处违法违纪人员 292 人，其中，依法被追究刑事责任的 109 人；2007 年，全国法院违纪违法的法官被查处的人数为 218 人；2008 年，全国法院违纪违法的法官为 712 人，其中追究刑事责任 105 人；2009 年，各级法院共查处违纪违法人员 795 人，其中移送司法机关处理的 137 人。上述数据是根据每年最高人民法院向全国人大提交的工作报告所进行的统计。

权的“政治化”和“社会化”。[1]因此，一个合理且有效的司法问责机制应当既能够维护审判独立，又能够强化法官的责任心；既能够约束法官的不良行为，同时又能够维护司法的正义。西方各国在司法责任方面进行的立法，主要是在维护司法独立的前提下适当追究法官责任，以改进司法行为和表现。例如，美国法官会依据美国宪法的规定而受到“弹劾”程序的威胁；在英国，国会则一直享有对于法官的任命与免职的权力；在法国，如果法官渎职，则经由法官纪律学院建议予以撤职；在德国，对于犯有错误的法官提起的是法官公诉，这一程序由联邦议院发动，由宪法法院 2/3 多数法官裁决，确定是否解除法官职务。

就当前中国的具体情况而言，至少应当注意以下几点问题：

其一，对司法错案进行国家赔偿并追究有关司法人员的“错案责任”，建立规范的“错案追究”程序，而且，这种程序在错案追究时应该尽可能的“法律化”（legalize）和司法化。一方面，应该授予专门的纪律机构以制裁权。因为，在对司法错案的认定并进行国家赔偿的过程中，由于司法机关是具体的侵权者，如果由其认定自己的行为是否构成侵权，其后果是不言而喻的。另一方面，就这种制裁受到处分的司法人员也应当享有向专门的裁判机构申诉的权利；而且，为了避免纪律机构成为法官自身“自娱自乐”的工具，应当基于更加开放的方式来实现救济，即增加其社会化的程度，在纪律机构吸收“非职业”人士参加，这样可以在法官与其它社会群体之间建立一种联系，来满足大家对于司法不公的质疑，从而达到既能够维护审判独立，又能够强化对于法官工作的监督，还能够促进社会对于法

---

〔1〕参见［意］莫诺·卡佩莱蒂：《比较法视野中的司法程序》，徐昕等译，清华大学出版社 2005 年版，第 149 页。

院工作的理解的效果。

其二，合议制的运作与司法责任的承担问题。一方面，合议制可能为法官提供一副镇痛剂，以缓解他因行事不公而产生的良心剧痛——其所用借口就是，该行为并不是他单独作出的(人们可以认为，从心理学上看，合议制导致某些类似同谋的东西)；另一方面，合议制也可以变成对独立的护卫，因为，在某些具有政治意义的案件中，正义要求作出违背行政机关意愿和优势党派利益的判决。此时，合议制更容易提供这种勇气。[1]

（二）司法监督机制

本书所指的司法监督并非广义的法律监督。法律监督泛指一切拥有法律监督权的国家机关、社会团体和组织、公民对各种法律活动的合法性进行评价，对违法行为予以纠正的活动，[2]而司法监督则特指那些对于司法机关、司法行为和裁判结果进行监督的具体制度。

根据司法监督主体类型的不同，司法监督可以分为国家监督和社会监督。国家监督是指有关国家机关或授权组织实施的，按照预设的监督对象、内容和范围，以法定方式对司法机关的司法活动实施的监督。而社会监督则是指由非国家机关（包括社会组织、团体、个人）采取不特定的方式对司法机关进行的监督，其后果通常缺乏法律约束力。司法监督还可分为内部监督制度和外部监督制度，其中审级监督以及法院内部的自我监督被称之为内部监督，而检察机关、人大基于法定职权对司法机关及其活动的监督则与党政、纪检、社会团体、人民群众、

〔1〕 参见［意］皮罗·克拉玛德雷：《程序与民主》，翟小波、刘刚译，高等教育出版社 2005 年版，第 34 页。

〔2〕 参见范愉：“司法监督的功能及制度设计”，载蔡定剑主编：《监督与司法公正》，法律出版社 2005 年版，第 241 页。

新闻媒体等社会监督机制并称为外部监督。以这种划分方法来评价司法监督对司法公正的影响，可以超越具体一种监督制度对于具体案件的直接影响，而侧重于对一种监督模式从整体上对诉讼程序这个系统和制度机制产生的直接和深远影响。〔1〕

当前我国的司法监督模式可概括为一种“个案的实质监督模式”，即对具体个案在事实认定和法律适用方面进行全面的实质监督。由于宪法和法律事先确定的诉权保护程序与救济手段严重欠缺，因而形成以“具体案件具体分析”的个案私权救济为目的的监督模式；由于来自诉讼程序运作过程中的、系统内部的审判权制约机制严重欠缺，因而主要依赖于来自系统外部的、事后的监督；由于来自于私权利对于公权力的监督机制严重缺乏，因而依赖于公权力对公权力的监督；由于作为监督者的权力没有边界，而被监督者在权力结构中没有获得独立，因而监督机制为单向结构而非制衡结构。

可以说，这种沿着不信任法官能力与品德的思路设计的监督模式，因过分注重个案的正义和实质正义，违背了司法规律和权力监督的原理，在一定程度上削弱和破坏了司法判断力、自治力与排除力。由于其在整体上背离了司法监督制度设计的初衷，它最终实现的只是一种个体伦理层面的“司法公正”，而非一种立足于制度伦理层面的“司法公正”；它实现的是法律之外的正义，而不是法律之内的正义。〔2〕对这种违背司法规律，背离制度设计初衷的司法监督模式必须予以重构。因此，真正强化而不是破坏司法应有的判断力、自治力和排除力，这应当

---

〔1〕 参见宋双：“我国司法监督制度研究——一种监督模式的构建”，吉林大学2006年博士学位论文。

〔2〕 参见宋双：“我国司法监督制度研究——一种监督模式的构建”，吉林大学2006年博士学位论文。

是构建符合司法民主理念的司法监督模式的逻辑主线。

其一，当代中国司法监督模式的重构，从整体上讲，必须根据中国本土资源和社会现实的需要，要逐步完善司法制度设计，为法官司法创造一个合理的制度空间，使法官在司法中能够获得合理的权限并充分地运用，同时运用适当的规则调整控制法官的行为走向，使其权力自身也能够受到合理的制约。通过完善司法的自治力、判断力的制度设计，逐步充实司法排除力得以确定的前提性条件与正统性资源。据此，对监督模式的构建应保持一种明智而有序的设计思路，在监督模式构建中理顺司法的判断力、自治力与排除力之间的逻辑关系，并兼顾这三条逻辑线索的整体性联系与协调发展。

其二，对司法判断力的监督应主要依靠司法程序内的纠错机制，从落实司法程序本身入手，不宜再另辟渠道来纠正司法判断上的错误。对司法判断力的监督模式构建应符合以下理念：第一，通过扩大审判程序中当事人的诉讼权利来制约法官的审判权，由过分依赖权力对权力的监督转向依靠当事人的诉讼权利对审判权力的监督；第二，强化上诉程序的监督功能，弱化来自程序外部的环境压力，减少以监督为名而对司法强加干预的情形。对自治力的监督模式构建要遵循司法自律与司法他律相结合、协调发展的总体思路。在内在约束制度的基础上辅以合理限度的外部监督制度约束。

其三，对司法自治力的监督模式构建应符合以下理念：第一，在司法自律机制方面，由业务监督转向人员监督；第二，在司法他律机制方面，由个案实体监督转向法官行为监督，由事前监督转向事后追究法律责任为主的监督，建立责任型审判权制约机制。为了实现司法权外部运作结构的合理化，应在立法权、行政权与司法权之间形成双向的制度性尊重与维护。以此弥补司法权在权力资源方面的弱势地位，从而为司法权创造良好的外部体制性环境。

其四，对司法排除力的监督模式构建应符合以下基本理念：第一，由单向权力监督转向互相制约的权力监督；第二，确立法官身份保障制度和法官特权保障制度，防止其他国家权力和社会力量对司法权的任意干涉。〔1〕

总之，从某种意义上而言，司法监督和法官惩戒机制的成功也许无法决定我们司法改革的成功，但是它的失败可能会导致司法改革的失败，因此我们需要更努力地思考建立这样一个机制，来实现司法改革的目标，促进司法公信力的建立，为和谐社会的建设做出贡献。

六、司法附生机制

当今的中国社会是一个利益格局更加多元的社会，这对于司法也提出更高的要求，在这种情况下我们对于司法民主的理解也必须进一步地提升。然而，权利是有成本的，因而司法也是有限的，不仅司法的资源是有限的，而且司法的解纷能力也是有限的。司法永远不可能清除社会的所有污点。很多时候，拿起昂贵而笨重的法律武器来保护自己的合法权益并非总是明智之举，而为了节省公共资源的投入，国家就要被迫限定法律控制的范围。这就为司法救济之外的其他非司法性（或准司法性）的权利救济与解纷机制提供了发展空间，这就是司法的附生机制。

因此，司法不再是履行社会纠纷解决和权利救济职能的唯一机构，大量的社会中间机构、行业协会、社区自治机关需要

---

〔1〕 参见宋双：“我国司法监督制度研究——一种监督模式的构建”，吉林大学2006年博士学位论文。

发挥更大的作用。于是，诸如协商、调解、和解、仲裁等等众多新型的解纷与权利救济机制应运而生。这些新的解纷模式的出现是司法程序民主参与的制度创新：首先，使当事人真正享有对实体权利的决定权，以及对程序的选择权。无论是民事诉讼中的当事人及利害关系人还是刑事诉讼中的被告人与被害人，都能够基于对其地位、利益、责任与权利等因素的衡量而选择对自己有利的纠纷解决方式。而且，司法机关在法律规定的范围内尊重当事人之间协议的内容及结果，从而不仅使得当事人具有了自主解决纠纷的权利，更使得当事人与司法机关处于相对平等的地位。其次，诉讼外调解与和解的存在，还意味着司法机关将纠纷解决权向社会让渡，意味着社会民主自治程度的提高以及民主自治能力的加强。再次，以司法权能“分化”为基础而形成的司法机关相互制约，是司法民主在当今社会的主要表现形式。目前，尽管各国对司法权能“分化”的做法有所不同，但也有一些共同性特征。一是民间仲裁机构的出现以仲裁裁决的终局效力，打破了由国家司法机关“垄断”国家司法权的局面。二是国家司法权由传统的审判权分解为侦察权、公诉权和现代审判权。这种分化在附带地提高司法效率的同时，其主要功能是在司法权的领域内形成一种相互监督与制约的机制，克服早期社会中的司法独裁与专制。

第三节　本章小结

司法民主的运行机制从根本上而言，既关涉司法权自身的合法性问题，又关涉其所承担的民主责任的问题。因此，司法民主之运行机制的建构，要从全方位的角度加以系统性建构。

当代中国司法民主之外在运行机制的建立，就是要进一步加强和完善司法权行使的外部环境，处理好司法权与其他公共权力之间的关系，以及司法权与民意之间的关系。具体而言应当包括两个方面：一方面，对司法独立机制的完善。这是司法承担其民主责任的前提和机制保障，是司法的政治责任。具体而言就是要合理界定和配置司法机构同其他权力机构之间的权力，正确理解司法独立运行机制实现的逻辑进路。实现司法独立的正当逻辑进路应当是经由司法官员之身份独立来支撑司法职业之独立，由此方能实现司法权的独立。另一方面，对司法过程中的民意表达与民意吸纳机制的完善，而这是司法的社会或公共责任，是司法之民主性与现代性的集中体现。司法本身对于民意既要保持警惕，又要有效回应；既要开放又要限制。

具体而言，首先，司法过程对民意应当保持适当开放，但其前提是民意必须遵从既定法律渠道、法律程序，以“法律参与”的形式进入司法场域。其次，司法吸纳民意的过程绝不意味着司法对民意的妥协，而是法官不断从民意中吸纳相关信息作出合理判断（以及规则调整和创制）的过程。最后，司法吸纳或回应民主的方式大致可以有两种：一是法官的“合理化法律分析”，即在司法审判中，法官可以从政策、目的及原则等实质性的角度来论证判决的合理性，维护法律制度的一致性和连贯性。而法官选取作为判决理由的原则、政策和目的时，经常参照民意或者将二者挂钩，以增加判决的可接受性和法律秩序的民主价值。二是“陪审团”制度。

对于司法主体方面的机制建构，传统的司法民主研究将关注的焦点往往集中在对当事人诉讼权利和地位的平等保护的层面。这一研究视角在一定程度上体现了对当事人同等的关怀和尊重，但是，这种以制度“供给者”为中心的研究视角并不能真正实现对主体的平等关怀。因为，在特定情况下，它往往只是一种停留在理论层面的理想图景。而在司法的实际运作过程中，往往存在更多更为复杂的因素，使得当事人并不能充分而有效地享有这种理论上规定的权利和地位。因此，现代社会的司法民主运行机制的建构，必须进行研究视角的转换，将关注的焦点向制度的“需求者”——诉讼当事人。这一视角转换要求我们至少应当从以下几个重要维度对司法主体机制加以完善：重视加强司法的可接近性以及法律援助制度的完善；推进司法主体的职业化建设；加强对诉讼当事人权利与责任的双重规制等。

传统的司法程序运行机制遵循的是一种“对抗式”的程序模式。这种建基于理性主义和程序正义理念之上的传统司法模式在其现实运行中并未获得其所期待的解释力和实效。因此，基于协商民主理论进路的合作式（协商性）司法程序模式（co-operative justice）成为符合司法实践逻辑发展的产物。合作式的司法程序模式注重司法主体之间的平等对话，强调对话方式的正当与理性、利害关系主体自我权利的明知及其意志的自由等。虽然这种司法治理模式最初只是作为一种例外和补充，但由于其高效、便捷的解纷机制而备受司法实践部门和当事人的偏好，成为司法民主运行机制的发展新趋向。然而，强调合作式司法并非是否定或忽视程序民主的价值。我们必须看到，中国法律传统中根深蒂固的恰恰是对程序正义的漠视和轻视。换言之，我们今天提出发展合作式司法模式，绝不能以牺牲程序正义为代价。究竟如何化解对抗式与合作式这两种模式之间的对立与冲突，更进一步则是如何解决程序正义与实质正义之间的矛盾——这成为当代中国司法民主化进程中的一个永恒的开放式难题。

现代社会司法权力前所未有的扩张，出现司法错误在所难免，因此，对司法责任的追究以及对司法权的监督也就显得极为重要。就当前中国的具体情况而言，司法问责机制的重建至少应当注意两点问题：对司法错案进行国家赔偿并追究有关司法人员的“错案责任”，应建立规范的“错案追究”程序，而且，这种程序在错案追究时应该尽可能地“法律化”（legalize）和司法化；此外，要重视合议制的运作与司法责任的承担问题。

构建符合司法民主理念的司法监督模式的逻辑主线，则应当是真正强化而不是破坏司法应有的判断力、自治力和排除力。首先，主要依靠司法程序内的纠错机制，从落实司法程序本身入手，不宜再另辟渠道来纠正司法判断上的错误。其次，应坚持在司法自律机制方面，由业务监督转向人员监督；在司法他律机制方面，由个案实体监督转向法官行为监督、由事前监督转向事后追究法律责任为主的监督，建立责任型审判权制约机制。最后，应坚持由单向权力监督转向互相制约的权力监督；并确立法官身份保障制度和法官特权保障制度，防止其他国家权力和社会力量对司法权的任意干涉。

概言之，现代司法的核心理念是人本、文明、理性和公正，而这些理念的落实必须依托于多方参与、平权对等和机会均占的交涉性安排，司法官员独立持中的职业操守与不偏不倚、居中裁判的角色定位，周全、精致、充分透彻的司法程序设计，合理、有效的司法责任与监督机制，以及基于公共性关怀而促生的法律援助制度和多元化替代性解纷机制等等的良性运转。因此，重建当代中国司法民主运行机制的系统架构，应重视以下几个方面：司法独立以及司法过程中民意表达机制的法律化与制度化；司法主体和司法程序运行机制的重心转换；多元化的司法附生机制的建立；司法问责与监督机制的规范化建设。

第八章

结　语

司法民主问题研究的发展理路不仅为我们揭示了“司法民主”这一主题的巨大魅力和强大生命力，同时也向我们开放出了极具挑战性的问题。“司法”与“民主”如何联姻，始终是个备受争议的棘手问题。司法的独立性、中立性、被动性、专业性等种种与司法公正相关的重要品性，似乎总是在天然地拒斥着“民主”。而本书却尝试挑战这一传统思维，在一个新的语境中既试图为“司法民主”辩护，更试图为当代中国的“司法民主化”探寻可能的出路。

基于协商民主的理论进路，本书重建了“民主”与“司法”之间合理的理论关联：“以人为本”是二者共同的伦理向度；“公共性”是二者共同的社会向度；宪政架构之下的“司法独立”则是二者共同的政治向度。在此基础上，进一步揭示了现代“司法民主”应有的理论构成，即确保司法资源在社会中的平等、合理分配、建立司法理念的“公共性”品性以及实现司法独立与司法责任的并重。更为重要的是，本书以这一协商民主语境中的司法民主理念为指导，在对中西方历史与现实的关照和反思基础上，进一步指出了重建当代中国司法民主运行机制之系统架构应重视的五个方面：一是司法独立以及司法过程中民意表达机制的法律化与制度化；二是司法主体机制从“供给者”向“需求者”的视角转换；三是司法程序运行机制从“对抗式”向“合作式”的重心转换；四是司法问责与监督机制的规范化建设；五是司法附生机制从“一元”到“多元”的建立。至此，本书对于当代中国司法民主问题的思考似乎可以告一段落。

然而，在全书的长篇大论之后，仍有一些“思想的碎片”萦绕于胸。这些“碎片”并非不重要，反而因为它们太重要，以至于对它们的思考必须牵引出对于司法民主问题研究的更深度的关照。笔者对这些“碎片”的思考仍略显模糊，因此，以一种陈列关键词的方式将其在结语部分加以呈现，以期待学界专家同行们的启发和点拨。

第一关键词：场域。传统的司法民主进路，都在有意无意地按照一种成熟法治国家的“场域”展开其研究，但是，这些场域的选择显然与当下中国的司法言说背景不相吻合。中国是一个正在迈向法治国的国家，而不是一个已经完成了法治和市场化过渡的国家，无论是司法乃至整个政治体制，还是司法人员的素质、历史上非专业的司法传统，都已限定了当下讨论司法文化的既定“场域”。忽略这一点，其分析得出的结论或者不是中国的，或者不是中国当下的。因此，对“场域”问题的关注，使得我们对于司法民主问题的研究不至于过分武断。

第二关键词：“转型正义”语境中的妥协。当下的中国正处于全面转型时期，转型国家和非转型国家的一个很大的区别在于理想对于现实的妥协、现代对于历史的妥协、司法精英主义对于民众朴素正义观的妥协，这就是“转型正义”的特殊性。在司法过程中不允许也不可能去无限度地寻求所有的利益冲突与价值分歧的完美统一，即追求一种完美状态下司法的正义。为避免陷入一种“司法的乌托邦”，司法正义之实现必须转化为如下的问题，即如何有效地在利益冲突与道德分歧中，找到一种恰当的方式，使得判决能够尽可能在最接近司法正义的框架下有效而及时地作出。因此，在当下中国的司法话语中，对于普通社会公众的正义观念必须给予一定程度的关照。理想、现代、精英主义等尽管极富理论魅力，但并不当然地具有推进司法公正的现实效力，反而有可能化成一种虚幻的正义，甚至沦为特殊利益集团的奴仆；而现实、历史、大众等尽管朴素而残缺，但也很可能更具化解冲突与纷争的实效性。所以，“妥协”可能更是一种勇于面对挑战的态度，更是一种对“大智慧”的呼唤。

第三关键词：民意。从学界所一直诟病的民意介入司法的实际后果来看，民意“审判”制造的冤案与司法机关独立审判制造的冤案相比（虽然我们无法获得真切的数据资料），并未见得很严重。由此我们不由得心生疑问：未经民意“审判”中，却仍有如此之多的司法腐败和冤案错案，此种情形怎能令人理直气壮地将过错归咎于“民意”？而且，如果实现了司法独立尤其是法官独立的制度化和法律化，以及民意进入司法过程的规范化与合法化，那么，民意又怎么可能干涉或干扰司法呢？因此，司法独立与司法过程中对民意的吸纳与回应，这二者之间并没有不可逾越的鸿沟。我们当下要做的不是武断地拒斥“民意”与司法之间的关联，而是应当进一步思考，民众、媒体以及社会公众力量究竟应当以怎样的方式对司法裁判产生正面的影响。

第四关键词：阶段性与渐进性。司法未来的发展趋向一定是向法治的迈进。这必定是一个涉及方方面面的巨大系统工程。政治体制改革的进一步深化、司法审判独立性的加强、司法的权威性的提升以及公民社会的发展与壮大等，这些因素缺少了任何一个，司法的公正都会受到影响。我们深知，未来的司法，一定是也应当是人们对司法审判极其尊重，任何权力都不能撼动司法的结论。但是，这也许是一个美好的理想图景，却不是目前所能触摸到的真实情景。在当下的转型中的中国，我们所能期望的，也许只能是在确立和加强法院独立审判权的同时，加强外部力量的参与和监督，以促进整个中国司法向法治化方向的迈进，并且以最少的代价确保传统中国向法治中国的渐进性过渡。

第五关键词：系统工程。司法民主的重新出场，绝不是对苏格拉底时代的大众民主或者直接民主（这种民主即使在其发源地也备受诟病并且早已经成为历史）的怀念，也绝不意味着对所有历史上曾经出现过的传统的民主概念的随意引进和适用——这样势必会造成民主功能的泛化以及对司法功能的扭曲；司法民主的重新出场，更不意味着是在与司法职业化相对立的狭隘语境中阐释民主和发展民主化，这样不仅无益于司法正义的实现，更会加重利益冲突与价值分歧所造成的混乱。相反，司法领域引入“民主”本身就是有限的和十分审慎的。我们所言的司法民主，是在现代民主理念的指导下，在司法权作为国家权力的一部分，最终应当归属于人民的意义上言说的司法民主。正因此，司法的民主化就并非仅仅是司法审判机制的改革问题，甚至可以说最主要的不是司法体制内部的问题，而是包括政治体制在内的整个国家公共权力行使的一种理念。换言之，司法民主的真实意蕴，也许早已超越了司法领域本身。所以，司法民主绝不是让外行当法官，让法盲审案件、让舆论和社会公众直接对案件审理发表决定性的意见，而是要在推进整个政治体制改革、司法体制改革这一系统工程建设的同时，加强司法公正，提高司法公信力，树立司法权威，最终完成当代中国社会的民主与法治转型。

总之，“当代中国的司法民主问题”是一个既富有理论魅力又充满现实挑战的论题。这一论题的理论追求在于，如何既为司法本身提供正当性，使得司法的过程充分体现民主性；同时，又能够从司法制度层面捍卫和实现民主，防止和避免民主的蜕变。而其现实挑战则在于，当代中国社会正处于全面转型时期，司法能否顺利完成其现代化与民主化转型，获得自身的民主正当性，能否化解转型时期中国司法体制面临的诸多困境与挑战，这直接关乎整个国家和社会的稳定与发展。

参考文献 References

中西方关于“司法民主”问题的研究文献浩如烟海。需要特别加以说明的是，本参考文献所罗列的学术著作与学术论文，是笔者在本书撰写过程中直接或者间接引用的、对本书的写作产生了直接影响的重要文献。列出这些文献意在为那些对相关问题研究感兴趣的研究者提供可资参考的阅读线索。当然，此处所列的文献并未能全面包含与司法民主论题联系紧密的所有重要文献。

一、译著类

[1] [意] 莫诺·卡佩莱蒂：《比较法视野中的司法程序》，徐昕、王奕译，清华大学出版社 2005 年版。

[2] [意] 莫诺·卡佩莱蒂：《当事人基本程序保障权与未来的民事诉讼》，徐昕译，中国法制出版社 2000 年版。

[3] [意] 皮罗·克拉玛德雷：《程序与民主》，翟小波、刘刚译，高等教育出版社 2005 年版。

[4] [美] 米尔伊安·达玛什卡：《司法与国家权力的多种面孔》，郑戈译，中国政法大学出版社 2004 年版。

[5] [美] 罗伯特·达尔:《民主理论的前言》(扩充版), 顾昕译, 东方出版社 2009 年版。
[6] [美] 罗伯特·达尔:《民主及其批评者》, 曹海军等译, 吉林人民出版社 2006 年版。
[7] [美] 罗伯特·达尔:《论民主》, 李柏光、林猛译, 商务印书馆 1999 年版。
[8] [美] 罗伯特·达尔:《多元主义民主的困境》, 周军华译, 吉林人民出版社 2006 年版。
[9] [美] 罗伯特·达尔、沃尔特·墨菲:《宪政与民主》, 佟德志编译, 江苏人民出版社 2008 年版。
[10] [英] 戴维·赫尔德:《民主的模式》, 燕继荣等译, 中央编译出版社 2008 年版。
[11] [美] 科恩:《论民主》, 聂崇信、朱秀贤译, 商务印书馆 2004 年版。
[12] [美] 乔·萨托利:《民主新论》, 冯克利等译, 东方出版社 1998 年版。
[13] [美] 阿米·古特曼、丹尼斯·汤普森:《民主与分歧》, 杨立峰等译, 东方出版社 2007 年版。
[14] [美] 巴林顿·摩尔:《民主与专制社会的起源》, 张东东等译, 华夏出版社 1987 年版。
[15] [德] 尤根·哈贝马斯:《在事实与规范之间——关于法律和民主法治国的商谈理论》, 童世骏译, 上海三联书店 2003 年版。
[17] [德] 哈贝马斯:《包容他者》, 曹卫东译, 上海人民出版社 2002 年版。
[18] [德] 哈贝马斯:《公共领域的结构转型》, 曹卫东等译, 学林出版社 1999 年版。
[19] [德] 德特勒夫·霍尔斯特:《哈贝马斯传》, 章国锋译, 东方

出版社 2000 年版。

[20] [美] 约翰·麦克里兰:《西方政治思想史》，彭唯栋译，海南出版社 2003 年版。

[21] [英] 韦恩莫里森:《法理学——从古希腊到后现代》，李桂林等译，武汉大学出版社 2003 年版。

[22] [美] 加布里埃·A. 阿尔蒙德、宾厄姆·鲍威尔:《比较政治学：体系、过程和政策》，曹沛霖等译，上海译文出版社 1987 年版。

[23] [美] 本杰明·N. 卡多佐:《法律的成长——法律科学的悖论》，董炯、彭冰译，中国法制出版社 2002 年版。

[24] [美] 诺内特、塞尔兹尼克:《转变中的法律与社会：迈向回应型法》，张志铭译，中国政法大学出版社 2004 年版。

[25] [古希腊] 亚里士多德:《政治学》，吴寿彭译，商务印书馆 1982 年版。

[26] [美] 约瑟夫·熊彼特:《资本主义、社会主义和民主》，顾准译，商务印书馆 1980 年版。

[27] [美] 塞缪尔·亨廷顿:《第三波——20 世纪后期民主化浪潮》，刘军宁译，上海三联书店 1998 年版。

[28] [美] 詹姆斯·博曼、威廉·雷吉主编:《协商民主：论理性与政治》，陈家刚等译，中央编译出版社 2006 年版。

[29] [美] 詹姆斯·菲什金、彼得·拉斯莱特:《协商民主论争》，张晓敏译，中央编译出版社 2009 年版。

[30] [美] 詹姆斯·博曼、威廉·雷吉:《协商民主：论理性与政治》，陈家刚译，中央编译出版社 2006 年版。

[31] [美] 杜威:《新旧个人主义》，孙有中等译，上海人民出版社 1997 年版。

[32] [日] 芦部信喜:《宪法》（第 3 版），林来梵等译，北京大学出版社 2006 年版。

[33] [日] 谷口安平:《程序的正义与诉讼》，王亚新、刘荣军译，中国政法大学出版社 1996 年版。
[34] [德] 卡尔·施米特:《宪法学说》，刘锋译，上海人民出版社 2005 年版。
[35] [法] 托克维尔:《论美国的民主》，董果良译，商务印书馆 1988 年版。
[36] [法] 勒内·达维德:《当代世界主要法律体系》，漆竹生译，上海译文出版社 1984 年版。
[37] [法] 邦雅曼·贡斯当:《古代人的自由和现代人的自由》，阎克文等译，商务印书馆 1999 年版。
[38] [英] 约翰·密尔:《论自由》，程崇华译，商务印书馆 1982 年版。
[39] [英] 约翰·密尔:《代议制政府》，汪瑄译，商务印书馆 1992 年版。
[40] [美] 汉密尔顿等:《联邦党人文集》，程逢如等译，商务印书馆 1980 年版。
[41] [美] 彼得·斯坦、约翰·香德:《西方社会的法律价值》，王献平译，郑成思校，中国法制出版社 2004 年版。
[42] [英] 阿克顿:《自由与权力》，侯健、范亚峰译，商务印书馆 2001 年版。
[43] [法] 孟德斯鸠:《论法的精神》，张雁深译，商务印书馆 1997 年版。
[44] [英] 乔治·皮博迪·古奇:《十九世纪历史学与历史学家》，耿淡如译，商务印书馆 1989 年版。
[45] [英] 弗里德利希·冯·哈耶克:《自由秩序原理》，邓正来译，生活·读书·新知三联书店 1997 年版。
[46] [英] 弗里德利希·冯·哈耶克:《法律、立法与自由》，邓正来等译，中国大百科全书出版社 2000 年版。

[47] [加] 威尔·金里卡:《当代政治哲学》,刘莘译,上海三联书店2004年版。

[48] [英] 戴维·比瑟姆:《马克思·韦伯与现代政治理论》,徐鸿斌等译,浙江人民出版社1989年版。

[49] [意] 克罗齐、[美] 亨廷顿、[日] 绵贯让治:《民主的危机》,马殿军等译,求实出版社1989年版。

[50] [美] 克里斯托弗·沃尔夫:《司法能动主义:自由的保障还是安全的威胁》,黄金荣译,中国政法大学出版社2004年版。

[51] [美] 波斯纳:《法官如何思考》,苏力译,法律出版社2009年版。

[53] [美] 朱迪丝·施克莱:《守法主义——法、道德和政治审判》,彭亚楠译,中国政法大学出版社2005年版。

[54] [德] 古斯塔夫·拉德布鲁赫:《法律智慧警句集》,舒国滢译,法制出版社2001年版。

[55] [美] M. 昂格尔:《现代社会中的法律》,吴玉章、周汉华译,译林出版社2001年版。

[56] [美] 霍尔姆斯、桑斯坦:《权利的成本——为什么自由依赖于税》,毕竞悦译,北京大学出版社2004年版。

[57] [美] 费正清、赖肖尔:《中国:传统与变革》,陈仲丹等译,江苏人民出版社1992年版。

[58] [美] G. 罗兹曼:《中国的现代化》,陶骅、杨硃等译,上海人民出版社2003年版。

[59] [美] 尼尔·K. 考默萨:《法律的限度——法治、权利的供给与需求》,申卫星、王琦译,商务印书馆2007年版。

[60] [英] 哈特:《法律的概念》,张文显等译,中国大百科全书出版社1996年版。

[61] [美] 庞德:《近代司法的问题》,杨兆龙译,重刊于王健(编):《西法东渐——外国人与中国法的近代变革》,中国政

法大学出版社 2001 年版。

[62] [美] 唐·布莱克:《社会学视野中的司法》，郭星华等译，法律出版社 2002 年版。

[63] [美] 迈克尔·桑德尔:《民主的不满——美国在寻求一种公共哲学》，曾纪茂译，刘训练校，江苏人民出版社 2008 年版。

[64] [美] 帕特里夏·尤伊克、苏珊·S. 西贝尔:《法律的公共空间》，陆益龙译，商务印书馆 2005 年版。

[65] [美] 哈罗德·伯曼编:《美国法律讲话》，陈若恒译，生活·读书·新知三联书店 1988 年版（1992 重印本）。

[66] [英] 罗素:《伦理学和政治学中的人类社会》，肖巍译，中国社会科学出版社 1992 年版。

[67] [英] 亨利·西季威克:《伦理学方法》，廖申白译，中国社会科学出版社 1993 年版。

[68] [美] 彼得·辛格:《实践伦理学》，刘莘译，东方出版社 2005 年版。

[69] [美] 布莱恩·肯尼迪:《美国法律伦理》，郭乃嘉译，商周出版社、家庭传媒城邦分公司 2005 年版。

[70] [英] 赫尔德、麦克格香编:《治理全球化——权力、权威与全球治理》，曹荣湘等译，社会科学文献出版社 2004 年版。

[71] [法] 让皮埃尔戈丹:《何谓治理》，钟震宇译，社会科学文献出版社 2010 年版。

[72] [美] 戴维·米勒:《社会正义原则》，应奇译，凤凰出版集团、江苏人民出版社 2008 年版。

[73] [英] 迈克尔·活尔泽:《正义诸领域: 为多元主义与平等一辩》，诸松燕译，凤凰出版传媒集团、译林出版社 2009 年版。

[74] [印] 阿马蒂亚·森:《正义的理念》，王磊、李航译，刘民权校译，中国人民大学出版社 2012 年版。

[75] [美] 约瑟夫·E. 斯蒂格利茨:《不平等的代价》，张子源译，

机械工业出版社2013年版。
[76] [美] 马萧:《官僚的正义: 以社会保障中对残疾人权利主张的处理为例》, 何伟文、毕竞悦译, 北京大学出版社2005年版。
[77] [美] J. 赫克曼等:《全球视野下的法治》, 高鸿钧等译, 清华大学出版社2013年版。
[78] [意] 莫诺·卡佩莱蒂:《福利国家与接近正义》, 刘俊祥等译, 法律出版社2000年版。
[79] [日] 棚濑孝雄:《纠纷的解决与审判制度》, 王亚新译, 中国政法大学出版社2004年版。
[80] [日] 小岛武司:《诉讼外纠纷解决法》, 丁婕译, 中国政法大学出版社2005年版。

二、中文著作类

[1] 沈宗灵:《现代西方法理学》, 北京大学出版社1992年版。
[2] 徐显明:《法治与社会公平》, 山东人民出版社2007年版。
[3] 张文显:《二十世纪西方法哲学思潮研究》, 法律出版社2006年版。
[4] 张文显:《法哲学范畴研究》(修订版), 中国政法大学出版社2001年版。
[5] 张文显:《法哲学通论》, 辽宁人民出版社2009年版。
[6] 张文显:《法理学》(第2版), 高等教育出版社2003年版。
[7] 郑成良:《法律之内的正义: 一个关于司法公正的法律实证主义解读》, 法律出版社2002年版。
[8] 贺卫方:《运送正义的方式》, 上海三联书店2002年版。
[9] 陈瑞华:《看得见的正义》, 中国法制出版社2000年版。
[10] 苏力:《制度是如何形成的》(增订版), 北京大学出版社2007年版。

[11] 苏力:《也许正在发生——转型中国的法学》,法律出版社2004年版。

[12] 苏力:《道路通向城市——转型中国的法治》,法律出版社2004年版。

[13] 苏力:《送法下乡:中国基层司法制度研究》,中国政法大学出版社2000年版。

[14] 苏力:《法治及其本土资源》,中国政法大学出版社2004年版。

[15] 王绍光:《民主四讲》,上海三联书店2008年版。

[16] 姚建宗:《法治的生态环境》,山东人民出版社2003年版。

[17] 刘作翔:《法理学视野中的司法问题》,上海人民出版社2003年版。

[18] 王伯琦:《近代法律思潮与中国固有文化》,清华大学出版社2005年版。

[19] 熊先觉:《司法学》,法律出版社2008年版。

[20] 北京大学哲学系:《西方哲学原著选读》,商务印书馆1999年版。

[21] 李红海:《普通法的历史解读——从梅特兰开始》,清华大学出版社2003年版。

[22] 黄文艺:《全球结构与法律发展》,法律出版社2006年版。

[23] 丛日云:《在上帝与恺撒之间——基督教二元政治观与近代自由主义》,生活·读书·新知三联书店2003年版。

[24] 马德普:《普遍主义的贫困——自由主义政治哲学批判》,人民出版社2005年版。

[25] 金观涛、刘青峰:《观念史研究——中国现代重要政治术语的形成》,法律出版社2009年版。

[26] 侯欣一:《从司法为民到为民司法——陕甘宁边区大众化司法制度研究》,中国政法大学出版社2007年版。

[27] 汪世荣、刘全娥:《新中国司法制度的基石——陕甘宁边区高等法院（1937~1949）》，商务印书馆2011年版。

[28] 周宁:《天朝遥远：西方的中国形象研究》，北京大学出版社2006年版。

[29] 赵汀阳:《坏世界研究——作为第一哲学的政治哲学》，中国人民大学出版社2009年版。

[30] 蔡定剑:《监督与司法公正》，法律出版社2005年版。

[31] 范愉:《司法制度概论》，中国人民大学出版社2003年版。

[32] 佟德志:《在民主与法治之间》，人民出版社2006年版。

[33] 王利明:《司法改革研究》，法律出版社2000年版。

[34] 韩秀桃:《司法独立与近代中国》，清华大学出版社2003年版。

[35] 邱联恭:《司法之现代化与程序法》，三民书局1992年版。

[36] 马长山:《国家、市民社会与法治》，商务印书馆2002年版。

[37] 马长山:《法治的社会根基》，中国社会科学出版社2003年版。

[38] 顾培东:《从经济改革到司法改革》，法律出版社2003年版。

[39] 顾培东:《社会冲突与诉讼机制》，法律出版社2004年版。

[40] 马明亮:《协商性司法——一种新程序主义理念》，法律出版社2007年版。

[41] 余少祥:《弱者的正义——转型社会与社会法问题研究》，社会科学文献出版社2011年版。

[42] 钱宁:《社会正义、公民权利和集体主义：论社会福利的政治与道德基础》，中国社会科学出版社2007年版。

[43] 范愉:《纠纷解决的理论与实践》，清华大学出版社2007年版。

[44] 顾培东:《社会冲突与诉讼机制》（修订版），法律出版社2004年版。

[45] 汪晖、陈燕谷主编：《文化与公共性》，生活·读书·新知三联书店1998年版。

三、期刊中析出的文献

[1] 贺卫方："对抗制与中国法官"，载《法学研究》1995年第4期。
[2] 贺卫方："中国司法管理制度的两个问题"，载《中国社会科学》1997年第6期。
[3] 喻中："吴经熊与马锡五：现代中国两种法律传统的象征"，载《法商研究》2007年第1期。
[4] 舒国滢："从司法的广场化到司法的剧场化——一个符号学的视角"，载《政法论坛》1999年第3期。
[5] 陈端洪："司法与民主：中国司法民主化及其批判"，载《中外法学》1998年第4期。
[6] 周永坤："我们需要什么样的司法民主"，载《法学》2009年第2期。
[7] 周永坤："民意审判与审判元规则"，载《法学》2009年第8期。
[8] 周永坤："论中国法的现代性十大困境"，载《法学》2006年第6期。
[9] 侯猛："中国的司法模式：传统与改革"，载《法商研究》2009年第6期。
[10] 苏力："关于能动司法与大调解"，载《中国法学》2010年第1期。
[11] 苏力："法条主义、民意与难办案件"，载《中外法学》2009年第1期。
[12] 黄宗智、林端、邱澎生等："中国司法传统与现代性研究"，载《清华法学》清华大学出版社2007年第10卷。

[13] 张文显："人民法院司法改革的基本理论与实践进程"，载《法制与社会发展》2009 年第 3 期。
[14] 姚建宗："法学研究及其思维方式的思想变革"，载《中国社会科学》2012 年第 1 期。
[15] 何兵："司法职业化与民主化"，载《法学研究》2005 年第 4 期。
[16] 孔庆平："个人或社会：民国时期法律本位之争"，载《中外法学》2008 年第 6 期。
[17] [美] 阿玛蒂亚·森："一种并非奢侈的价值观"，程晓农译，载《书屋》2001 年第 1 期。
[18] 吕明："刚性维权与动态维稳——'权利本位说'在维稳时代所遭遇的挑战"，载《法律科学》2011 年第 4 期。
[19] 季卫东："法律程序的意义——对中国法制建设的另一种思考"，载《中国社会科学》1993 年第 1 期。
[20] [美] 乔治·M. 瓦拉德兹："协商民主"，何莉译，载《马克思主义与现实》2004 年第 3 期。
[21] 韩水法："民主的概念"，载《天津社会科学》2007 年第 5 期。
[22] 强世功："民主如何是好"，载《读书》2009 年第 5 期。
[23] 袁祖社："'公共精神'：培育当代民族精神的核心理论维度"，载《北京师范大学学报（社会科学版）》2006 年第 1 期。
[24] 袁祖社："'公共性'的价值信念及其文化理想"，载《中国人民大学学报》2007 年第 1 期。
[25] 袁祖社："公共性真实：当代马克思主义哲学范式转换的基点"，载《河北学刊》2008 年第 4 期。
[26] 陈德顺："西方宪政民主理论来源探析"，载《政治学研究》2010 年第 1 期。

[27] 顾培东："中国法治进程中的法律资源分享问题"，载《中国法学》2008 年第 3 期。

[28] 顾培东："中国司法改革的宏观思考"，载《法学研究》2000 年第 4 期。

[29] 孙笑侠、熊静波："判决与民意——兼比较考察中美法官如何对待民意"，载《中国政法大学学报》2005 年第 5 期。

[30] 陈瑞华："走向综合性程序价值理论——贝勒斯程序正义理论述评"，载《中国社会科学》1999 年第 6 期。

[31] 张恒山："论正义与法律正义"，载《法制与社会发展》2002 年第 1 期。

[32] 赵晓力："司法过程与民主过程"，载《法学研究》2004 年第 4 期。

[33] 王绍光："警惕对'民主'的修饰"，载《读书》2003 年第 4 期。

[34] 谭世贵、刘政："我国司法民主的现状、问题与完善"，载《法学论坛》2009 年第 6 期。

[35] 刘志刚："立宪主义的哲学分析"，载《环球法律评论》2007 年第 4 期。

[36] 马德普："历史主义的兴起及其对自由主义普遍主义的冲击"，载《政治学研究》2003 年第 4 期。

[37] 姚大志："社群主义的自由主义批判"，载《厦门大学学报（哲学社会科学版）》2011 年第 3 期。

[38] 姚大志："论分配正义——从政治哲学的观点看"，载《社会科学》2015 年第 5 期。

[39] 姚大志："分配正义：从弱势群体的观点看"，载《哲学研究》2011 年第 3 期。

[40] 姚大志："再论分配正义——答段忠桥教授"，载《哲学研究》，2012 年第 5 期。

[41] 黄文艺:“为形式法治理论辩护——兼评《法治:理念与制度》”,载《政法论坛》2008 年第 1 期。
[42] 黄文艺:“1952－1953 年司法改革运动研究”,载《江西社会科学》2004 年第 4 期。
[43] 黄文艺:“作为一种法律干预模式的家长主义”,载《法学研究》2010 年第 5 期。
[44] 崔卓兰、蔡立东:“从压制型行政模式到回应型行政模式”,载《法学研究》2002 年第 4 期。
[45] 杨建军:“‘司法能动’在中国的展开”,载《法律科学》2010 年第 1 期。
[46] 马明亮:“协商性司法——一种新司法模式”,载《刑事法评论》2005 年第 17 卷。
[47] 马明亮:“正义的妥协:协商性司法在中国的兴起”,载《中外法学》2004 年第 1 期。
[48] 陈卫东、刘计划、程雷:“德国刑事司法制度的现在与未来”,载《人民检察》2004 年第 11 期。
[49] 黄松有:“诉讼指挥权:正当性基础与制度建构”,载《中国社会科学》2003 年第 6 期。
[50] 侯欣一:“陕甘宁边区高等法院司法制度改革研究”,载《法学研究》2004 年第 5 期。
[51] 侯欣一:“陕甘宁边区司法制度、理念及技术的形成与确立”,载《法学家》2005 年第 4 期。
[52] 刘全娥:“雷经天新民主主义司法思想论”,载《法学研究》2011 年第 3 期。
[53] 蒋立山:“中国法治道路初探”,载《中外法学》1998 年第 3 期。
[54] 甘阳:“中国道路:三十年与六十年”,载《读书》2007 年第 6 期。

[55] 冯象:“法学三十年:重新出发”,载《读书》2008 年第 9 期。
[56] 陈伟:“司法确定性的寻求——析哈贝马斯的‘程序确定性’理论”,载《法律科学》2011 年第 1 期。
[57] 贺卫方:“回归司法的本源”,载《南风窗》2009 年第 8 期。
[58] 范愉:“司法资源供求失衡的悖论与对策”,载《法律适用》2011 第 3 期。

四、报纸中的析出文献

[1] 贺卫方:“复转军人进法院”,载《南方周末》1998 年 1 月 2 日。
[2] 张千帆:“司法大众化是一个伪命题”,载《经济观察报》2008 年 7 月 26 日。

五、学位论文

[1] 孙发:“司法权威研究”,吉林大学 2004 年博士学位论文。
[2] 关玫:“司法公信力研究”,吉林大学 2005 年博士学位论文。
[3] 宋双:“我国司法监督制度研究——一种监督模式的构建”,吉林大学 2006 年博士学位论文。
[4] 车传波:“正当程序论——以中国司法改革为视角”,吉林大学 2007 年博士学位论文。
[5] 顾学松:“寻求舆论监督与司法公正的平衡”,吉林大学 2007 年博士学位论文。
[6] 孙长春:“司法权威的制度建构”,吉林大学 2008 年博士学位论文。
[7] 吴立志:“恢复性司法基本理念研究”,吉林大学 2008 年博士学位论文。
[8] 崔军:“论司法裁判”,吉林大学 2008 年博士学位论文。
[9] 李炳烁:“司法制度的政治功能”,吉林大学 2008 年博士学位

论文。
[10] 刘景辉："论司法民主"，吉林大学2010年博士学位论文。
[11] 殷冬水："民主：社会正义的生命——关于社会正义政治条件的规范研究"，吉林大学2008年博士学位论文。
[12] 杨礼银："哈贝马斯的话语民主理论研究"，北京师范大学2006年博士学位论文。
[13] 方立新："传统与超越——中国司法变革源流"，华东政法学院2005年博士学位论文。
[14] 韩德明："司法的现代性及其超越"，南京师范大学2007年博士学位论文。
[15] 白雅丽："司法的角色"，中国政法大学2007年博士学位论文。
[16] 严景阳："司法正义研究"，华中师范大学2008年博士学位论文。
[17] 蔡永明："清末司法改革的社会考察"，厦门大学2007年博士学位论文。

六、外文文献

[1] Mauro Cappelletti, *The judicial process in comparative perspective*, New York: Clarendon Press, 1989.
[2] Piero Calmandrei, *Procedure and Democracy*, New York University Press, 1956.
[3] Benjamin N. Cardozo, *The Paradoxes Of Legal Science*, Reprinted in Selected Writings of Nathan Ca Benjamin Cardozo. Margaret E. Hall (ed.), New York: Fallon Law Book Company, 1947.
[4] Lon. L. Fuller, the Forms and Limits of Adjudication, *Harvard Law Review*, 92 (1978), 353 ~ 409.
[5] Lon. L. Fuller, *The Morality of Law*, revised edition, Yale University

Press, 1964.

[6] R. M. Unger, *Knowledge and Politics*, New York: The Free Press, 1975.

[7] R. M. Unger, *What should legal analysis become?*, London, New York: Verso Books, 1996.

[8] Joseph Raz, *The Authority of Law: Essays on Law and Morality*, Oxford UK: Oxford University Press, 1979.

[9] Brian Z. Tamanaha, *On the Rule of Law: History, Politics, Theory*, Cambridge, UK: Cambridge University Press, 2004.

[10] Roland Acevedo, Is a Ban on Plea Bargaining an Ethical Abuse of Discretion? A Bronx County, *New York Case Study*, *in Criminal Courts in the 21th Century*, compiled by Lisa Stolzenberg, etc., Prectice Hall, 1998.

[11] P. Nonet and P. Selznick, *Law and Society in Transition: Toward Responsive Law*, New York: Harper and Row, 1978.

[12] Michel Rosenfeld & Andrew Atrato, *Habermas on Law and Democracy: Critical exchanges*, London: University of California Press, 1998.

[13] I. M. Young, *Justice and the Politics of Difference*, Princeton: Princeton University Press, 1990.

[14] Ronald Dworkin, *Is Democracy Possible Here? Principles for a New Political Debate*, Princeton: Princeton University Press, 2006.

[15] Robert A. Dahl, *Polyarchy: Participation and Opposition*, New Haven: Yale University Press, 1971.

[16] Robert A. Dahl, *On Democracy*, New Haven: Yale University Press, 1998.

[17] Richard M. Jackson, *The Machinery of Justice in England* (7th *ed.*), Cambridge UK: Cambridge University Press. 1977.

[18] Henry J. Abraham, *The Judicial Process*, 5thed. Oxford: Oxford University Press, 1986.

[19] Alan Hamlin and PhilipPettit, *The Good Policy*; *Normative Analysis of the State*, Oxford: Oxford University Press, 1989.

[20] Samuel P. Hungtington, *The Third Wave*: *Democratization In The Late Twentieth Century*, Oklahoma: University of Oklahoma Press, 1991.

[21] Robert D. Putnam, *Making Democracy Work*: *Civic Traditions in Modern Italy*, Princeton N. J.: Princeton University Press, 1993.

[22] Michael J. Saks, Public Opinion About the Civil Jury: Can Reality Be Found in the Illusions? *DePaul Law Review*, 48 (1998), 221 ~ 246.

[23] Keenan. D. Kmiect, the Origin and Current Meanings of "Judicial Activism", *Cal. L. Rev*, 92 (2004), 1441 ~ 1476.

[24] Ota Weinberger, Harbermas on Democracy and Justice. Limits of a Sound Conception, *Ratio Juris*, 7 (1994), 239 ~ 253.

[25] Sanja Kutnjak Ivkovic, an Inside View: Professional Judges' and Lay Judges' Support for Mixed Tribunals, *Law & Policy*, 25 (2003), 101 ~ 104.

[26] Luke Bierman. Preserving Power in Picking Judges: Merit Selection for the New York Court of Appeals, *Albany Law Review*, 60 (1997), 339 ~ 358.

[27] Mauro Cappelletti, Monica Seccombe, John Weisner. *Access to Justice and the Welfare State*, Publications of the European University Institute, Sijthoff & Noordhoff International Publishers BV, 1981.

[28] Deborah L. Rhode, *Access to Justice*, New York: Oxford University Press, 2004.

[29] Charles A. Reich, *Individual Rights and Social Welfare*: *The Emerging Legal Issues*, the Yale Law Journal, Vol. 74, No. 7 (1965),

1245 ~ 1257.

[30] Gordon Ashton, Equal Access to Justice, *The Liverpool Law Review*, Vol. XIX, (1997), 29 ~ 36.

[31] David Marshall Evans, Access to Justice, *The Liverpool Law Review*, Vol. XIX, (1997), 37 ~ 45.

[32] Richard Clayton and Hugh Tomlinson, *Fair Trial Rights*. New York: Oxford University Press, 2001.

[33] Antonio De Lauri, *Access to Justice and Human Rights in Afghanistan*. Springer Science + Business, Media Dordrecht, 2013.

[34] Francioni, *Access to Justice as a Human Right*, Oxford: Oxford University Press, 2007.

[35] Guhr, A. H., Moschtaghi, R., Afshar, M. K. R., *Max Plank Manual on Fair Trial Standards*, *Max Plank Institute for Comparative Public Law and International Law*, 4th ed., Heidelberg, 2009.

[36] Nader, L, The Words We Use: Justice, Human Rights, and the Sense of Iinjustice, In M. Goodale & K. M. Clarke (Eds.), *Mirrors of justice*, Cambridge: Cambridge University Press, 2009.

[37] Rawls, *Justice as Fairness: A Restatement*, Cambridge & London: Belknap, 2001.

[38] Gyooho Lee, Attorney Fee Arrangements Really Matter in Terms of Access to Justice in Korea. *Ius Gentium: Comparative Perspectives on Law and Justice*, 11 (2012), 201 ~ 209.

[39] Jackson Williams, *Effects of attorney fee shifting laws on claiming behavior*, *Policy Sciences*, Kluwer Academic Publishers. Printed in the Netherlands, 34 (2001), 347 ~ 356.

[40] Seiler Christian, Das Grundrecht Auf ein Menschenwürdiges Existenzminimum, *Juristen Zeitung*, 65 (2010), 500 ~ 505.

八、其他

[1] 国务院新闻办公室:《中国的民主政治建设》(白皮书), 2005年10月19日。

[2] 安东:《西部法官论丛(西部法官论坛2009年研讨论文集)》,人民法院出版社2010年版。

[3] 安东:《西部法官论坛2010年研讨论文集》,陕西省高级人民法院2010年(未正式出版发行)。

[4] 季卫东:“法制重构的新程序主义进路:怎样在价值冲突中实现共和”(清华大学法学院2011年“中国法学创新讲坛”第4期主题报告),载http://www.21ccom.net/articles/zgyj/xzmj/article_ 2010112825335_ 4.html,访问日期:2016年6月9日。

后 记 Postscript

这本小书是在我博士论文的基础上完成的。之所以在论文完成答辩近四年之后才付梓出版，是希望能够在这段沉淀中，祛除自己当年行文时的种种焦灼和急躁，也让自己始终保有对那段特殊岁月的纪念。

至今仍清晰地记得，在那个早春三月的长春城，吉大南区东荣大厦的尖顶在静谧中透出的神秘感，是那么强烈地吸引着我。尽管那时我早已不年轻，但博士四年的时光仍然是如此的迷人和独特，既充满了激励与奋进，也有着徘徊和焦虑；有雪花漫天飞舞的凌乱，更有着友善包容的恩师和热情淳朴的同窗。这些都时刻温暖着我，滋养着我，成为一段与众不同的独特记忆，供我品味一生。

对于我的博士导师黄文艺教授，感谢二字早已显得苍白。黄老师与生俱来的儒雅温和，使我与导师的沟通从未有过隔阂。但是，与黄老师在学识水平上巨大的差距，又常常令我汗颜且倍感压力。黄老师倒是不弃愚钝，总是在我失落消沉的时候及时给予我鼓励和帮助，在我于困境中挣扎的时候，总能给我有力的点拨和启发。难以想象当收到我那逻辑混乱的论文初稿时，他是怎样一种失望，但黄老师仍然果断地帮助我理顺思路，及时地引导我矫正论证方法、调整论证进路和策略。论文反反复复修改了数次，黄老师从未有过一丝的不耐烦，反而以他的敏锐和严谨督促着我不断修正完善。尽管论文至今也未能达到他所期望的程度，但在这一打磨过程中，我已经获益匪浅。今生得遇这样的导师，已是我的幸运。

还要感谢的还有我的硕士恩师——西北政法大学的严存生教授。由于我在学术之路上起步较晚，总是缺乏必要的学术自信。严老师时刻鼓励我，甚至在我几次要退缩的时候激励和鞭策我。如果没有严老师给予我在学术基本功上的严格训练，如果没有恩师给予我在学术岔路上的指引，我根本不可能踏入法理学这片神秘的学术黑土地。数年来，严老师从未停止过对我的教导和鞭策，就像关心自己的孩子一样。可惜我总是难以有令人满意的成绩得以回报恩师，时时汗颜羞愧。

不能不提的还有陕西师范大学政治经济学院院长袁祖社教授，他既是我的领导，同时也是指导我博士后工作的合作导师。尽管时常公务缠身，他却仍然不厌其烦地帮我梳理混乱的思路。他总能以敏锐的学术洞察力指导着我不断拓宽研究视域，广泛而扎实地阅读和思考；更以他严谨的治学理路引导着我一步一步逼近问题的核心，建立合理的论证框架。无论是治学与为人，他都令我敬仰。

在此还要感谢一位特别的朋友兼严师，西北政法大学的马治选老师。在我连滚带爬的写作过程中，马老师不仅将自己珍藏的许多极富价值的中、外文资料慷慨相赠，更无私地将自己的思想火花连同多年积淀凝成的写作之道毫无保留地提供与我，帮扶着我在学术之路上艰难前行。他使我相信人与人之间可以简单而真诚地交流，也使我学会如何在学术之路上坚持这种简单和真诚。

最不能触碰的永远是心中那无限的柔软。母亲已略显苍老和孤寂的身影，那种对女儿依恋和期待的眼神随时都会令我心碎，公婆的体贴关心和默默支持也时刻感动着我，但我能给予他们的却往往是因写作的煎熬而生的坏情绪以及内心深深的愧疚感。我的先生更是给予了我这个世界上最深沉、最醇厚的爱。风风雨雨中，他时刻包容着我的脆弱、任性和焦躁；坎坎坷坷中，他给我的永远是最安全、最踏实的依靠，可我于他而言，却只是一个倔强又粗心的妻子。还有那令我欣慰的儿子，他总是用他日渐强壮的小肩膀和那男子汉才有的坚定眼神告诉我："妈妈，你放心，我很好!"而我给予他的也只能是默默牵挂。

书稿的修改，还得益于对我的博士论文进行匿名审阅和评议的七位同行专家，以及担任我博士论文答辩委员会主席及委员的舒国滢教授、刘作祥教授、邓正来教授、霍存福教授和蔡立东教授，他们都以自己独到的学术敏锐提供了极富启发性的修改建议和思路。然而惭愧的是，自己的愚钝并不能完全体悟老师们的学术意境，因而，论文也只能带着些许的缺憾和遗憾呈现出来。不过，也正是这些沉甸甸的缺憾和遗憾，使我始终无法停步。尽管白发在几年内迅速扭曲着蔓延开来，可我的脚步却只能越来越坚定。

王 荔

2016年6月8日夜

于西工大南苑